福州市规划设计研究院集团有限公司

学术系列丛书

如翚斯飞

——闽都古建遗徽

罗景烈　阙平　郑龙腾　陈成　著

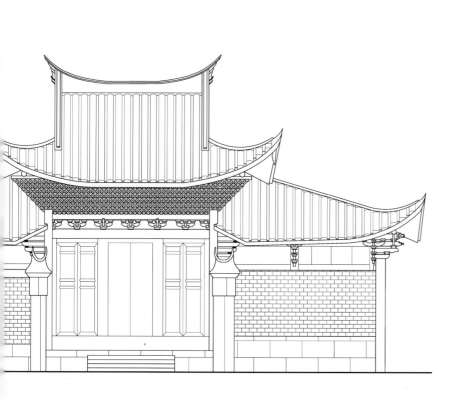

中国建筑工业出版社

图书在版编目（CIP）数据

如翚斯飞：闽都古建遗徽 / 罗景烈等著. —北京：
中国建筑工业出版社，2024.6
（福州市规划设计研究院集团有限公司学术系列丛书）
ISBN 978-7-112-29793-1

Ⅰ.①如… Ⅱ.①罗… Ⅲ.①古建筑—介绍—福州
Ⅳ.①K928.71

中国国家版本馆CIP数据核字（2024）第085339号

责任编辑：胡永旭　唐　旭　吴　绫
文字编辑：孙　硕
书籍设计：锋尚设计
责任校对：王　烨

福州市规划设计研究院集团有限公司学术系列丛书
如翚斯飞——闽都古建遗徽
罗景烈　阙平　郑龙腾　陈成　著

*

中国建筑工业出版社出版、发行（北京海淀三里河路9号）
各地新华书店、建筑书店经销
北京锋尚制版有限公司制版
北京富诚彩色印刷有限公司印刷

*

开本：889毫米×1194毫米　1/20　印张：13⅖　字数：352千字
2024年7月第一版　2024年7月第一次印刷
定价：**179.00**元
ISBN 978-7-112-29793-1
（42737）

《福州市规划设计研究院集团有限公司学术系列丛书》
编委会

总主编：高学珑　桂兴刚

编　委：林功波　唐丽虹　陈安太　陈　亮　陈友荣　杨　琳

王文奎　严龙华　罗景烈　高小平　刘金福　阙　平

陈　硕　周庆峰　苏光普　陈　宁

福之青山，园入城；

福之碧水，流万家；

福之坊厝，承古韵；

福之路桥，通江海；

福之慢道，亲老幼；

福之新城，谋发展。

从快速城市化的规模扩张转变到以人民为中心、贴近生活的高质量建设、高品质生活、高颜值景观、高效率运转的新时代城市建设，是福州市十多年来持续不懈的工作。一手抓新城建设疏解老城，拓展城市与产业发展新空间；一手抓老城存量提升和城市更新高质量发展，福州正走出福城新路。

作为福州市委、市政府的城建决策智囊团和技术支撑，福州市规划设计研究院集团有限公司以福州城建为己任，贴身服务，多专业协同共进，以勘测为基础，以规划为引领，建筑、市政、园林、环境工程、文物保护多专业协同并举，全面参与完成了福州新区滨海新城规划建设、城区环境综合整治、生态公园、福道系统、水环境综合治理、完整社区和背街小巷景观提升、治堵工程等一系列重大攻坚项目的规划设计工作，胜利完成了海绵城市、城市双修、黑臭水体治理、城市体检、历史建筑保护、闽江流域生态保护修复、滨海生态体系建设等一系列国家级试点工作，得到有关部委和专家的肯定。

"七溜八溜不离福州"，在福州可溜园，可溜河湖，可溜坊巷，可溜古厝，可溜步道，可溜海滨，这才可不离福州，才是以民为心；加之中国宜居城市、中国森林城市、中国历史文化名城、中国十大美好城市、中国活力之城、国家级福州新区等一系列城市荣誉和称谓，再次彰显出有福之州、幸福之城的特质，这或许就是福州打造现代化国际城市的根本。

福州市规划设计研究院集团有限公司甄选总结了近年来在福州城市高质量发展方面的若干重大规划设计实践及研究成果，而得有成若干拙著：

凝聚而成福州名城古厝保护实践的《古厝重生》、福州古建筑修缮技法的《古厝修缮》和闽都古建遗徽的《如翠斯飞》来展示福之坊厝；

凝聚而成福州传统园林造园艺术及保护的《闽都园林》和晋安公园规划设计实践的《城园同构　蓝绿交织》来展示福之园林；

凝聚而成福州市水系综合治理探索实践的《海纳百川　水润闽都》来展示福之碧水；

凝聚而成福州城市立交发展与实践的《榕城立交》来展示福之路桥；

凝聚而成福州山水历史文化名城慢行生活的《山水慢行　有福之道》来展示福之慢道；

凝聚而成福州滨海新城全生命周期规划设计实践的《向海而生　幸福之城》来展示福之新城。

幸以此系列丛书致敬福州城市发展的新时代！本丛书得以出版，衷心感谢福州市委、市政府、福州新区管委会和相关部门的大力支持，感谢业主单位、合作单位的共同努力，感谢广大专家、市民、各界朋友的关心信任，更感谢全体员工的辛勤付出。希望本系列丛书能起到抛砖引玉的作用，得到城市规划、建设、研究和管理者的关注与反馈，也希望我们的工作能使这座城市更美丽，生活更美好！

福州市规划设计研究院集团有限公司

党委书记、董事长

高学珑

2023年3月

福州又称闽都，是福建省省会，也是福建的经济、文化、政治中心，第二批中国历史文化名城。从建城到如今的数千年间，福州因其雄踞东南沿海，而成为华夏文明的重要参与者、组成者和见证者，其间留下了不计其数的人文胜迹与古建遗徽，现有全国重点文物保护单位26处，另有许多省级及市级文物。

史海沉浮，几多春秋。福州的文化积淀来自其悠久的历史渊源，以及千百年来在特定时代背景下的不断进化、筛选和演替。从古城到城隍庙，正是有了千百年间深厚的历史与人文积淀，福州城才最终形成了"一源双线六脉"的文化传承。

"一源"即福州的宗族文化，西晋和五代十国的两次南北大融合，丰富完善了福州的民系构成，并延续至今，这些先民不断往闽中、闽南迁徙，而福州正是他们远离中原故土后的第二根源地。

"双线"之一是福州的先行文化。福建的文明发轫于昙石山文化，这就已将福州确立在福建之始的位置。后来，中原氏族不辞万里来到这里，对这片不毛之地进行开垦和建设，也是一种先行有为的精神。他们的基因后来完整地传递到近代，直到现在的海西经济圈建设，更是把"先行先试"作为一项重要的内容。另一条主线是福州的科举文化。在长达1297年的科举时代中，福州产生的状元、宰辅举不胜举，数量在全国均引为翘楚，使福州乃至整个福建荣膺"海滨邹鲁"的赞誉。

地脉、民脉、文脉、神脉、商脉、流脉，合称"六脉"。其中地脉指古城遗址、古桥及古水利工程，贯通福州山与海；民脉指具有强烈个性的福州古厝，包含古民居、古祠堂及古墓葬；文脉是福州在科举时代的崇文风气；神脉是中原祭祀文化在福州地域的融合，它将中原的祖先崇拜和闽地的图腾崇拜进行延伸，逐步回归到平民崇拜；商脉是指福州自汉代以来开始的港口贸易，现今的上下杭、烟台山等地，都还保留有特定历史时期商埠文化的痕迹；流脉指与烽火相关的城址、近现代名人故居以及古驿道。

通过前人的文化著作，也能帮助我们厘清福州的文化脉络，如梁克家的《三山志》、王应山的《闽都记》、里人何求的《闽都别记》，以及历代修撰的地方志。福州是一座包容多元的城市，她的城市精神就是"海纳百川，有容乃大"。不管是世居福州的还是初到榕城的，都是今天的"福州人"，这拭除隔阂的融汇，为福州创造了无限的可能性。

习近平总书记在福州任市委书记期间，高度重视文物保护工作，以高屋建瓴的眼界和务实有力的举措，为今天的福州人留下了诸多"看得见的乡愁"；他那时写下的"《福州古厝》序"，为中国特色社会主义文化自信的重要依据，更是新时代文物保护工作思想遵循的滥觞，是他留给福州的宝贵财富。

目录

第
一
章

地脉贯山海

福州派江吻海，山水相依。福州的发展史，是一部人与自然和谐共处、相依相生的文明史，充分展现了前人的勤劳、智慧与生态文明思想。其间，留下了诸多筑城遗址、古桥及古水利工程。

第一节　古城春秋

根据考古发现，福州地区有人类活动的年代可追溯到距今大约7000年前的新石器时代前期。从新石器时代到青铜时代遗留下来比较典型的人类氏族部落定居遗址有平潭壳丘头、福清东张、闽侯甘蔗昙石山、竹岐庄边山、白沙溪头、鸿尾黄土岑和晋安新店浮村等，以壳丘头遗址年代最早，昙石山遗址为新石器时代的典型，黄土卷遗址为青铜时代的典型。这些遗址大都坐落在闽江下游的两岸高阜和近海的小山岗上，具有鲜明的江海文化特征。因其居住地及周边贝壳堆积成山，故称"贝丘遗址"。人种属黄种人的南方沿海类型，是先秦闽族的祖先。他们以捕鱼及采集海栖和半淡水栖贝壳类为重要食物来源，生产工具常用贝壳加工而成，如利用长牡蛎穿孔，加工为贝耜、贝刀等农业生产工具。出土的陶器纹饰有贝齿纹、水波纹、曲折纹等，是先民们对滨江靠海自然环境和生产活动的认知产物。在东张、昙石山、溪头等遗址中发现的先民们居住的灰坑和烧烤草拌泥墙壁等半地穴式"窝棚"、地面式"茅屋"等建筑形式，较好地适应了温暖湿润的气候环境。

战国晚期，越王勾践后裔的一支王族南奔入闽，与土著的闽族人相融合，形成闽越族，并于秦末汉初建立闽越国。福州地区留存着大量闽越国历史、人物相关的遗址，如鼓楼屏山遗址、北大路遗址、冶山汉城遗址、晋安新店古城遗址、浮村遗址（闽越国仓廪处）、磐石山遗址等。

历史上福州曾六度建造或建城池，即汉代的闽越国都城（冶城），西晋的晋安郡城（子城），唐末至五代梁初的威武军城（罗城）和南北夹城，两宋多次扩建修筑外城，明初垒石重建府城。环绕罗城和夹城的城濠水道即今天的安泰河等内河河道。屏山"镇海楼"是明府城各城门楼参照的式样，又称"样楼"。于山和乌山南麓、公正新村等处还残留小段明城墙。为了抵御倭寇，明代福州府各县特别是沿海县村大规模兴建堡垒，大致可分为府城、县城、所城、民城四大类。现在基本保留格局的有省级历史文化名村连江定海所城和福清万安所城、罗源鉴江民城等。

福州府城始建于汉高祖五年（公元前202年），刘邦复封无诸为闽越王，福州成为闽越国的都城。无诸依山建城，称为"冶城"。此时的城池以夯土砌筑城墙，城池规模较狭小，仅包括今屏山东南麓至冶山一带。

西晋时期，福建隶属于吴国，设晋安郡，福州为郡城。晋武帝太康三年（282年），郡守严高主持修筑子城，城池规模较汉代扩大，城墙以夯土包石砌筑，设置6座城门，奠定了福州城池的基础。

唐开元十三年（725年），福州正式定名，并设为都督府。中和年间，观察使郑镒主持拓展东南城墙。天复年间，王审知在原西晋子城外增筑了罗城。城池规模较唐初增大4倍有余，开设8座城门，城墙均由特制墙砖砌筑，形状为不规则圆弧形，方圆约40里，高约20尺，厚约17尺。五代梁开平初年（907年），王审知再次拓展城池，增筑了南北夹城，并设置6座城门，方圆约26里，呈圆形，构筑成防御性能更强的城池。同时，新城将屏山、乌山、于山围于城内，并在于山与乌山上分别设置白塔与乌塔，形成了福州"三山两塔"的城市格局。

宋开宝七年（974年），福州刺史钱昱增筑东南外城，增筑城墙高约1.6丈，厚约8尺，墙基以坚石砌筑，墙身以砖垒筑，外城开设6座城门。此后，太守程师孟于宋熙宁二年（1069年）又修葺子城西南城墙，知州元积中于熙宁八年（1075年）增筑城墙，疏浚护城河。

明洪武四年（1371年），都尉王恭修建福州旧城，以石砌墙，北跨屏山主峰，外城绕乌山、于山二山建城墙，并在越王山巅造一谯楼，作为各城门城楼的榜样，号样楼，称镇海楼。至此，福州城池形成了今日的"三山两塔楼"的城市格局。清代福州府城基本延续了明代的格局，在此基础之上对局部城墙进行修缮。

清末至民国时期，由于城市建设和发展的需要，城墙陆续被拆除，至1949年前，福州府城的城墙已无迹可寻。在20世纪80年代至90年代的城市建设中，发现了数段残存的明清城墙，包括于山明代古城墙、乌山明代古城墙、公正古城墙遗址等。

一、冶城遗址

屏山、冶山一带历来是福州的政治中心。在鼓屏路、冶山路两侧的城市考古发掘中，多次发现两汉、六朝、隋唐五代等文化层和建筑遗址，重要的有鼓角楼遗址、马球场遗址、五代夹城遗址和由闽国宫殿通往西湖的夹道遗址等，这些遗址构成福州筑城历史的一部分。

1. 冶山遗址概况

在福州鼓楼闹市中，有一处建于2200多年前的文化遗产，同时也是福州最古老的文化遗址，它就是冶山历史文化风貌区。

冶山历史文化风貌区位于福州城市中轴线东侧、屏山南侧，北至冶山路，西至鼓屏路，南至城隍街、能补天巷，东至林则徐出生地东侧，面积13.21公顷，其中核心保护区面积

冶山历史文化风貌区在"三山两塔两街区"格局中的位置

冶山在福州历史文化中轴线中的位置

图1-1-1 冶山历史文化风貌区位分析图

8.6公顷，建设控制地带4.61公顷（图1-1-1）。冶山历史文化风貌区是福州历史文化名城的重要构成要素，闽越文化的重要发源地，同时也是福州古城风貌的核心组成部分。

2. 冶山遗址的时空变迁

历史上，冶山是福州城北屏山附近的一个山包，根据《闽都记》记载："闽自无诸开国，都冶为冶城。"山名为冶山，冶山之冶，是因城名，即越王勾践后裔无诸受封闽越王，在冶山建城（图1-1-2）。《吴越春秋》也有记载，越王聘欧冶子铸剑，"或冶剑于山，淬剑于池"，冶山、剑池由此得名。其实，冶山还有其他名号，因有天泉池之水而被称为泉山，因是都城隍庙所在地而被称为城隍山，相传有无诸冢而又称王墓山，又因唐时将军陈岩在山上驻军，被称为将军山。

3. 冶山遗址的历史遗存

（1）春秋战国时期的欧冶池与宋代欧冶亭

相传欧冶池为春秋战国时期欧冶子铸剑淬火之池，宋代程师孟在此创欧冶亭（图1-1-3），

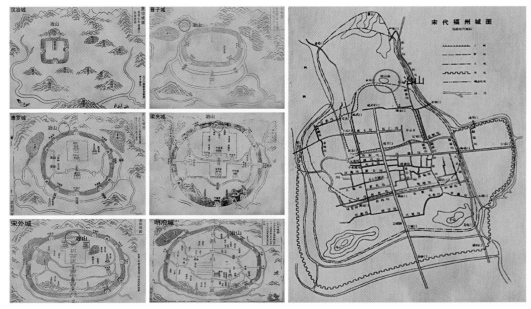

图1-1-2　冶山在历史城市变迁中的位置示意

1. 公园西入口　　　　2. 闽越文景墙
3. "无诸"雕像　　　　4. 活态考古场
5. 西汉地层切片展示　6. "无诸开疆"浮雕墙
7. 晋子城壕遗址　　　8. 欧冶池东侧围墙
9. 欧冶亭　　　　　　10. 观海亭、九曲池
11. 天泉池、辛夷塘　　12. 冶山南麓
13. 文化残墙　　　　　14. 景观小品
15. 博物馆

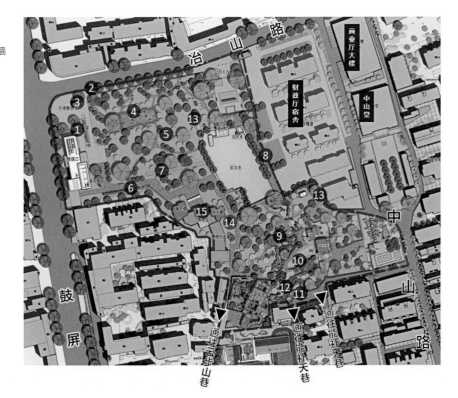

图1-1-3　欧冶池总平面图

作诗又为《后序》说：予至州之明年，新子城，城之东北隅，灌木阴翳，因为开通，始问此水，或对曰："欧冶池"。予窃喜其迹最古，且爱其平阔清。又池之南陇阜盘迂，乔林古木，沧州野色，郁然城堞之下，于是，亭阁其上，而浮以画何可宴可游。亭之北，跨河而梁以通新道。既而州人士女朝夕不绝，遂为胜概，以后，还建游堂、喜雨堂、城阴馆等建筑。元代，又建三皇庙、五龙亭。至明弘治间，池已严重淤塞，仅存半亩方塘，且围入贡院。清道光八年（1828年）重浚，池面扩充几倍。光绪十八年（1892年）立欧冶子铸剑古迹碑。民国二十一年（1932年），闽侯县名胜古迹保存会重浚之，并修复欧冶亭、凌云台、喜雨堂、剑池院等（图1-1-4、图1-1-5）。1982年，福建省财政厅拨款重浚，池岸砌石，池内泉涌如潮；还在池北建剑光亭、石舫、池心亭等仿古建筑。1982年欧冶池被福州市人民政府公布为市级文物保护单位。

（2）西汉时期的冶城

冶城是古闽越国的都城，位于中国福州的屏山东南麓冶山一带，无诸时期始建。相传春秋时期著名铸剑专家欧冶子铸剑的欧冶池毗邻冶山，同时相传无诸墓即在此一带，但尚未发现。冶山上有观海亭等胜景，民国时刻有一至九曲，留有摩崖题刻50余段，包括黎元洪、林森等人手迹。冶山东坡"仁寿堂"为萨镇冰晚年居所。欧冶池宋朝时即为游览胜地，"游人仕女不绝"，民国时期又一度成为胜景。

（3）西晋时期的子城壕

郭璞作《迁城记》记载："泰康之载，迁插瓯基。四色牢城，层峦三经。洪许南流，瑞龙地应。"后世以为有龙脉之应。乃经始郡城于越王山之南，称为子城。子城壕亦是冶城之后。

图1-1-4　欧冶亭现状

图1-1-5　欧冶池景观现状

图1-1-6　裴次元马球场遗址

（4）唐代时期的裴次元马球场遗址

裴次元马球场遗址位于冶山东南侧，是福州史上最大的马球场，经测绘发现，面积达1万多平方米，可容纳10万人左右，是我国已找到的第一个唐代球场（图1-1-6）。

（5）宋代时期的泉山摩崖题刻

泉山摩崖题刻自唐宋至民国，众多达官显贵、学者名人为这块风水宝地挥毫泼墨、吟诗作赋。他们的书法墨宝、诗词文章为后人留下重要的时代信息，形成今天的"摩崖题刻"。有"九曲""仁寿堂""越壑桥""摩崖石刻"等（图1-1-7）。

（6）元代时期的界碑

欧冶池官地石碑官地碑立于元代，后折断，现已修复（图1-1-8）。

（7）明清时期的中山堂与林则徐出生地纪念馆

中山堂位于福州市鼓楼区中山路23号。其前身为明清贡院，清道光七年（1827年）重建称为"至公堂"。清光绪三十年（1904年）废除科举，改建为福建省谘议局。这座中西合璧

图1-1-7　泉山
摩崖题刻现状

图1-1-7　泉山摩崖题刻现状（续）

图1-1-8　界碑现状

会堂式的古建筑历经百年沧桑，曾经是近代伟人孙中山先生接见福建政要人士、发表演说的场地（图1-1-9）。2009年中山堂被福建省人民政府公布为省级文物保护单位。

位于福州市中山路19号的林则徐出生地纪念馆（图1-1-10），是林则徐出生和幼年生活、学习的地方之一。现今也是"福州市禁毒教育基地"，每年均有八九万名游客到这里接受爱国主义教育。

（8）民国时期的仁寿堂

仁寿堂位于鼓楼区中山路23号冶山古迹旁，是晚清海军统制、民国海军总长、代理国务总理、中央人民政府人民革命军事委员会委员萨镇冰的故居。2013年仁寿堂被福建省人民政府公布为省级文物保护单位（图1-1-11、图1-1-12）。

图1-1-9　中山堂

图1-1-10　林则徐出生地纪念馆

图1-1-11　仁寿堂外观

图1-1-12　仁寿堂室内

二、于山古城墙

　　元朝统一后，废除福州城墙。明洪武四年（1371年）驸马都尉王恭循宋外城旧址，垒石为城，称为府城。北跨越王山（今屏山），南绕九仙山（今于山）、乌石山麓。于山古城墙遗址即为当时兴建，辛亥革命后，因拓展马路，明城墙被拆除。1986年扩建古田路，命名石城旧址，南门至水部门其中一段，长约173米，加以修复，依山势按照古代月城原型进行仿建。城墙是在五代梁夹城和宋外城的基础上，用石头砌的。据记载，城墙高7米，厚5.7米，设7座城门楼和4座水关。于山明城墙遗址墙基条石横竖叠砌，残高约3米、残长8米，城墙表面石条凹凸不平，仍保留其原先样式。1992年被福州市人民政府公布为市级文物保护单位。

　　于山古城墙遗址展示廊一方面加强该段明城墙遗址的保护，另一方面在于展示。基于此，作为文物，展示应在保护的基础上突出明城墙遗址。在《文物古迹保护准则》中提出：

"展示的目的使观众能完整、准确地认识文物古迹的价值，尊重、传承优秀的历史文化传统，自觉参与对文物古迹的保护。""增加的展示设施，必须确保新建设施不损害文物古迹及其价值，并把新建设施对文物古迹和周边环境的影响控制在最低限度内。"

原展示廊为钢混结构，仿清式建筑结构特征而建，以红色为主色调，雕饰、彩绘等较为繁杂，屋顶密封不透光。对于明城墙的干预较大，其建筑年代风格对于明城墙价值的阐释容易对参观者造成混淆，同时，展示廊采光不好，影响明城墙的展示功能，更不能突出其价值，主客体之间的关系没处理到位，展示廊更是喧宾夺主。

现状展示廊根据福州地区明代传统民居的特征进行提取，并根据展示古城墙遗址的需要进行改进。把原钢筋混凝土结构的清式带翘角展示廊改为木构明式悬山顶展示廊，使展示廊建筑的时代特征更接近明代，让观众一走近展示廊就感受到明代古建筑的感觉。展示廊平面布局采用六柱五开间，面阔约19米，进深约1.65米，柱子采用方柱，柱础采用圆形覆盆式。

梁架参考福州明代传统民居梁架样式进行设计。为能更充分地展示福州明古城墙遗址，拟对原清式钢筋混凝土展示廊进行整改，为避免观众在参观时感觉光线不够，这一次展示廊后半部分的瓦屋面，改为双夹层防碎安全透明玻璃顶屋面，使展示光线满足观众参展的要求（图1-1-13～图1-1-21）。

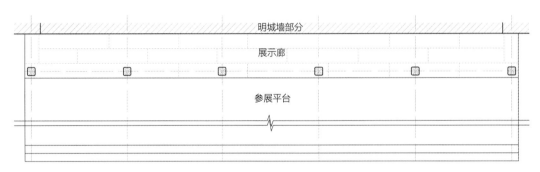

图1-1-13　展示廊平面图

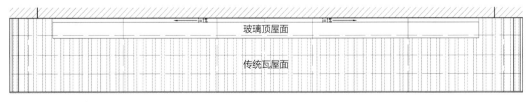

图1-1-14　展示廊屋面图

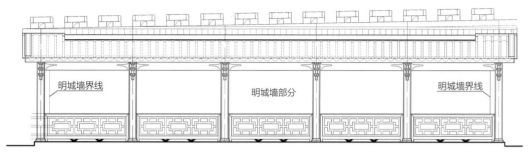

图1 1 15 展示廊立面图

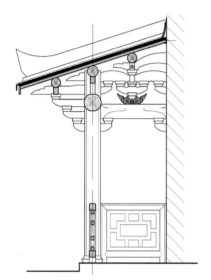

图1-1-16 传统屋面剖面示意图

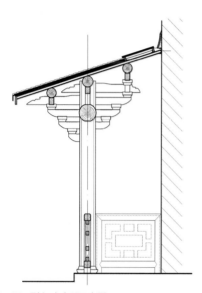

图1-1-17 引入玻璃顶示意图

图1-1-18 于山明城墙原展示廊

图1-1-19 整改后整体效果

图1-1-20　展示廊与明城墙的关系　　　　　　　　　　　图1-1-21　玻璃采光顶光线的引入更好地展示明城墙

三、南门兜古城墙

　　南门兜古城墙始建于明洪武四年（1371年），驸马都尉王恭主持重建福州城垣，将以前的土、砖城墙改用乱毛石、整毛石砌筑，石砌城墙较为牢固。清代延续了明代府城墙的格局，仅在明城墙基础上进行修补，没进行更大改造，因此能保留到现在的一般都是明城墙。民国初，明代城墙因修建道路而逐渐被拆除，当时拆下的城墙石被人们作为铺路石，铺在中亭街、达道路、吉庇巷（路）和津泰路这4条路上。

　　现今，南门兜古城墙遗址位于乌塔广场，古城墙位于乌山路与八一七路相交处东北角，冠亚广场西南角，现状占地面积只剩66平方米，城墙高3.9米，为明城墙遗址。该城墙历史悠久，文化内涵深厚，对福州古城墙保护与研究具有重要的文物价值（图1-1-22）。

图1-1-22　南门兜古城墙现状

　　城墙为乱毛石、整毛石砌筑,共有两个台面,下为台基,上为城墙。台基高1.45米、宽4.9米,现保留长约13.60米,东面台基已残毁,南面台基为整毛石砌筑,西面台基为乱毛石砌筑,北面台基为方整石筑;城墙高2.45米(不加平台及墙垛)、宽3.4米,现保留长度约11.24米,墙体东面已残毁,南面整毛石砌筑,西面乱毛石砌筑,北面为乱毛石砌筑,墙体内部均用瓦片、白灰、田土、碎石、夯筑而成(图1-1-23~图1-1-26)。

图1-1-23　南门兜古城墙平面图

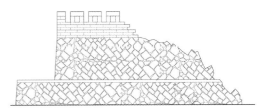

图1-1-24　南门兜古城墙正立面图

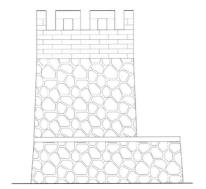

图1-1-25　南门兜古城墙侧立面图

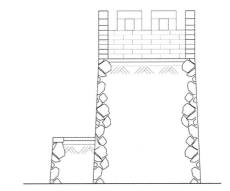

图1-1-26　南门兜古城墙剖面图

四、公正古城墙

　　公正古城墙位于福州市鼓楼观风亭西侧,毗邻冶山冶城旧址,相传为汉无诸冶城的东城墙遗址,晋建子城及唐、宋、明三代建的城墙皆沿用旧址。公正城墙是目前福州市保存最为完整、长度最长的古城墙,且历代均有修缮,对研究福州城市发展有一定的历史价值。根据2008年4月考古专家的意见基本确定现存的石头城墙遗址为明代福州府的城墙遗址。1992年11月公正古城墙被福州市人民政府公布为第三批市级文物保护单位。

　　公正古城墙建筑历史悠久,建筑规格高,是福州境内最大、最具典型的代表性古城墙。为研究福州唐、宋、明城墙提供了珍贵的实物资料。

　　据《福建省文物地图集》记载:公正城墙遗址位于井楼门外赛月亭至山头角公正新

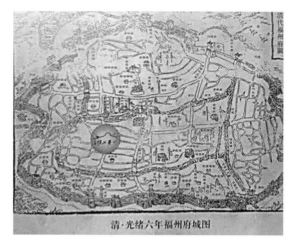

图1-1-27 公正古城墙在福州府城（清）中的位置

村，民国初拆毁，今残存公正新村西侧的城址，石砌，残墙长43米，残墙高4.6米，墙顶宽2.3米，为福州市目前保存比较完好的一段明代城墙，残存的墙体东立面乱毛石砌筑较为平整优美。公正古城墙遗址有特殊的历史和艺术价值，其城墙下部构造层次清晰、承载受力合理。其基础构造方法为：首先挖基槽，再往挖出的槽内放入原木，在原木上垒上一层至二层较均匀的石块，并于槽两侧打入直径10厘米左右的木桩，然后依次往上叠压大石块，以固定基础；最后在基础上依次叠上较小石块，再往城墙内填入搅拌均匀的填土，筑成城墙，具有重要的科学研究价值（图1-1-27~图1-1-30）。

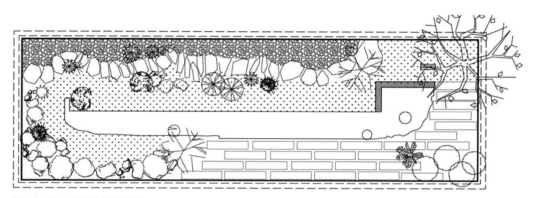

图1-1-28 公正古城墙平面图

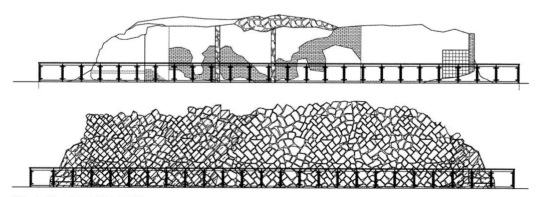

图1-1-29 公正古城墙立面图

图1-1-30　公正古城墙修复现状

第二节　古桥卧波

　　在桥梁史上，最早出现的桥称为石碇桥，即在水里立起一根根高出水位的石柱，行人通过踩踏石墩渡过河流；其次是梁桥，即在断途两端直接架设可供通行的石梁；再次是浮桥，由于跨度加大、水深加剧、流速加急，前辈们便想出了这种以船代桥的绝妙方法；若是遇上了两座山壑，没有水流浮力的支撑，船只也成了摆设，这时就需要以若干绳索穿针引线，再铺上木板，称为索桥；等到上述若干技术问题都迎刃而解后，人们又开始追求桥梁外在的美感，拱桥便适时受到了建筑者的青睐。可以说，从石碇桥到拱桥的渐变过程，亦是一种文明进步、社会升级的折射。直到今日，即使构筑桥梁的材料正以日新月异的速度发生变化，但其核心本质仍在继续闪烁着前人智慧的光芒。

　　这种光芒在闽都大地上尤其耀眼。自古以来，识者称"闽中多佳山水"，究其原因，就因为闽江之水与环围福州东、北、西部诸山之水都汇流于下游海湾沙洲之地的福州地域内。故旧志载："水自众山奔流直下，有泄而为川者，有潴而为湖者，各尽丘壑之妙。"旧志载，晋安郡守严高开凿福州东、西二湖，周回各二十里。东湖引东北诸山溪水注入，西湖则引西北诸山溪水注入。二湖与闽江之水连通，而且也与闽海之潮汐相通。还有南湖，当今乌山之南，及城郊外西南地区，旧有"十八洋"之称，近代仍有诸多池沼。可见福州城外大江环绕，湖面宽阔，大小池沼包围城郭；城内水系发达，河网密布，古城风貌特色显著，所以自古称福州乃"山川灵秀所都"。

　　西江之水早先自西流经郡城以北空阔丘壑，而后由北向东南复注于江。唐末以后，州城之北渐淤，闽江之水遂自西而东，流经西湖，通过西水关闸，入于城区，汇于安泰河、琼东河，南流复注于台江（闽江）。而闽江之水与内河相通，因潮汐关系，亦可以在涨潮时入城中，顶托城内河水，与之相汇合。故南后街、衣锦坊附近有"会潮里"之称，城南台江张圣君殿前之星安河上亦有"两头涨"的会潮现象。潮退为汐，城内诸河之水汐则又退而汇流于闽江。

明清两代，著名学者、水利及堪舆家如董应举、陈寿祺、郭柏苍等，都注意到福州城内外水环境的特点以及水（河）流的特殊运行规律，并且都试图说明这种自然生态环境与人文现象、民众生活的关系。如明代水利专家、工部侍郎董应举，在《论省城水法》中说："东北山水汇于溪，西北山水汇于湖，皆经水关入城，为二龙送水。"即指东、西溪及两湖之水（今缩聚而为晋安、白马二河），分别经东、西水关闸送入城内。董应举还说："又有洪、台二江之水，环注东流；而海潮又自东入城，环注城内，与送龙水相会。"即指闽江水于涨潮时进入城中，遂使美（清）水钟聚于城区；而在退潮时，带走恶（污）水浊物，来去两相济美于州城。如此潮汐，一日两次，甚有益于州城。所以董氏的结论说："进以钟其美，退以流其恶，进出皆善水，故最为吉利。"福州自古称"江城福地"，其源盖出于此。俗谚云："澄清出人多俊秀，污浊生子多愚钝。"福州三坊七巷为代表的城内人家，多出隽彦杰特之士与兰蕙婉秀之女，适可证明。

清代多识博物兼善堪舆的郭柏苍，也在《论福州入城水法》中说道："福州入城之水，自东南来者，经沙合桥三十六湾，挟海潮由水步（部）门之南水关入城；自西北来者，洪塘江水分支，挟海潮入西河，经西禅寺诸浦，缭绕三十六湾，由柳桥西水关入城；龙腰西北诸山之水，汇于溪，送入汤门关；龙腰西北诸山之水，汇于湖，送入北水关。此送龙水也。最妙洪江、台江两处，挟潮缭绕入西关，环注而东。而海潮又自水步门直入，环注城中，与送龙水会。"其所叙述溪江之水与夫海潮之水环绕入城及龙水相会情形，与董应举说相类。他特别提到，可惜城中河道狭窄，致水流不畅，而与宋代福州知州曾巩《道山亭记》中所描述的大异其趣："沟通潮汐，舟载者昼夜属于门庭。"元诗人也有"百货随潮船入市"之说。

郭柏苍还议及福州城内南部之进出水沟渠，有七星沟和三元沟。他指出："福州南城有沟道二，一为七星沟，沟九曲七湾，泄城中之浊水，由重闉曲出，西达于濠（护城河），相传以为主省城财运；三元沟引海潮，穿南城根而注入府学（今文庙）之泮池，相传以为关通省之文风。"郭氏精于堪舆，论水法亦与文运相关联，认为当同治五、六年（1866年、1867年）时，因此盖南城，顺请镇闽将军英桂，将城墙雉堞掘开二丈，使三元沟水由城根下循旧道入外城濠，以通于河，"使沟水与潮汐自行进出"；又请开南门板桥以东河道至教场（今五一广场）边，板桥以西河道至洗马桥。接着他历数开河开沟以后的人文奇迹："进士之额倍于从前"，戊辰（1868年）以后，黄以楷中探花，王仁堪中状元，进入翰林院的人选也较前更盛；更有丁锦堂、宋鸿图、黄培松三人中武状元，陈懋侯、叶大焯、陈宝琛、邵积诚等人简放学政之职。郭氏以此论证福州城优良的水法与人才出世的关系。

四通八达的水系既呼唤着桥梁的出现，也肯定了桥梁的功用，更成就了筑桥者的生平。福州的桥梁在涵盖了上述几种形态的同时，亦有着不同程度的拓展，成为此间一本鲜活灵动的教科书。"闽中桥梁甲天下"，无论是长度、跨度、桥型、桥梁重量，还是施工技术，福州古代桥梁在中外建桥史上都占有一定的地位。

一、亭江迥龙桥

迥龙桥位于马尾区亭江镇闽安村，又名飞盖桥、沈公桥，建于唐代，宋郑性之修，清康熙、嘉庆、道光年间重修，民国十一年（1922年）再修。石构、平梁桥，南北走向，四墩，五孔，不等跨。全长65米，宽4.64米。桥墩呈船形，栏柱柱顶刻宝奁、海兽等均系唐代原构件，另刻有狮子戏球等为明代构件。柱上有"丙寅暮春立，陈炉捐拜石一块，拱石二条……"等题字。桥北端有跨街桥头亭，亭间有碑3块，桥北连圣王庙，南端有玄帝亭，内立宋碑1块，清碑1块。1991年4月17日被公布为省级文物保护单位。宋碑榜书"飞盖桥"，款识："观文殿学士、通议大夫长乐郡开国公食邑三千九百户，食实封六百户郑性之书。文林郎、特差监福州闽安镇兼烟火公事□□□□"清碑榜书"沈公桥"，旁款："康熙岁次丁巳仲夏吉旦，江右闽安镇沐恩合北里、琅崎、壶江各墩士民同立。"楷书。又一清碑，额横书："沈公桥"，碑文："闽安之迥龙桥造唐季，宋丞相郑公捐俸重修，以飞盖桥名。我朝康熙丁巳年协镇沈公以桥久倾圮，慨然捐修，军民感德，遂更名沈公桥，立碑以志遗爱。嘉庆间里人郑殿富复倡修建，道光己未年桥复圮，镇之绅耆聚议重修。"（图1-2-1～图1-2-3）

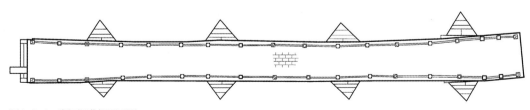

图1-2-1　亭江迥龙桥平面图

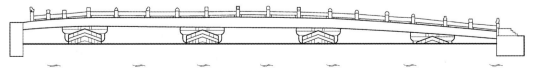

图1-2-2　亭江迥龙桥立面图

图1-2-3　亭江迥龙桥现状

二、福清龙江桥

福清龙江桥位于福清市海口镇海口村西，龙江（螺文江）水道之上，是福清境内最长的一座古代石梁桥，也是福建省内保存最完整的宋代石梁桥。它与龙海江东桥、泉州洛阳桥、晋江安平桥合称福建省古代四大桥梁，是省内目前保存最完整的宋代石梁桥。曾用名：海口桥、龙江古石桥、螺江桥，宋政和三年（1113年），龙江桥开工建设；宋宣和六年（1124年），龙江桥建成，初名螺江桥；宋绍兴三十年（1160年），螺江桥更名为"龙江桥"；2010年，龙江桥进行全面修葺、加固。该桥是座梁式结构的石桥，上至石栏和独具匠心的横铺石板，下至填基架梁，均以石为材，桥墩成舟形，在桥墩顶帽石上铺以6块巨大条石为梁，石梁每块重量达15吨，之后在石梁上横铺石板形成桥面，两侧辅助以石砌栏杆。桥全长476米，宽4.2～5.2米，岩石构建的桥墩共39墩，高6米，现存40孔，孔径9～13米，整座桥看上去古朴厚重，给人一种饱经沧桑之感。桥南还建造镇桥塔2座，分列左右，塔七级六角，每面雕佛给龙江桥增添了庄严的色彩。2013年福清龙江桥被国家文物局公布为全国重点文物保护单位（图1-2-4～图1-2-6）。

图1-2-4　龙江桥现状

图1-2-5　龙江桥平面图

图1-2-6　龙江桥立面图

三、琼河七桥

琼河七桥位于安泰河上，是唐五代罗城护城河上的桥梁，包括金斗桥、馆驿桥、双抛桥、二桥亭桥、板桥（老佛殿桥）、安泰桥、观音桥等，均为石构平梁桥或单孔拱桥，栏板上有建造年代和桥名等题刻。1992年琼河七桥被福州市人民政府公布为福州市第三批市级文物保护单位。

1. 金斗桥

金斗桥原为唐罗城金斗门桥，后毁。清嘉庆二十三年（1818年）重建。1986年重修。金斗桥位于福州市鼓楼区文儒坊西口，是联接仓门街、通湖路的通道。桥为石结构，总长10.2米，桥宽3.7米，跨度为4.7米。桥面由4条长5.4米、宽0.75米、厚0.2米石板条铺成。桥东向有台阶7级，西向8级。望柱6根，栏板4块，栏板上有石刻"古称金斗桥"（图1-2-7）。

2. 双抛桥

双抛桥位于今福建省福州市杨桥路，距离冰心、林觉民的故居仅几十米远，历经数度修建，占地24.5平方米。双抛桥曾在清朝乾隆年间重建过。前几年，福州市政府为保护这个历史古迹又进行了重修。

双抛桥的文物价值，首先是因为古老，有人估计她的始建时间当推到明朝；再就是她位于三坊七巷的杨桥巷上；三是因为她的名称是由一则美好传说故事演绎而成的。鼓楼区杨桥巷口的"双抛桥"，原名"合潮桥"，又称"会潮桥"，因桥下河水一头通元帅庙河，一头通

图1-2-7 金斗桥现状

白马河，两河在此汇流而得名。该桥始建于唐代天宝十二年（754年），石构单孔拱桥，有桥亭，桥边环植3株古榕树，树荫蔽天，是百姓乘凉的好去处。双抛桥采用福州地方建筑传统手法建造而成，长宽比较小，桥上面的建筑不像其他风雨桥的廊屋那样修长和有气势，而体现更多的是一种像亭子般的空灵和轻巧。虽然双抛桥因拥有遮雨的亭子而显得与众不同，但从建筑风格上看，其和三坊七巷周围的其他桥是一致的，不求精致奢华，但得古朴典雅。整个桥非常朴素大方，亭子为双坡乌瓦屋顶，屋顶高低两段错落有致，虽然出檐很深，但是因为其薄薄的椽板和其下开敞的空间而不显得厚重和压抑，反而增添了一种稳重、一种镇定，在下雨的时候能更好地庇护亭子下面躲雨的人们。亭了的构架采用了福州古民居中最常见的穿斗式屋架，简约而轻盈。而桥身上左右两排美人靠的设置，不仅使亭子本身在下端有了一个和屋檐相呼应的完美收尾，更使得建筑和人之间有了互动，也给建筑本身平添了许多的"人气"。双抛桥是一座条石板有雨盖的古桥，对福州地方建筑史及建筑工艺研究具有一定价值。

明《闽都记》称："二潮吞吐，缭绕若带，会城一奇也。"桥始建于唐天宝十二年（753年），桥上旧有石刻"合潮流水河步"六字。原桥已毁，历经几度重建，直至中华人民共和国成立后尚存的为清光绪二年（1876年）修建的西北、东南走向单孔石拱桥。桥栏石柱上刻"古今合潮桥""光绪丙子年建"。桥呈南北走向，长约9米，宽约2.9米，该桥梁属单跨石拱桥。桥上建有亭式桥屋，面阔双开间，恰似两座高低错落的亭子搭接在一起，用柱6根，桥栏杆上建有木制美人靠和雕刻精美的石柱，从南北侧看，桥屋像"介"字，材料全部采用杉木。该建筑保留了福州地区亭子和桥的传统工艺技术（图1-2-8～图1-2-11）。

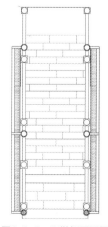
图1-2-8　双抛桥平面图

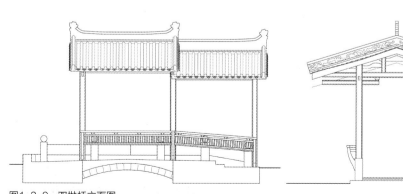
图1-2-9　双抛桥立面图

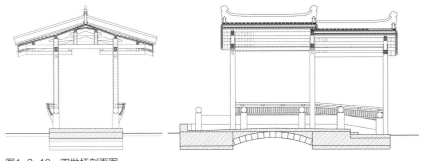

图1-2-10 双抛桥剖面图

图1-2-11 双抛桥现状

3. 二桥亭桥

文儒坊二桥亭桥位于福州市鼓楼区"三坊七巷"文儒坊的大光里西口、仓前街与通湖路之间的古罗城大濠上，占地31.36平方米。二桥亭桥是琼河七桥之一，重建于清代，因后期维修受到一定破坏。然而在上次维修中对桥亭部分保留较为完整，桥梁由于损毁严重，放弃了对木构桥面的维修，改原有受力体系为钢筋混凝土板式桥面受力，桥亭仍完整保留，但由于年久失修，也出现较严重的残损。该桥采用福州地方建筑传统手法建造而成，长宽比较小，桥上面的建筑不像其他风雨桥的廊屋那样修长和有气势，而体现更多的是一种像亭子般的空灵和轻巧。

二桥亭桥始建年代不详，据清周亮工《闽小记》记载："桥上架屋，翼翼楚楚，无处不堪图画……闽地多雨，欲便于憩足者，两檐下类覆以木板，深辄数尺，俯栏有致，游目无余。"明代王应山编纂《闽都记》记载："仓前桥，近常丰仓，南北二桥，有亭其上。"据明代王应山编纂《闽都记》中记载推算，此桥至少建于明代。清乾隆三年（1738年）重修，1986年再修时，桥面保留木柱，另用混凝土覆盖。

二桥亭桥包括两个部分：桥亭和桥梁，呈东西走向，资料记载长9.8米，宽3.2米，该桥梁属单跨木梁桥。桥上建有亭式桥屋，阔三开间，用柱8根，卷棚顶，桥栏杆上建有木制美人靠。从东、西侧看，桥屋像"介"字，亭子的构架采用了福州古民居中最常见的穿斗式屋架，材料全部采用杉木，简约而轻盈。而桥身上左右两排美人靠的设置，不仅使亭子本身在下端有了一个和屋檐相呼应的完美的收尾，更使得建筑和人之间有了一种互动，也给建筑本身平添了许多的"人气"。二桥亭桥是福州城内唯一的一座木构有雨盖古桥，对福州地方建筑史及建筑工艺研究具有一定价值（图1-2-12～图1-2-15）。

图1-2-12　二桥亭桥现状

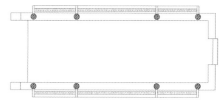

图1-2-13　二桥亭桥平面图

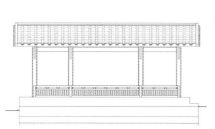

图1-2-14　二桥亭桥立面图

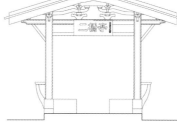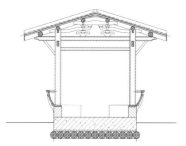

图1-2-15　二桥亭桥剖面图

四、十四门桥

　　十四门桥位于闽侯县上街镇榕桥村南，又称榕桥。建于宋元丰二年至八年（1079～1085年），清代水毁一墩，1928年、1988年均有重修。十四门桥基本保持了南宋石梁桥的基本样貌，十三墩十四孔平梁石桥，跨于可溪上，东西走向，全长约100米、宽1.74米、净跨4～6米、离水面高约3.6米。东端北梁上刻"元丰二年□十一月庚申造至八年十一月廿三日壬辰毕□□石匠张保"等，南梁有"兴禾里林居广与室中陈二十一娘同发心舍石桥一十四门上报四恩三有下及一切含生同沾福利"等，字径0.17米；东第二孔南梁刻"民国十七年二十八世孙文瑛重修"等，字径0.19米。古桥的每一块石板几乎都可以看到镌刻着重修的记载。

　　十四门桥与邻近山川、古镇街市声气相和，构成天然旖旎的画卷，堪称闽都胜迹。从桥上远眺，可以望见一脉青碧如黛的远山旗山。历代文人骚客赴溪源游览途经十四门桥时多有吟唱，明代陆椿："月华隐映三千界，水气浮沈十四桥。"明代状元龚用卿："疏松绿竹拥村原，跨岸桥通十四门。水浅沙明飞白鹭，夕阳溪色近黄昏。"明代郑元韶："西望旗山数里遥，寻常春涨阻耕樵。而今游客过多少，忆渡溪源十四桥。"

　　十四门桥桥墩用花岗岩条石横直交错叠砌而成，双边船形墩，两端成尖状，便于排水。桥面用两条宽约0.5米的条石顺铺，每条石梁都重达数千斤，为架设沉重的石梁，工匠使用巧妙的方法，从水路运输到桥墩的位置，当潮水高涨时，船随潮高将石梁托起，与桥墩对齐固定，当潮退时，船随潮水下降，石梁就安放在了桥墩上。若潮水上涨未能达到需要的高度，即把杉排垫进船下，使船只浮升至适当的水位时，再把石梁移动安置在桥墩上，待潮水下退时，把船和杉排解开分离。而在水浅的区域，架设时把石料卸在桥墩边，利用绞绳的旋转器（安设在桥墩上），用绳把石料缚住，沿着架设的斜辑吊装到桥墩上。这两种方法就是清人周亮工《闽小记》所谓"激浪以涨舟，悬机以牵引"的施工方法。

　　关于建造这座桥，1993年版的《八闽旗山志》记载了一个传说。宋时河并无桥梁，只靠渡船。一年清明节，乡绅林安世祭扫祖墓，途经渡口，而渡船刚好离岸。林安世叫船回来，而舟子却回应说："想要赶快过河，为什么不自己建桥？"林安世听后，十分生气，放下祭品，暗许心愿，筹备建桥，不久便修建了十四门桥。捐资者林居广，名安世，为六桥林始祖、唐末五代开闽都统使林硕德六世孙。平时乐善好施，赈贫济困，深受乡人称道。其墓位于闽侯县上街镇榕桥村超山自然村梅林窟北麓，始建于宋，清代重修，俗称鸭姆墓。十四门桥是闽侯境内最长的宋代平梁石桥。2020年十四门桥被福建省人民政府公布为省级文物保护单位（图1-2-16～图1-2-19）。

图1-2-16　十四门桥现状

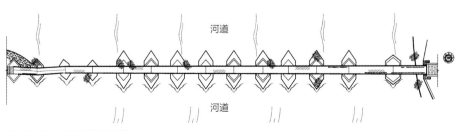

图1-2-17　十四门桥平面图

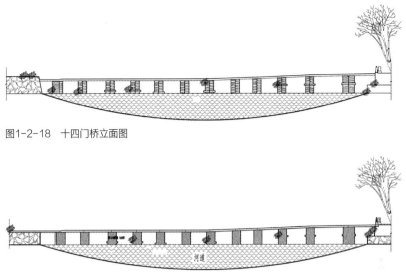

图1-2-18　十四门桥立面图

图1-2-19　十四门桥剖面图

五、彬德桥

　　彬德桥位处台江区三保帮洲街，始建于明代，清光绪丙申年（1896年）重修，是白马河南端"第一桥"。彬德桥为福州地区少有的明代平梁与拱形相结合的石构桥，颇具特色。该桥形制为花岗石二墩单拱三门石结构拱形桥，桥长28.7米，宽2.7米，其中拱净跨径7.1米，拱矢高2.5米，拱两侧石梁跨度5.2米，桥墩船形部分从河底开始量测高约为4米。船形桥墩石梁桥底面高度约为1.2米，桥墩位于主河道河床上，河床为软弱土层，河道水流较急。石栏板铭有桥名及"彬社重造光绪丙申""民国七年戊午彬社三次重修"修建年代题刻，1992年彬德桥被福州市人民政府公布为市级文物保护单位（图1-2-20～图1-2-23）。

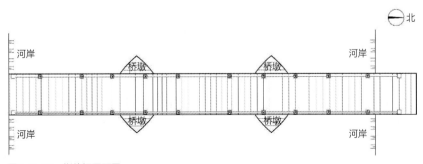

图1-2-20　彬德桥平面图

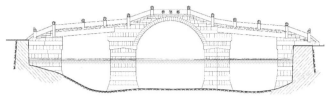

图1-2-21　彬德桥立面图　　　　　　　　　　　　　图1-2-22　彬德桥剖面图

图1-2-23　彬德桥现状

六、鼓山东际桥

　　鼓山，早在一千多年前就已名闻遐迩。登鼓山有三条途径：一条盘山公路，一条缆道，中间有一条石阶古道，道长3.5千米，有2145多级台阶，每隔500米左右就盖有一亭，供游人登山歇息时用，古道呈"之"字形，蜿蜒而上，穿过七亭后进山门直达涌泉寺，过廨院即是东际桥。

　　东际桥上建东际亭，过亭就开始登山，桥宽5.4米，桥长12.5米，桥面采用4根花岗岩条石大石梁，石梁长5.1米，宽0.76米，厚度0.4米砌筑二层，4根打石梁之间与其垂直铺设100厚条石板，条石板突入大石梁约30米，面与大石梁面平，下部用乱毛石砌筑。中间临空区做石栏杆，并设条石坐凳，共游客休憩。溪底夯填乱毛石ϕ0.35~0.45米不等，仿山涧流水，外观自然。桥上东际亭为三开间歇山建筑，8根石柱落地，石柱上约1米高柱子用钢筋混凝土制作，与混凝土屋面连成一体，亭子灰塑彩画精美，与东际桥完美融合一体。1998年2月东际桥被福州市人民政府公布为第四批区级文物保护单位（图1-2-24~图1-2-27）。

图1-2-24 东际桥现状

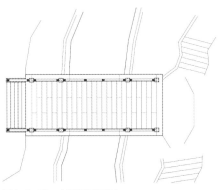

图1-2-25 东际桥平面图

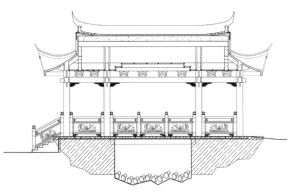

图1-2-26 东际桥剖面图

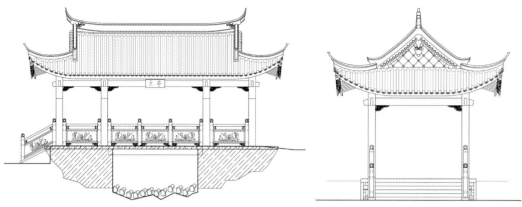

图1-2-27　东际桥立面图

七、闽侯木拱廊桥

闽侯目前留存着闽东常见、福州市少见的木构廊桥。闽侯木拱廊桥含龙津桥、坑坪桥、远济桥。其中，龙津桥位于闽侯县廷坪乡流源村南东源溪上，坑坪桥位于闽侯县廷坪乡坑坪村，远济桥位于闽侯县白沙镇联坑村东大穆溪上，年代为明、清。

1. 龙津桥

龙津桥建于明崇祯四年（1631年），清乾隆、道光年间重修。单孔木拱廊桥，东西走向，全长33米，宽4.3米。以峭壁巨岩为桥堍，上架由圆杉木穿插而成的木拱架，再顺铺圆木为梁，上横铺木板为桥面，其上建廊屋。廊屋歇山顶，穿斗式木架构，面阔11间，进深4柱。桥两旁置长凳和直棂栏杆。明间北部设神龛，主祀玄天上帝，并保存有明代木雕神像。桥东立有清碑两通：一为清道光二十一年（1841年）所立，上刻"夫以建造浮桥，原以因济渡之思，整修陆路，亦以计行迈之艰……"等字；另一为重修龙津桥捐资碑，高1.65米、宽0.61米、厚0.13米，主要记述村民献资情况。桥东南侧近处有高1.2米、宽1.8米的天然山岩，上有宋绍定元年（1228年）楷书摩崖题刻1段，曰："古田县长官陈□/舍财结东畔道头乞/保合家平安者/绍定元年立"，字径0.12米。该桥修建年代有明确纪年，是研究木拱廊桥发展史的重要实物资料。2013年龙津桥被福建省人民政府公布为第八批省级文物保护单位（图1-2-28~图1-2-31）。

2. 坑坪桥

坑坪桥位于闽侯廷坪乡石洋村坑坪自然村，建于清乾隆十三年（1748年）。单孔木拱廊桥，东北西南走向。两岸桥基由块石一顺一丁垒砌，桥基上铺设枕木立将军柱和剪刀苗立柱。单拱由两个系统斜苗穿插形成拱形架，两端各有一组剪刀苗拉结。拱架往上分别铺设底

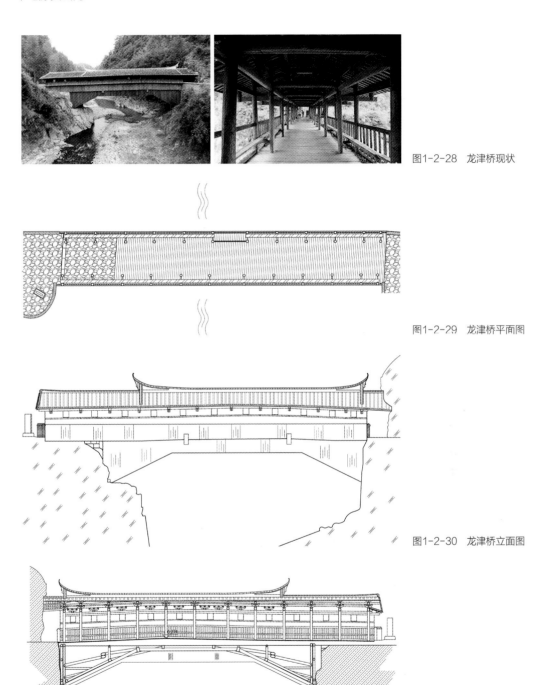

图1-2-28　龙津桥现状

图1-2-29　龙津桥平面图

图1-2-30　龙津桥立面图

图1-2-31　龙津桥剖面图

图1-2-32　坑坪桥现状

楞木、垫木及桥板楞木和桥板。风雨廊为五柱穿斗式木构架（减中柱），共十扇九间，两侧各有一组歇山檐柱立于桥头碎石上。桥长37.39米，廊屋屋面全长26.64米，宽6.65米。拱架基础到桥面高3.13米，桥面到水面高约7米。廊屋呈中间高、两头低的拱形，高3.67米，歇山顶，上覆青瓦。廊屋两侧设木板长凳，外设条状木栏杆，护以遮雨板。当心间西侧设神龛，祀玄天上帝。在东侧横梁上悬挂一长方形木匾，长1.2米，宽0.25米，匾上墨书有潘坪乡等村民乐助建桥工天的名单。该桥是存世不多的木拱廊桥之一，有较高的科学价值。2013年坑坪桥被福建省人民政府公布为第八批省级文物保护单位（图1-2-32）。

3. 远济桥

远济桥又名石陌桥、壹陌桥，为古时福州通往京师的必经之路，是典型的单孔木拱廊桥。远济桥东西走向，全长23米，宽5米。建于清光绪十八年（1892年）。桥墩以天然岩石为基，用块石垒砌而成。廊屋单檐悬崇山峻岭顶，抬梁木工构成，高4.5米。两旁有木栏杆，桥梁构架采用斜撑式，头尾分落在两岸岩石上。桥身离涧底水面约20米，悬空而飞，若似琼楼仙阁，蔚然壮观。桥亭上悬挂一块板酸丝木匾，高193米，宽63米，匾上镌刻"远济桥"三个隶书大字，并阴刻方寸行述跋文，详细记载建桥历史背景、时间，并阐述"仟天下事者，苟皆以桥之心为主，则天下何远而不济哉，然则远济又岂为建桥言哉"的命名含义。匾为清光绪年间（1875～1908年）进士、邑人陈景韶撰书。书法笔墨酣畅、风姿潇洒，是陈景韶存世难得之佳作，为远济桥增辉生色。2013年远济桥被福建省人民政府公布为第八批省级文物保护单位（图1-2-33～图1-2-36）。

图1-2-33　远济桥现状

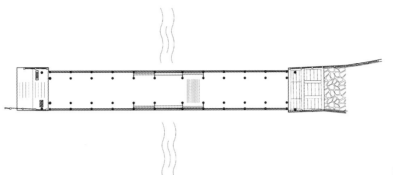

图1-2-34　远济桥平面图

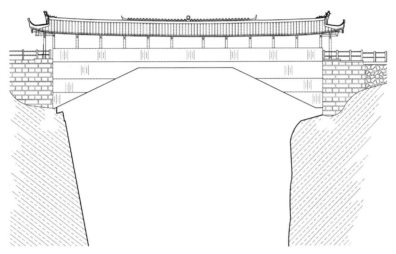

图1-2-35　远济桥立面图

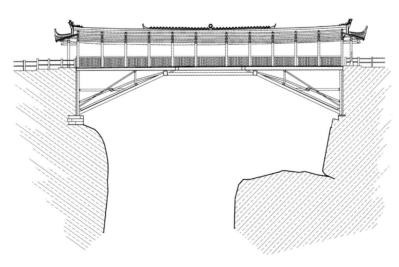

图1-2-36　远济桥剖面图

日月恒在，山水无言。须臾繁荣也好，一时屈辱也罢，唯有守望的姿势终古不变。今人行走在古人走过的桥上，而大桥又通过这依稀可辨的脚步追念当年的熙攘众生。一来一回间，朝代、君臣、父子、友朋都已化作云烟，一座桥梁却凝练成一句承诺，一句古人对今人的承诺，一句造桥人对用桥人的承诺。

第三节　水利惠民

福州是一座建在水边的城市，作为这座城市独特的生态基因，水与福州人民结下了深深的缘分，正是有了这千千百百的古今水利工程，才有了今日的和谐与繁荣。

1. 天宝陂

天宝陂位于福清市宏路镇观音埔村，该陂是唐代修建的大型水利工程，是闽东地区现存最古老的大型水利工程。天宝陂始建于唐天宝年间（742～756年）；宋大中祥符年间（1008～1016年），知县郎简主持重修，故又称祥符陂。祥符复为洪水所毁，熙宁五年（1072年），知县崔宗臣再修，后又毁。宋元符二年（1099年），知县庄柔正主持重修。明洪武二十四年（1391年），按察司佥事陈灏又募众重修，今留有渠道碑。明万历年间（1573～1620年），知县欧阳劲、王命卿先后主持修复，宰相叶向高为重修碑记。清咸丰十年（1860年）秋，洪水暴发，天宝陂被冲决，翌年修复，曾改名"咸丰坝"。天宝陂引水坝以条石砌筑，成台阶式结构，主坝长219米，高3.5米，集雨面积85平方千米；附坝长69米，回水1000米，主渠17千米，支渠6千米，陂右岸建一座高2.3米，宽1.5米引水闸，水流量1.5立方米/秒，有效灌溉面积19000多亩。2001年天宝陂被福建省人民政府公布为省级文物保护单位，2020年12月入选世界灌溉工程遗产名录（图1-3-1）。

2. 协和大学水坝

协和大学水坝位于福州市马尾区马尾镇魁岐村。福建协和大学（Fukien Christian University，1915～1951年），简称"福建协大"，是20世纪上半叶位于福州的一所教会大学，它是美英基督教差会在中国建立的16所教会大学之一，也是西学东渐的文化产物和中西教育"协和"的一个办学成果，学校从筹建到停办，前后近40年，实际办学35年。1951年政府将该校与华南女子文理学院合并为福州大学，即今福建师范大学的前身。建成于民国早期的水坝，在校区北侧的山谷之中，北邻校区核心建筑之一的教师宿舍楼，为石砌水坝，现坝体结构完整，表面风化剥离，杂草丛生，浸水地面被后期改为菜园，平面形态呈长条形，由西北向东南多次转折，早期的溪流已不复存在，水坝也就不再具有原先的功能。2013年协和大学水坝被福建省人民政府公布为第八批省级文物保护单位（图1-3-2～图1-3-5）。

图1-3-1　天宝陂现状

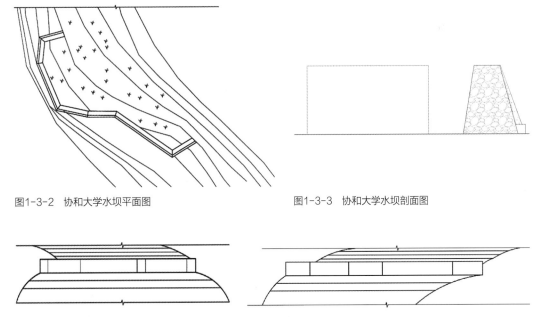

图1-3-2　协和大学水坝平面图

图1-3-3　协和大学水坝剖面图

图1-3-4　协和大学水坝立面图

图1-3-5　协和大学水坝现状

　　在福州，还有许许多多的水利工程和不计其数的水利功臣，有的甚至早已丢失了名字，更不用说当时流传在它们身上的感人至深的故事或是惊心动魄的传说。但可以确定，这些历史文化遗产仍在延续，这些水利工程也仍将长久地承载着这方水土上的生命与希望，仍将簇拥着无数为生活奔波的人们，夜夜提灯前行在通往黎明的路上……

第二章

民脉连南北

两晋时期，中原士族衣冠南渡，为福州带来文明的新火种。人们来到这里定居，带来了中原礼教，也将其与当地特色相互融合，形成了具有强烈个性的福州古厝。在福州的许多县区，遗留下来的古民居、古祠堂及古墓葬，还带着先民的体温，述说着这里的沧桑巨变。

第一节　古厝往事

在两晋之前，整个福建都曾沉寂在一片永夜之中。被群山豢养的草木，孜孜汲取着天精地华，只等有朝一日燎原的火种能够最终降临此地。但直到永嘉年间，从中原南渡长江的士族才姗姗而来，渐次点燃此间的万家灯火。一个关于"八闽"由来的说法：308年，为躲避五胡乱华的狼烟，先后有陈、林、黄、郑、詹、邱、何、胡等八姓衣冠远涉入闽，簪缨蝉联的年代从此拉开帷幕。

后来，八姓入闽被史学家们公认为是历史上汉人首次大规模迁徙的一条主要路线。翻开历史长卷，自河洛文明诞生以来，作为华夏政治、经济及文化中心的中原地区，便屡屡在分合破立、逐鹿问鼎的厮杀中首当其冲：前有春秋战国的诸侯争霸，后有三国时期的群雄对峙，中间更夹杂着不计其数的庭变兵谏。因此，与其说这次南北交融的契机，是源自于入闽始祖的恐惧与怯弱，倒不如说是他们对战争的唾弃和对权力的厌恶；在他们身上，除去抛家舍业的勇气和豁达，更多的是一种对和平的追求和对出世的向往。所有种种，都为后来"爱国爱乡，海纳百川，乐善好施，敢拼会赢"的福建精神埋下了最初的种子。

从宗亲数量上看，"陈林半天下，郑黄满地摆"的说法道出了福州乃至福建大家族之间千百年来的瑜亮情结。如今，我们依旧能从不计其数的福州古厝中，读懂每一个家族的显赫家声。

一、典型案例空间分析

中原文明在福州落地生根，发展并形成了独特的闽都文化传承。其中重要的历史缩影——三坊七巷，位于鼓楼区八一七北路西侧，地处福州的中心，东临南街，西靠通湖路，南到吉庇路（原为吉庇巷）和光禄坊，北接杨桥路（原为杨桥巷），占地40.2公顷，是历代福州官绅、富豪和文化人的聚居区。在街区的中央有一条南北走向的通衢，称南后街，此街两旁辐射出去十条小巷道，西向三条称"坊"，东向七条称"巷"，自北向南前者依次为衣锦坊、文儒坊、光禄坊，后者依次为杨桥巷、郎官巷、塔巷、黄巷、安民巷、宫巷、吉庇巷。三坊七巷街区目前尚存各类古建筑、近现代建筑三百多座，大都为明清时期的古建筑，是中国南方现存最完备的古街区之一。历代名人荟萃，黄璞、陈烈、陈襄、张经、甘国宝、沈葆桢、林纾、严复、陈衍、林旭、林觉民、冰心、郁达夫等都曾居住于此，且保存着大量明、清时期民居建筑和庭院园林，被建筑界誉为"明清古建筑博物馆"。

其东南角的朱紫坊，旧名三桥，后名新河（唐罗城护城河中一段）。宋代通奉大夫朱敏功居此，兄弟四人皆登仕榜，朱紫满门，乡人即以"朱紫"为坊名。坊东西走向，北面临河，东接津门桥，西连安泰桥。坊北侧有福枝桥、广河桥（俗称观音桥）跨河通津泰路。宋陈辩、明叶向高、谢汝韶和谢肇制父子、清末方伯谦、民国萨镇冰、陈兆锵、萨师俊、张钰哲等居此。

1. 宫巷刘氏民居

宫巷刘氏民居位于宫巷11号，始建于清朝乾隆年间，清光绪年间及民国时期曾有大修。该建筑坐南朝北，占地面积1875平方米，主座为二进院落。

门头房在主座东侧，正中开六扇门，门头房两端分别开设连通户外和内院的大门，二者并不在一条轴线上，不仅解决了"风水"布局的需要，而且前者处于整个外立面中心位置，后者处于整个正落平面中轴线的起点，巧妙地解决了立面与内部庭院的中轴线不统一的矛盾。虽然在不同的历史时期，门头房经过了多次的改建，但是在建设中共同追求的都是"居中为尊"的带有强烈的封建宗法制度色彩的设计理念，所以，即便在朱门赫赫的宫巷里，一点也不显得突兀。反过来，不同的历史时期，不同建筑技术，不同的建筑材料，不同的人，因为传承同样的设计理念及创作手法，其建筑表现在变化中有统一，在统一中有变化，既风格一致又丰富多彩。这为历史元素多元的三坊七巷的修缮工作提供了一种不可多得的思路。

该门头房还采用了另一种设计手法——"欲扬先抑"。穿过封闭昏暗的砖构建筑的底层，走入开敞明媚的前院天井，视觉上会产生强烈的冲击，在这种精心的设计下，我们在从户外进入内院时，便自然产生"柳暗花明又一村"的心理刺激，眼前顿有豁然开朗之感觉。入石框门是第一进，前有石板铺成的天井，一进院落前天井三面环廊，扛梁通长粗大，气势如虹，台阶踏步雕刻精美的线脚；正座清式风格，面阔三间，进深七柱，穿斗式木构架，双坡顶，鞍式山墙舒缓流畅。前廊轩架雕刻精美，条石平整硕大，两侧对称开设分别通向东花厅及宫巷13号的实榻门，门框雕刻华丽。明间两侧厢房楠木槛窗隔扇皆为民国风格，隔扇简洁而富有几何韵律，美丽大方。厅堂中间用"凹"字形插屏门隔成前后厅。次间设有阁楼，这种阁楼平日里用于放置杂物，但在雨季洪水内涝时用于避难，并在横楣上装订有滑轮组用于吊装物品。后檐两侧次间靠墙对称保留着旧时女眷使用的马桶间。后天井在隔墙上设三个门通第二进，中间门洞相对两侧高大，装饰华丽，上托灰塑匾额，石门楣雕刻精美。两侧门洞前后均设连廊遮风挡雨。

二进院落与第一进相近，后天井有一座辅助用房，形制较简单，其面阔三间，进深一间，单坡水屋面穿斗式梁架结构。西侧开实榻门通后院，后院据说原有后门可通吉庇路的一个小巷。

正落前后两进都有小门与东侧的花厅相通。北花厅为清式风格，正座为纵横大扛梁厅，面阔三间，进深五间，厅堂内楠木花罩及隔扇均雕刻细腻、图案精致，有极高的艺术价值。前天井侧廊、假山、鱼池（已毁）、女贞树（已被列为福州市古树名木）、花台（已毁，仅存一处花边基座）及半亭勾勒出一派生机盎然、浪漫多姿的田园诗画。前廊做轩架，其与半亭吊垂花，卧弓梁，梁架雕刻华丽细腻，精妙绝伦。半亭为两层，通过假山石阶，可登上半亭的上层露台，一览全园的优美精致景象。假山依附的墙体曲而不直，施法自然，墙面还勾勒出层峦叠嶂的灰塑。假山内有雪洞，连通半亭及南花厅，曲径通幽，妙不可言。假山还有两处书法石刻，一处在登临处立一块太湖石，镌有"萝径"及题字人的签名，另一处在第三到四步台阶处还刻有一个"寿"字。该私家园林虽然袖珍玲珑，但是它不仅是囊括山水的园林，更是一处带有浓郁人文特色的园林。这处花厅还有一个充满诗情画意的名字——"蔓华精舍"，至于其是否与佛教有关，暂时无法考证。

南花厅内两座两层阁楼相对而立，彼此之间架设两层连廊相通，布局紧凑，中间天井四面围合，形成四水归堂的格局，兼具清式与民国的建筑特点。北阁楼采用减柱造，双坡顶，面阔三间，进深两间，其北立面在民国时期被改成清水红砖墙，开设富有弹性线脚的拱形欧式门窗，精致华丽。室内木装修均为楠木雕刻，题材丰富，有的是琴棋书画，有的是花鸟鱼虫，有的是梅兰竹菊，有的是各种法器与神兽的组合，有的甚至是两种主题组合，比如琴棋书画与花鸟图的组合，花鸟鱼虫与梅兰竹菊的组合，既有吉祥良好的寓意，也有很高的艺术欣赏价值。一座建筑内出现如此多的雕刻题材，令人叹为观止！甚至连女眷使用的马桶间的隔扇也是使用楠木雕刻，手法柔美细腻，工艺精湛。南阁楼受墙高限制，比较低矮。屋架为民国简易实用的三角梁架，双坡顶，三开间一进深，木装修木刻精美，但较之北阁楼不管是从结构形式、选材，还是从精细程度均略拙之，前后阁楼主次不言而喻。后院据说原功能为厨房，四面均为厚实的夯土墙，将火灾与外界很好地隔绝开来，从东披榭已被烧毁，而周边院落的建筑未受其影响，可见一斑。

（1）北侧西式门楼

坐南朝北，为青砖与夯土墙混合砌筑而成的二层门楼。面阔三间，通面阔24.2米，进深一间，通进深4.7米，总建筑面积158平方米。建筑中部屋面为单坡顶板瓦合瓦屋面，北侧临宫巷，青砖女儿墙。屋面东端后期均被改建为带顶平台。二层原装钉吊顶，楼板为纵向密肋楼板，门窗均为青砖砌筑的长方形门窗，从整体到细部均富有典型福州地区民国时期建筑特点。

（2）正落一进回廊

正座前天井三面环廊，其中西侧回廊后期被改为廊屋，而北侧与东侧回廊交接的地方后期被改为简易的厨房。其中北廊为三开间，一进深的硬山单坡顶，通面阔12.37米，通进深1.25米，东西廊对称，同样是下承两柱，其中一柱与北廊所共用，面阔5.8米，进深1.53米，西侧后来改为廊屋进深加大，东廊保存较为完好。三面回廊同为一进深的硬山单坡顶，使用"一柱一瓜二檩"梁架。

（3）正落一进主座

正落一进主座始建于清代乾隆年间，后期屡有修葺。坐南朝北，面阔三间，通面阔12.1米，进深六间，通进深12.1米，总建筑面积168平方米。建筑为双坡单檐硬山顶建筑，板瓦合瓦屋面，明间为穿斗式屋架，七柱十四檩；次间为穿斗式屋架，七柱十四檩，前后檐各挑一檩。其做法为民居小式做法，檐下有斗栱雀替。前檐门窗大多应该属于清朝晚期，民国初年改装的槛窗。正落一进厅堂的主体结构带有鲜明的清代特征，而门窗以及部分装饰构件则属于清代与民国时期，但是两者处理得当，协调统一。

（4）正落一进后天井

正落一进后天井两侧对称布置后期有改建的廊子，单坡单檐硬山顶，板瓦合瓦屋面，均为清式结构。天井中后期多处搭建红砖建筑，砌筑盥洗池。天井中间铺条石廊道，夯土隔墙上开辟双开实榻门通往二进庭院，两侧廊下各有一扇实榻门通往二进建筑。

（5）正落二进前天井

正座前天井东西两侧廊子均被改为廊屋，其中东侧房间可由一进后廊直接进入；西侧夯土墙门洞被堵死，由二进前天井进入。东西廊呈对称布置，下面各自承有四柱。东西两廊同为一进深的硬山单坡顶，使用"两柱一瓜三檩"梁架。

（6）正落二进主座

正落二进主座始建于清代乾隆年间，后期屡有修葺。坐南朝北，面阔三间，通面阔12.3米，进深六间，通进深14.5米，总建筑面积178平方米。建筑为双坡单檐硬山顶建筑，板瓦合瓦屋面，明间为穿斗式屋架，七柱十四檩；次间为穿斗式屋架，七柱十四檩，前后檐各挑一檩。其做法为民居小式做法，檐下有斗栱雀替。前檐门窗大多应该属于清朝晚期，民国初年改装槛窗。正落二进厅堂的主体结构带有鲜明的清代特征，而门窗以及部分装饰构件则属于清代与民国时期，但是两者处理得当，协调统一。

（7）正落二进后天井

正落二进后天井两侧对称布置，后期有改建的廊子，单坡单檐硬山顶，板瓦合瓦屋面，均为清式结构。天井中后期多处搭建石花台，砌筑盥洗池。天井中间铺条石廊道，两边廊下均可通往后面建筑。

（8）正落二进后倒座

正落二进后天井南侧为后期有改建的倒座，单坡单檐硬山顶，板瓦合瓦屋面，为清式结构，由于后座内侧柱子沿南墙布置，南墙和东西侧墙有一定的角度，所以各间实测进深均不一样。其做法为民居小式做法，前檐门窗大多应该属于清朝晚期，有民国初年改装的槛窗，也有更后期砖石砌筑的窗台。其门窗以及部分装饰构件属于清代与民国时期的，两种风格处理得当，较为协调统一。

（9）正落二进后院

正落二进后院后期多处被搭建成房屋，被改用作厨房和储物间，既有红砖砌筑、水泥砂浆抹面的，也有木构的屋架，而且多处砌筑盥洗池、灶台等；墙壁被开有龛用作储物，院内堆放大量杂物，整体对原格局破坏严重。

（10）侧落一进主座

侧落一进也就是北花厅，其主座始建于清代乾隆年间，后期屡有修葺。坐北朝南，面阔三间，通面阔10.1米，进深四间，通进深11.3米，总建筑面积114.1平方米。建筑为双坡单檐硬山顶建筑，板瓦合瓦屋面，明间采用纵横大扛梁的结构形式，减柱造，四柱十三檩；次间为穿斗式屋架，五柱十三檩，前后檐各挑一檩。其做法总体为民居小式做法，檐下有斗栱雀替。前檐下门窗大多应该属于清朝晚期，民国初年改装的槛窗，与主体中厅的抬梁结构相矛盾，应予以去除。厅堂内的厅屏门也是后期把后檐立面上的隔扇挪到此处，与原厅堂空间布局相抵触，也应归于原位，并恢复原来宽敞大气的三开间大厅，只在后半部两边次间的位置布置两个房间，整个建筑小中见大，是"三坊七巷"的花厅建筑布局中较为别具一格的花厅类型。正落一进厅堂的主体结构带有鲜明的清代特征，装饰华丽，符合建筑作为花厅这一观赏建筑的属性要求。

（11）侧落一进半亭及侧廊

侧落一进花厅西侧布置有一处廊子和一个精美的四角半亭，其中廊子为单坡单檐硬山顶，板瓦合瓦屋面，均为清式结构。亭子为四角半亭，靠西侧夯土墙布置，其中后期多处搭建灶台，砌筑盥洗池。廊子内铺条石，连接花厅主座和半亭。

（12）侧落一进前天井

前天井侧廊、假山、鱼池（已毁）、女贞树（已被列为福州市古树名木）花台（已毁，仅存一处花边基座）及半亭勾勒出一派生机盎然、浪漫多姿的田园诗画。通往半亭顶部平台的踏跺布置得也很巧妙，人们必须从假山中的小径拾级而上，曲曲折折才能到达平台，增加了趣味性，还充分利用空间，把假山与半亭巧妙而自然地融为一体。假山依附的墙体曲而不直，施法自然，墙面还勾勒出层峦叠嶂的灰塑。假山内有雪洞，连通半亭及南花厅，曲径通幽，妙不可言。假山还有两处书法石刻，一处在登临处立有一块太湖石，镌有"萝径"及题字人的签名，另一处在第三到四步台阶处还刻有一个"寿"字。该私家园林虽然袖珍玲珑，但是它不仅是囊括山水的园林，更是一处带有浓郁人文特色的园林。

（13）侧落二进主座

侧落二进主座也就是北阁楼，采用减柱造，双坡顶，面阔三间9.6米，进深两间11.5米，总建筑面积220.8平方米。建筑为双坡单檐硬山顶建筑，板瓦合瓦屋面，明间为穿斗式屋架，一层三柱落地，二层五柱落地，五柱十一檩；次间为穿斗式屋架，五柱十一檩，前后檐各挑一檩。其做法为民居小式做法，檐下有斗栱雀替。其兼具清式与民国的建筑特点，其北立面在民国时期被改成清水红砖墙，开设富有弹性线脚的拱形欧式门窗，精致华丽。室内木装修则为非常传统的中国古典装饰，其木门窗和隔扇均为楠木雕刻，题材丰富，手法柔美细腻，工艺精湛而古意盎然。

（14）侧落二进中部天井

侧落二进中部天井两侧对称布置后期有改建的廊子，单坡单檐硬山顶，板瓦合瓦屋面，均为清式结构，其中东侧后廊由于后期搭建三层阁楼屋顶完全无存，对建筑风貌破坏严重。天井中后期多处搭建石化台，砌筑盥洗池。天井中间铺条石廊道，两边廊下均可通往后座建筑。

（15）侧落二进倒朝厅

侧落二进天井南侧为后期有改建的两层倒朝厅，也就是南阁楼。双坡单檐硬山顶建筑，板瓦合瓦屋面，为民国时期较为常见的三脚架结构形式，面阔三间，共9.6米，进深一进，为4米。其做法为民居小式做法，前檐门窗大多应该属于清朝晚期，民国初年改装的槛窗，也有更后期直接用木板钉的墙面。其建筑主体和装饰风格均为民国时期所常见的，部分门扇为清式风格，雕刻精美。

（16）侧落二进后院

侧落二进后院两侧对称布置后披榭，单坡单檐硬山顶，板瓦合瓦屋面，其中东侧廊子已毁，西侧为清式结构，面阔一间，由于后院南侧柱子沿南墙布置，南墙和东西侧墙有一定的角度，所以面阔均不一样。宫巷刘氏民居内外风格的不一致反映了那个时代中西文化的剧烈碰撞与交融，从而形成了建筑非常鲜明的时代性。2013年宫巷刘氏民居被国家文物局增补公布为全国重点文物保护单位（图2-1-1～图2-1-5）。

2．沈葆桢故居

沈葆桢故居位于福州市鼓楼区三坊七巷宫巷26号，始建于明天启年间，数次易主，清同治初沈葆桢任九江知府时购置重修。该建筑坐北朝南，周以封火墙围合，占地面积2796.7平方米，建筑面积3460.7平方米，通面阔36米，通进深79米。建筑由主落及西侧落、边落三跨院组成。

图2-1-1　宫巷刘氏民居现状航拍

图2-1-2　宫巷刘氏民居现状

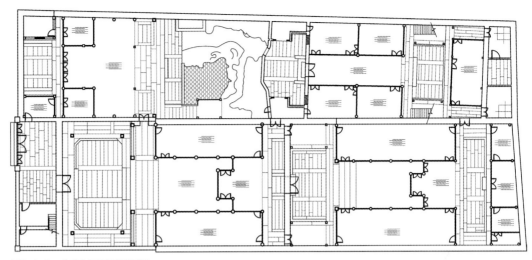

图2-1-3　宫巷刘氏民居平面图

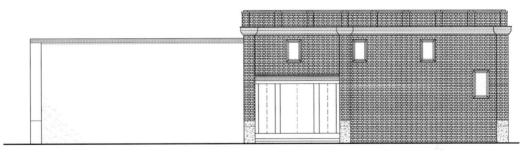

图2-1-4　宫巷刘氏民居立面图

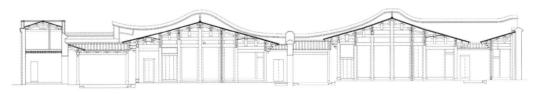

图2-1-5　宫巷刘氏民居剖面图

　　沈葆桢（1820—1879年），原名振宗，字翰宇，又字幼丹，侯官（今福州市区）人，林则徐的女婿，清道光二十七年（1847年）进士，官至福建船政大臣、两江总督兼南洋通商大臣，一生以主办船政、筹建海防、开发台湾等见著。故居规模宏大，布局严谨，装饰富丽，是福州明清时期典型的豪门大宅，前后四进，每进间以围墙分隔。主座中轴线自南而北依次为门头房、厅堂、正座、藏书楼。门前两侧有高耸的马头墙，门头房面阔五间，进深三柱，穿斗式木构架，双坡顶。大门口有檐楼，高悬"进士"牌匾，开六扇门。一进厅堂面阔五间（明三暗五），纵深17米，廊长13米，抬梁减柱造木构架，双坡顶。厅堂宽敞明亮，梁架、斗栱古朴规整。厅堂上分两排高悬六面牌匾：四面"文魁"，一面"经魁"，一面"拔贡"。二进厅堂面阔五间，进深七柱，穿斗式木构架，双坡顶。前厅堂上配饰挂屏，窗棂皆镶楠木板，正中原有一副对联："子孙贤，族乃大；兄弟睦，家之肥。"左右厢房分前后房，门上部框架间图案用藤皮编成；南北还有六扇漏花门窗，采用骨格编排、榫接成各种花饰。三进格局与二进相同。一至三进斗栱普遍用一斗三升，而且多是方斗，木构件雕刻简洁，纹饰疏朗。过三进覆龟亭、后天井为四进倒朝楼，双层木结构，五开间，楼下卧室，楼上正中供奉观音，又称"观音楼"。主座西侧隔墙外有一宽一窄的两个跨院，平面狭长，从南到北依次为花厅、书斋、签押房，分别名"补竹斋""三友斋""海棠轩"。各进间都有天井，植花养鱼，环境幽美。西面小跨院中有两层楼房，名曰"饮翠楼"，原为沈家的藏书楼。宅院四周设高大封火墙，墙与木构屋架的起伏相呼应，曲线流畅；墙头弧形翘角，翘角与墙体上部有彩色灰塑人物、花鸟、虫鱼等，形态各异，栩栩如生，体现明清时期福州民居传统墙头雕塑的艺术特征。

主落共四进，中轴线从南至北依次由门头房、一进前天井、一进主座、一进后天井、二进天井、二进主座、覆龟亭、三进天井、三进主座、四进天井和四进后座（观音楼）组成，左右各是东西梓院。一进门头房为主入口，面阔三开间，进深用四柱，穿斗式木构架，双坡顶，门房正中有插屏门，一进前天井四周回廊，东西两侧带侧院天井。一进主座面阔为五开间，进深七柱，明间、次间三开间厅堂采用减柱式插梁构架做法，扩大使用空间。其余扇架则使用穿斗构架，建筑构件雕花少，用料大，且从其结构形式及构件样式见，均具有明代典型风格特征。一进与二进之间以院墙相隔，二进天井两侧廊与东西侧院相连通向一进侧院天井。二进主座面阔为五开间，进深七柱，穿斗式构架，构件形态与工艺做法相较于一进主座时期稍晚，为明末清初的早期做法。二进与三进之间以覆龟亭相连，两侧配有东西梓院。三进主座面阔为五开间，进深七柱，穿斗式构架，从构件形态可见，三进主座与二进主座为同一时期建造，相连的覆龟亭建造时间则较晚些。

四进面阔五开间，进深五柱，穿斗式构架，中为厅堂，两侧为房。其为两层楼阁，称"观音楼"，供奉观世音菩萨，又作藏书楼，收藏古字画。堂后有通道，东侧木扶梯上楼。

侧落共四进，中轴线从南至北依次为倒座（厨房）、一进天井、一进主座（花厅）、二进天井、二进主座（书斋）、三进天井、三进主座（书斋）、四进天井、四进主座（卧房）和后期改建的大厨房。侧落建造时期晚于主落，混合了清末和民国不同时期的建筑，主要作为附属用房而建。

边落具有独立的入口，入口处配门罩，边落共三进，中轴线从南至北依次为门头房（护兵房）、一进天井、一进主座（卧房）、二进天井、二进主座（饮醉楼）、三进天井、三进主座。一进门头房与一进天井以封火墙相隔，具有一定的防御作用，早期作为护兵房使用。从结构形式及构件形态可见，主要为民国时期所建，较晚于侧落。2006年沈葆桢故居被国家文物局公布为全国重点文物保护单位（图2-1-6～图2-1-10）。

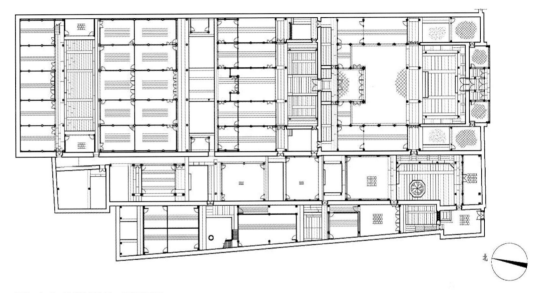

图2-1-6 沈葆桢故居一层平面图

图2-1-7 沈葆桢故居主落横向剖面图

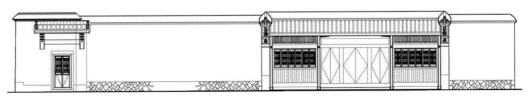

图2-1-8 沈葆桢故居正立面图

图2-1-9　沈葆桢故居鸟瞰

图2-1-10　沈葆桢故居现状

3. 郭柏荫故居

　　郭柏荫故居位于福州市三坊七巷内黄巷4号，俗称"五子登科"宅第。离福州市最繁华热闹的东街口仅几步之遥，整组建筑坐北朝南，由三进正落和两进东侧落组成，占地面积

2328.39平方米，该故居始建于明朝末年，后经多次维修改造，是集明、清、民国三个时期建筑风格于一体的古民居建筑，原系衙门；清同治年间（1862~1874年），郭柏荫显贵后购置重修，因其父郭阶三，生五子，皆登科第，故门前有"五子登科"匾。

郭阶三（林则徐之父林宾日的学生），清朝嘉庆年间的福州名士，举人出身，曾任连城、同安县教谕。清道光年间在福州黄巷购买了建造于明末的房宅即现在的黄巷4号。黄巷4号人杰地灵，郭氏的五个儿子皆登科第，传为佳话。长子郭柏心，清举人，曾在广东任知县，其玄孙郭化若是中国人民解放军将军、杰出的军事家。次子郭柏荫，道光年间进士，官至湖北巡抚，署湖广总督。郭柏荫之孙郭曾炘，光绪年间进士，官至礼部右侍郎兼户部左、右侍郎。郭曾炘之子郭则沄，光绪年间进士。北洋时期郭则沄曾任国务院秘书长。三子郭柏蔚为道光年间举人。四子郭柏苍，道光年间举人，清代著名的学者。五子郭柏芗，系咸丰年间举人。

郭柏荫（1807—1884年），字远堂，侯官县（今福州市）人。清道光十二年（1832年）进士，授翰林院庶吉士，擢编修。道光十七年（1837年），郭柏荫任浙江道监察御史。翌年转山西道。道光十九年（1839年），郭柏荫巡视西城，转京畿道，升刑部给事中。他关心台湾事务，曾上奏治理台湾的事宜，如请勤抚慰、严番界、查仓库、禁偷渡等提议，皆交刑部施行。是年郭柏荫升甘肃甘凉道。道光二十三年（1843年）回乡，历主清源、紫阳、鳌峰等书院。又奉命办理福建省团练，升任郎中。同治元年（1862年），往安庆大营，协助曾国藩镇压太平军，因功升江苏粮储道，又升按察使。同治六年（1867年），郭柏荫经曾国藩推荐，升广西巡抚，改调湖北，署理湖广总督，代理巡抚。同治八年（1869年），卸署总督任，仍为巡抚。同年夏秋，天降暴雨，湘水、川水、襄水高涨，各府属州县堤溃，田庐淹没，灾害严重。郭柏荫派员赴灾区急赈，获准解除京饷及税厘项，拨银30万两救灾修堤，救活灾民甚多。翌年，郭柏荫复署湖广总督。不久，又专为巡抚。同治十二年（1873年），郭柏荫因病请辞。光绪元年（1875年）回福州。次年福州大水，郭柏荫出面负责浚河排涝，解除水患。后再主鳌峰书院讲席，倡修火灾后孔庙，集资修建明伦堂、崇圣祠，增置文庙乐器、祭器。卒赐祭葬。著有《天开图画楼文稿》《嘐嘐言》《续嘐嘐言》等。

郭柏荫故居前后进深为三进院落，从黄巷直通到塔巷，布局工整，规模宏大，东西间距20余米。临街六扇大门，两侧有马头墙。门厅面阔五间，进大门中为仪厅，两侧是门房、轿房。穿入石框大门，有天井、回廊。第一进厅堂面阔五间，进深七柱，抬梁减柱造木构架，双坡顶，鞍式山墙。厅中28根大木柱，用材硕大，青石柱础，古朴雄伟。二进结构与一进相同，面阔五间，进深五柱。过后天井、三进倒朝房，为五间排双层书房。东墙外花厅园林内有三间排厅堂一座，庭院内造型别致的假山、清澈见底的鱼池、小巧玲珑的花亭，以及错落有致的树木，颇具江南园林的韵味。故居保留完整，明、清两代建筑风格并存，是典型的福州民居建筑。从人声鼎沸的南街沿黄巷走入，最先呈现在人们眼前的便是郭柏荫故居宽敞气派的大门。经过岁月的沉积和雨水的冲刷已有些残破，但是从大气的墙面我们依然可以感觉到这所宅第昔日的豪门风范。门头房两边高高的牌堵静静地伫立着，那些精美的雕花，古朴的斗栱，粗大的杉木柱子，无不充满了古色古香的味道，透出大户人家的气派和高雅的情趣。

从建筑本身来看，主体建筑带有典型的明末建筑的特点：柱子、梁枋等结构构件用材硕大，造型简洁明快，装饰线条流畅有力。其中，二进院通廊上的覆龟亭为常见的明朝做法，几乎抛弃了装饰，完全以结构本身来表现建筑的力与美，为明式覆龟亭较为典型的实例。三进正座建筑为后期重建，其雕花细腻别致，富有寓意。具有明显的清代特征，民国阁楼部分独处一院，显得情景典雅，极具民国特色，是建筑历史延续的见证。而从其花厅来看，以前的郭家花厅规模还是相当宏大的，以前的郭家人把花厅布置得很是别致，漫步在这弥漫着花香的庭院，带着对古人的景仰，我们似乎能够体会到主人家当年赏花听雨、观荷望月的诗情画意。

该院落集明、清、民国三个时期建筑风格于一体，具有组合多元兼容的建筑文化，属于三坊七巷规模较大、保存较完好的古民居，是保留完整明晚期双向大扛梁厅的木构架的典型，具有较高的建筑价值和艺术价值。2013年郭柏荫故居被国家文物局增补公布为全国重点文物保护单位（图2-1-11～图2-1-19）。

4. 尤氏民居

尤氏民居位于文儒坊，始建于清乾隆年间（1736～1795年），清道光年间（1821～1850年）四川总督苏廷玉居此，清光绪年间（1875～1908年）及民国初期多次重修。尤氏民居总占地面积3245平方米，建筑面积2633平方米，坐南朝北，前后三进，四面围墙。主落及东侧边落坐南朝北、中落为坐北朝南；主落建于明代、东边落建于明末清初时期，道光及民国初期重修。

尤家原籍浙江吴兴，始迁福建罗源，后迁福州洪塘，明末清初迁到福州城内兰荷里，自尤孟彪开始经商起家，历经贤、庆、德三代，发展成福州有名的大工商业家庭，全盛时期宅院有13处。这是福州商业发展史上的一个庞大家族，其一处老宅就曾经占据着三坊七巷里文儒坊至衣锦坊的大片位置，人称"尤半街"。这个家族富足近百年，鼎盛时期的尤恒盛丝线店、百龄百货商店等十几家企业一度垄断着福州城同行业的翘楚位置，经营者精明大胆，而又不失谋略，尤家有专人掌控货源、零售、批发、染布等延伸业务的完整业务链，而钱庄、汇兑行等金融机构又为企业提供了资金支持。即使是现在，这缜密的经营思路也不得不让人惊叹。这个家族近百年跌宕起伏的生意，在组成繁杂冗长的家族史的同时，也被编进福州的商业发展史，同时嵌入几代老福州关于丝线、百货的记忆。

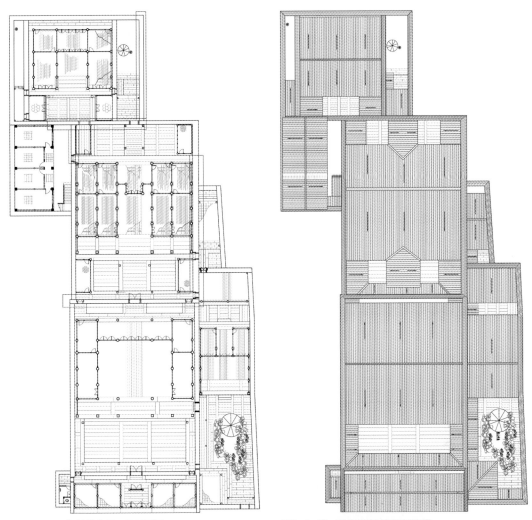

图2-1-11　郭柏荫故居一层平面图　　　　　　　　　图2-1-12　郭柏荫故居屋顶平面图

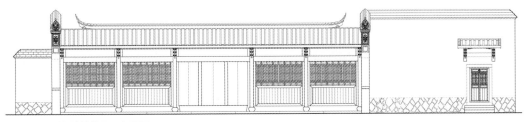

图2-1-13　郭柏荫故居正立面图

图2-1-14　郭柏荫故居主座横向剖面图

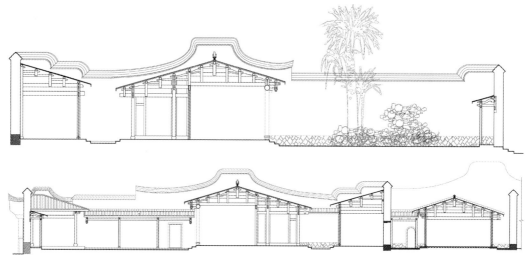

图2-1-15　郭柏荫故居花厅剖面图

图2-1-16　郭柏荫故居天井空间

图2-1-17　郭柏荫故居厅堂空间

图2-1-18　郭柏荫故居轩廊空间　　　　　图2-1-19　郭柏荫故居花厅空间

　　尤氏民居主落一进门头房、主座，根据历史资料显示门头房原是木构六扇门，在民国初期被改为风凹式砖门。面阔16.69米，进深4.25米，屋架为木构民国三角屋架，屋面为内单坡屋面。主座始建于明末清初时期，坐南朝北，面阔四柱三间，通面阔14.85米，进七柱十五檩，通进深11.05米。屋面为双坡单檐硬山顶，板瓦合瓦铺墁，穿斗式木结构，前后檐各挑一檩。其做法为民居小式做法，前后檐下安斗栱雀替。前为清代时期槛窗，后檐为民国时期装修槛窗。主体结构及构件具有明代式样特征，装修为民国时期风格。

　　二进主座始建于明末清初时期，坐南朝北，面阔四柱三间，通面阔12.83米，进深七柱，通进深13.82米。屋面为双坡单檐硬山顶，板瓦合瓦铺墁，穿斗式木结构，前后檐各挑一檩。其做法为民居小式做法，前后檐下安斗栱雀替。前为清代时期槛窗，后檐为民国时期装修槛窗。主体结构及构件具有明代式样特征，装修为民国时期风格。

　　三进主座始建于明末清初时期，坐南朝北，面阔四间为明三暗四的做法，通面阔17.5米，进七柱十五檩，通进深14.62米。屋面为双坡单檐硬山顶，板瓦合瓦铺墁，穿斗式木结构；前后檐为民国时期装修槛窗。主体结构及构件带明代式样特征，近代仿民国时期门窗。

　　中落15号花厅位于主落东侧，皆有后门可通丰井营，其中之一即为丰井营2号。宅院两座相邻，由主落出入，20世纪50年代作为省公安厅宿舍时，两座相通的小门被堵塞，在花厅北侧另辟大门。在中轴线上沿着进深方向层层伸展，布置了三进院落，其隔扇、门窗等雕刻精美的装饰艺术构件，实为"三坊七巷"古建筑群中的上乘精品，具有较高的文物价值。中落一进由前天井、主座和后天井所组成，前天井东侧仅存假山一角和原有的古树，西侧楼梯屋面为后期改建。前天井里布满后期改建的一层和二层楼。主座为五开间的二层民国建筑，已被改为四开间，一层隔扇和木门窗保存较为完好，二层木窗糟朽残破严重，木门保存较为完好，但双面木骨灰板壁糟朽严重。屋面为双坡排水，构架基本完好，但原装薄板吊顶糟朽严重，二层鱼鳞板糟朽。一层北边隔扇已被改为砖墙和店面，拱券保存基本完好。目前后花园唯余一座假山，大部分岩石被迁走，底层有假山洞，深10余米，洞壁材料用糯米汁和石灰搅拌合成，冬暖夏凉，弯曲阴暗。上层假山坪仍在，上有一神龛，祀照天君，假山面积100多平方米。地上放一只尤家的大香炉青石雕，宽88厘米，长71厘米，高74厘米，正面刻有双龙戏珠，侧面刻有祥云瑞草，两侧炉脚刻有两条小龙，以前的鱼池及水榭现已无存。三进为明代三开间二层建筑构架，在民国时期进行改建，由前天井、后天井、主座和倒朝厅组成。三进主座为明代木构建筑，双坡单檐硬山顶屋面，第三进两侧厢房的一十二扇对开式楠木门扇，上刻灵芝、花瓶、宝鼎、如意、香橼、蝙蝠等多种图案。

东侧边落于民国时期卖出，已成为私人宅院。侧落一进为清代风格，二进已为平地，三进为民国时期的二层阁楼。一进门头房主座：门头房面阔四柱三间、通面阔10.05米，进深四柱、五檩，通进深3.47米。主体建筑明间为穿斗式结构，东西次间为后期改建。屋面为双坡硬山顶、中间屋脊（已毁）、后檐为设沟。东南西三面为封火墙。主座始建于明末清初时期，坐南朝北，面阔四柱三间，通面阔9.94米，进深七柱十四檩六间，通进深12.085米，面积220平方米。屋面为双坡单檐硬山顶，板瓦合瓦铺墁，明间为穿斗式结构，七柱十四檩；次间为穿斗式屋架，七柱十四檩，前后檐各挑一檩。其做法为民居小式做法，前后檐下安斗栱雀替。前后次间为近代式样（仿民国时期）的槛窗，后檐槛窗已毁。主体结构及构件带明代式样特征，近代仿民国时期门窗。尤氏民居平面布局方式和梁架结构保留了福州传统民居的样式和营造尺度关系，建筑内的瓦作、木作、石作等均具有一定的典型性和代表性，可为建筑史、传统营造技艺等多个领域提供研究案例，对于研究明代末清代初期福州古民居的建筑形制与风格，具有重要的科学及建筑价值。2005年尤氏民居被福建省人民政府公布为省级文物保护单位（图2-1-20～图2-1-32）。

5. 方伯谦故居

方伯谦故居位于福州市鼓楼区朱紫坊48号，清光绪十一年（1885年），初任济远号洋舰管带方伯谦（舰长）时期，从木材商手中购得，经过数个月翻修，于次年12月由观巷旧宅迁入。朱紫坊北临安泰河，河沿种植不少古老榕树，盘根屈干，阴荫宜人，从安泰桥折入，缘着石板道路东行，大约一百数十米就到达门前。方氏民居为福州传统古民居穿斗式梁架和扛梁式相结合的清式建筑，进深三进，占地1940平方米，建筑面积2210平方米，历代为后人所居住，现保存较为完好。

方伯谦故居一进由门头房、东西侧披屋、前天井回廊及天井组成，占地约578平方米。

图2-1-20　尤氏民居一层平面图　　　　　　　　　　图2-1-21　尤氏民居屋顶平面图

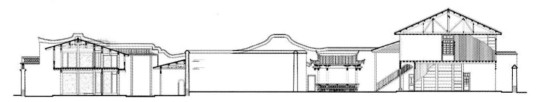

图2-1-22　尤氏民居中落横向剖面图

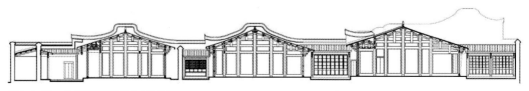

图2-1-23　尤氏民居正落横向剖面图

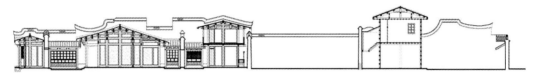

图2-1-24　尤氏民居边落横线剖面图

图2-1-25　尤氏民居立面图

图2-1-26　尤氏民居正落一进空间

图2-1-27　尤氏民居中落阁楼空间

图2-1-28　尤氏民居正落前檐空间

图2-1-29　尤氏民居正落主落与披榭空间

图2-1-30　尤氏民居中落花园空间

图2-1-31　尤氏民居正落厅堂空间

图2-1-32　尤氏民居正落天井空间

门头房及回廊大门前有一座照墙，宽16.5米，照墙墙面墙头残损严重，门头房用六扇朱漆门扇组成，门宽4.7米，左右各两间房屋，靠中两间为"听差房"，系供看门人居住的地方；梢间与第一进边厢的"倒朝房相通"，明、次间前、后均用夯土墙。此列房屋不纳入正宅，是在第一进门墙之外，俗称"门头房"。门头房面宽21米，除六扇门位外均护有围墙。入门，转过插屏门呈现一道高墙，正中设双扉大门，入内通两侧回廊便是一进宅院。

　　一进主座：为"扛梁厅"，通面阔五间约20米，进深七柱约14.7米，穿斗式梁架结构，在福州民居中属于最高规格。扛梁厅是为扩大厅面，用减柱法，以梁承载所减4根柱子，不让它落地而得名。厅分前后两部，用八扇朱漆插屏分隔而成，前厅面阔三间，因用减柱法三间统为一间形成大厅；因后人用于居住，在扛梁下增加隔扇，形成三个独立房间。

　　二进主座：面阔五开间，进深七柱，通进深12.69米，梁架为清代穿斗式结构，屋面为双坡硬山；一字形厅屏门。

三进主座：面阔五开间，进深七柱，通进深12.69米，梁架为清代穿斗式结构，屋面为双坡硬山。

2005年方伯谦故居被福建省人民政府公布为省级文物保护单位（图2-1-33～图2-1-36）。

图2-1-33　方伯谦故居现状

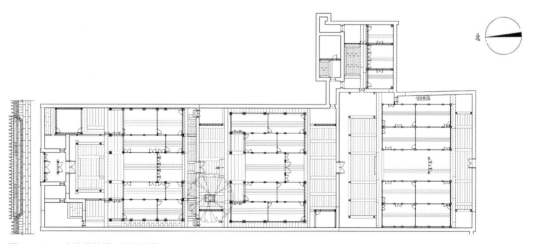

图2-1-34　方伯谦故居一层平面图

图2-1-35　方伯谦故居横剖面图

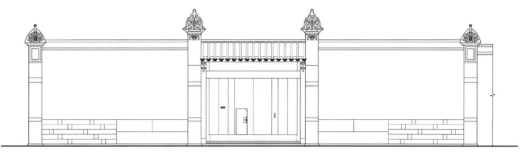

图2-1-36　方伯谦故居正立面图

6. 张经故居

张经故居位于福州市三坊七巷文儒坊42号，文儒坊，原名山荫巷，西通金斗门桥河沿，总长460多米，是现存三坊七巷中最长的一条。最初，文儒坊是一条穿过小山包的林荫道，因此得名山荫巷。这些小山丘后来被高大的封火山墙围进了深宅大院，林荫消失了，巷内所住人物以"鸿儒"自居，于是更名为"儒林巷"。宋时，海滨四先生之一，国子监祭酒郑穆在此安居，改巷名为文儒坊。

张经故居始建于明嘉靖年间，坐北朝南，为有门头房的前后二进大院，占地面积为1750平方米。故居距今已有四五百年的历史，年代跨度大，见证了悠久的历史，是人文历史的重要实物载体，具有重要的历史和人文价值。

张经（1492—1555年），字延彝，号半洲，明朝中期抗倭名将，兵部尚书，福建候官县（今福州）洪塘乡人。明正德十二年（1517年）进士，任浙江嘉兴知县。嘉靖四年（1525年）入京任户部、吏部给事中，嘉靖十六年（1537年）因战功卓著，升兵部左侍郎。后屡建奇功，升右都御史，又升兵部尚书。嘉靖三十三年（1554年），倭寇为患，江浙一带更甚，朝廷以张经任总督江南、江北、山东、福建、湖广诸军，便宜行事。称七省总督。根据倭寇的战术特点，张经从广西调用少数民族军队配合俞大猷等军队在浙江王江泾大败倭寇，取得有史以来抗寇的最大战功。由于他生性正直，此前得罪过严嵩党羽，被奸臣诬陷，于嘉靖三十四年（1555年）被斩。十余年之后，经他孙子申诉，在隆庆皇帝登基之后才得以平反，复官职，赐谥号，移葬于候官县祭酒岭。在历史上，他是与戚继光齐名的抗倭名将。张经善为诗，有《半洲诗集》7卷传世。

张经故居为传统明代风格，用材硕大。一进面阔五间，进深七柱，前廊后堂，俗称"六扇五间排，七柱出游廊"，穿斗减柱造木构架。为福建省福州市研究明代时期福州古民居提供珍贵的难得实物载体资料，具有较高的科学艺术价值，该建筑的细部雕刻木构架，如虎头栱弯枋、驼峰、斗栱、雀替等艺术构件具有明代显著特征，给后代留下难得的建筑艺术财富。入口处位于院落的南面，坐北朝南，东西两侧为封火山墙，整个院落保留了较为完整的福州地区传统的古民居平面格局。门头房已毁；一进院落主座面阔五间，进深七柱，穿斗减柱造木构架。二进院落主座面阔五间，进深九柱，穿斗木构架。平面布局由门头房、一进院落、二进院落组成，每进院落之间以墙体分隔。

（1）门头房

门头房原有梁架和东侧墙体已毁。南侧墙体为后期砌筑的390厚红砖墙。西侧墙体为后期砌筑的240厚砖墙，高约2.5米。石门框被火烧过。

（2）一进院落

一进院落部分由前天井三面回廊（明次间，梢间为倒朝房及廊）、主座、后天井（两侧空廊）组成。明、次间前天井三面回廊为单步梁结构，缝架糟朽，东侧局部被改造；西侧过廊后期加长，缝架被改造。梢间倒朝房及廊结构已毁，只剩下地面开挖露出的阶条石痕迹以及木柱上卯口的痕迹。前天井三面回廊与梢间倒朝房和廊被灰板壁分隔，形成明三暗五的格局；将主座前天井分为东天井、中天井、西天井三部分。主座面阔为五开间，通面阔22.28米（柱中到柱中）；进深七柱，通进深17.83米（柱中到柱中）。梁架为明代穿斗式结构，明间、次间为厅堂，梢间为厢房。明间为减柱造，明间及东西次间大木构架大部分保存。东西梢间前半部缝架糟朽严重，东梢间后檐部分屋架已坍塌，西梢间后半部缝架无存，为后期改建砖混结构。明间为"凸"字厅屏，楣窗破损，屏门缺失，明间前檐仅存地伏及下槛，糟朽严重；东西次间前后檐槛窗或缺失，或被后期改造。屋面为硬山双坡顶，屋脊残损严重，鹊尾无存。后天井东西两侧空廊缝架已毁，只剩下地面开挖露出的阶条石痕迹。

（3）二进院落

二进院落部分由前天井三面回廊（已毁）、主座、后天井两侧披屋（已毁）组成。主座面阔为五开间，通面阔22.28米（柱中到柱中）；进深九柱，通进深19.71米（柱中到柱中）。梁架为明代穿斗式结构，明间为厅堂，次间、梢间为厢房。柱网仅存东侧三缝架（东梢间后三柱无存），西侧三缝架即明间西侧缝架、西次间缝架、西梢间缝架无存。明间用围墙将二进院落一分为二，西侧原为福州市第三针织厂厂房，现厂房拆除，暂由闽菜馆使用。明间东侧缝架大木构架大部分保存，局部糟朽严重；东次间大木构架大部分保存，局部缺失；东梢间前半部缝架大木构架大部分保存，后半部分缝架无存。明间厅屏及所有看架缺失；东次间、东梢间前后檐槛窗或缺失，或被后期改造。屋面为硬山双坡顶，屋脊残损严重，鹊尾无存。后天井东西两侧空廊缝架已毁。1991年10月张经故居被福州市政府挂牌保护（图2-1-37～图2-1-40）。

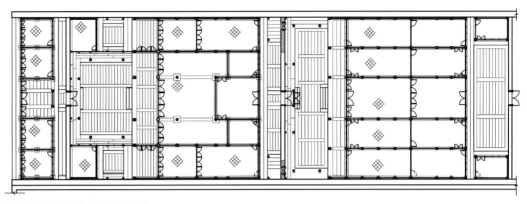

图2-1-37　张经故居一层平面图

图2-1-38　张经故居横向剖面图

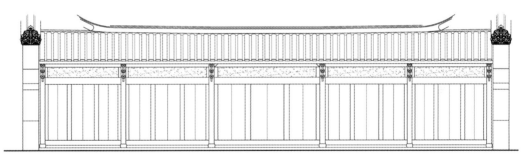

图2-1-39　张经故居正立面图

图2-1-40　张经故居现状

7. 黄培松故居

黄培松故居位于台江上下杭中平路172号，坐北朝南，建于清末至民国时期。黄培松，字贤礼，号菊三，祖籍福建南安市，生于清咸丰四年（1854年）。少时习文，但屡试不第，因身体魁梧、膂力过人，便改而习武。光绪二年（1876年）丙子科武举闱，获乡试第二名；光绪六年（1880年）庚辰科武闱会试，获第一名，殿试钦点武状元，授御前一等侍卫正三品。

黄培松故居坐北朝南，整个由主落进深三进和西花厅组成，四周封火墙，占地面积1550多平方米，建筑面积2250多平方米，历代为后人所居住，现保存较完好，为台江区少有的官宦深宅大院。封火墙高高隆起，呈云状。这是福州古建民居的独特构筑，既防风又防火，避免邻居万一失火时被殃及，遇有台风时瓦片也不会被刮飞。

三进房屋以南北门正中为轴，左右对称布局，进与进之间设封火墙，开中间门，门内均有插屏，起隔声和遮挡视线作用，避免外人在门外窥视府内动静，府内各进之间也不会互相干扰。大门插屏只有在迎送重要宾客时才打开，平时出入均绕过插屏，走天井旁的披榭环廊。故居三进前后四重大门均用石板材作门框，木构门扇。各进的大厅及天井全部铺以大型花岗岩石板，最大的板材长5～6米，宽厚各15～20厘米，重量逾2吨。

从南门进入，绕过插屏即是一进天井，天井两旁建披榭，披榭周环作走廊，遮风避雨。一进穿斗式木结构，面阔五间，中间大厅，两侧两层各二间厢房；大厅进深7柱，分为前厅、后厅。廊柱为四方形柱，其余圆柱；前后厢房隔堵分开。房屋墙壁门窗及梁、筒柱、雀替等雕刻有鱼虫鸟兽及各种精美图案，至今虽然油漆斑驳，但结构基本完好。一进通往二进天井中间通道架廊屋，又称覆龟亭，既方便走动，又避免日晒雨淋。

二进由前回廊、两侧披榭、前天井和主座组成。主座通面阔约20米，共5柱。三进由前天井、两层楼主座组成，面阔5柱，进深6柱穿斗式梁架结构，主座后墙开个门洞通往后巷。西花厅为两层民国式建筑，细部均采用民国风格装修，各进主座建筑为双坡水屋面结构，其他披榭均为单坡水屋面结构，明间完全采用穿斗式梁架结构。挑檐桁下施三跳丁头栱承托挑檐枋，明间丁头栱上面一跳的左右两侧并施以雀替。前檐精美的轩廊给人以万象更新的寓意。其前檐设置一个小小的轩廊，梁架结构简单。其精美的垂花柱头，还有那精美的斗栱雀替，无不表现着福州古民居的显著特点。2018年黄培松故居被福建省人民政府公布为省级文物保护单位（图2-1-41～图2-1-47）。

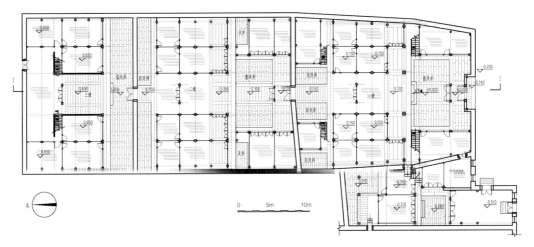

图2-1-41 黄培松故居一层平面图

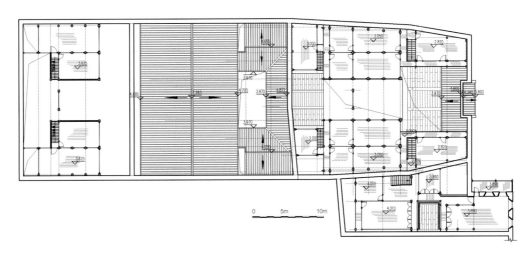

图2-1-42 黄培松故居二层平面图

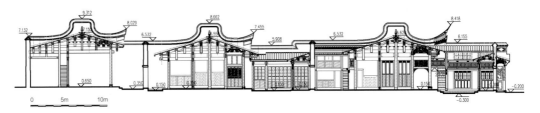

图2-1-43 黄培松故居剖面图

图2-1-44　黄培松故居门廊空间与天井

图2-1-45　黄培松故居一进大厅空间

图2-1-46　黄培松故居二进厅堂

图2-1-47　黄培松故居三进厅堂

二、其他代表性案例

1. 林觉民、冰心故居

　　林觉民、冰心故居位于鼓楼区杨桥路17号。林觉民（1886—1911年），字意洞，号抖飞，又号天外生，闽县（今福州）人，辛亥革命中黄花岗七十二烈士之一。故居坐西朝东，大门原面向南后街，现改在杨桥路。主座建筑三进，第一进和第二进之间有一条长廊，廊两旁种有翠竹。第三进大厅两旁有前后厢房，是林觉民父母和姐妹居住的地方。天井两旁还有自成院落的附属建筑南、北院。林觉民和夫人陈意映住在西南隅，一厅一房，厅与房前横有较长的小天井。天井南端有一座花台，昔时种一丛腊梅，正朝卧房窗门口。林觉民在与妻诀别书中，深情回忆故居的生活情景："回忆后街之屋，入门穿廊，过前后厅又三四折，有小厅，厅旁一室，为吾与你双栖之所。初婚三四个月，适冬之望日前后，窗外疏梅筛月影，依稀掩映，吾与汝并肩携手。低低切切，何事不语，何情不诉？……"林觉民牺牲后，房屋卖给冰心祖父谢銮恩，因此这里也是冰心的故居。冰心（1900—1999年），福州长乐横岭村人，原名谢婉莹，笔名冰心，现代著名诗人、作家、翻译家、儿童文学家。"紫藤书屋"就是冰心祖父设私塾课徒之所，培养了不少当时社会中坚人物。冰心晚年在《我的故乡》中，也有一段形象的记述："我们这所房子，有好几个院子，但它不像北京的'四合院'的院子；只是在一排或一进屋子的前面，有一个长方形的'天井'，每个'天井'里都有一口井，这几乎是福州房子的特点。这所大房子里，除了住人以外，就是客室和书房。几乎所有的厅堂和客室、书房的柱子上、墙壁上都贴着或挂着书画。"现辟为林觉民、冰心故居纪念馆，陈列展出《林觉民生平事迹》《冰心与福州》。2006年林觉民、冰心故居被国家文物局公布为全国重点文物保护单位（图2-1-48～图2-1-51）。

图2-1-48　林觉民、冰心故居现状

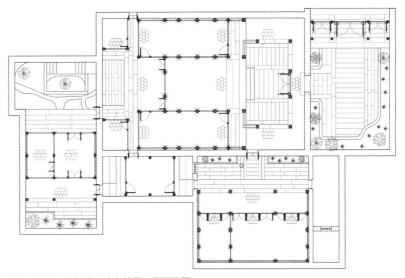

图2-1-49　林觉民、冰心故居一层平面图

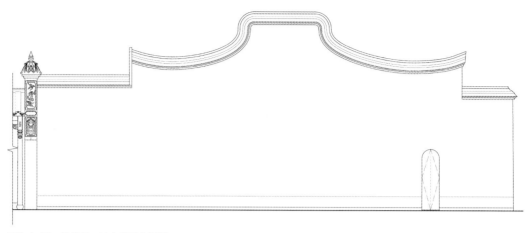

图2-1-50 林觉民、冰心故居立面图

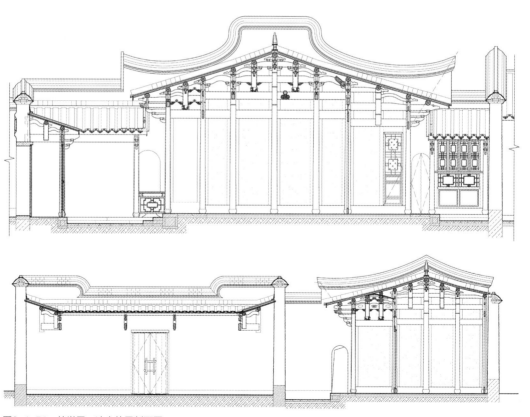

图2-1-51 林觉民、冰心故居剖面图

2. 严复故居

严复故居位于郎官巷20号。严复（1854—1921年），中国近代著名的启蒙思想家、翻译家和教育家。他第一个比较系统地将西方资产阶级的学术思想、政治制度介绍到中国，对中国近代社会产生了深远的影响。故居坐北朝南，占地面积609平方米，由主座和花厅组成。主座双重大门向南，前有装在石门框内木条隔扇门（又称宁波门），后有装在石白上的串桶大板门。厅堂面阔三间，进深五柱，穿斗式木构架，双坡顶，鞍式山墙；正间分前后厅，中施和客室、书房的柱子上、墙壁上都贴着屏门，两边为前后厢房。后天井较小，仅3米多深，左右为小披榭。主座前廊西侧有小门通花厅。花厅四面围墙，西面设有便门出入。花厅为民国时期双层楼房，楼下为敞厅，构架采用新式三角顶架；二楼前后走廊、栏杆均仿西方建筑纹饰。故居是当时福建省督军兼省长李厚基为严复购置的。严复于民国九年（1920年）回到福州，居住在这里，直至1921年病逝。尽管时间不长，但仍是严复落叶归根的地方。现辟为严复故居纪念馆，陈列展出《严复生平事迹》。2006年严复故居被国家文物局公布为全国重点文物保护单位（图2-1-52~图2-1-55）。

图2-1-52　严复故居现状

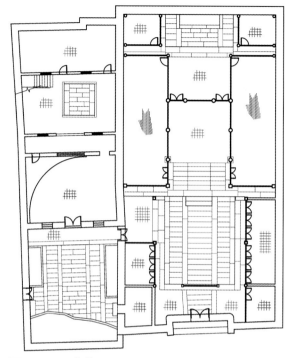

图2-1-53 严复故居一层平面图

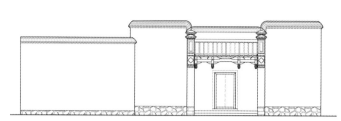

图2-1-54 严复故居正立面图

图2-1-55 严复故居剖面图

3. 二梅书屋

二梅书屋位于郎官巷25号，林星章的宅院，因院内种植两棵梅花树而得名。林星章（1797—1841年），闽县（今福州）人，字景芸，又字锦云，号古畲、坦甫。清道光六年（1826年）进士，主修《新会县志》。宅始建于明末，清道光、同治及民国时期几次大修。占地面积2434平方米，坐南朝北，前后共五进，自郎官巷通达塔巷。一进厅堂面阔三间，进深七柱，穿斗式木构架，灰瓦双坡顶，鞍式山墙。厅前长廊可排列6顶大轿，用彩金插屏门隔成前后厅。两侧厢房四扇开，窗棂用木格纹编缀成各种纹饰，门扇、窗扇、壁板等全部用楠木制成。二进建筑与首进大略相同，只是厅前天井略小，天井两侧有披榭。主座东墙外即是"二梅书屋"，中有两室：一间藏书屋，一间书房，屋前有两株梅花，自成院落。二梅书屋东侧有灰塑雪洞，曰"七星洞"，通连一、三进。三进为花厅，三开间，中为厅，左右四间厢房，所有门、窗、壁板皆用楠木制成。门窗采用双层漏花，冬夹窗纸，夏蒙窗纱；壁板、门扇上部堵板有漆画的树木花鸟和戏剧故事的图案。中国科学院院士林惠民也曾在此住过。2006年二梅书屋被国家文物局公布为全国重点文物保护单位（图2-1-56～图2-1-59）。

图2-1-56　二梅书屋现状

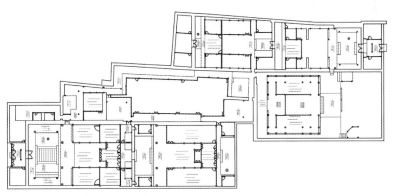

图2-1-57　二梅书屋一层平面图

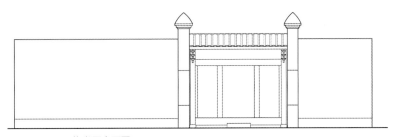

图2-1-58　二梅书屋立面图

图2-1-59　二梅书屋剖面图

4. 小黄楼

小黄楼位于黄巷36号，这是"三坊七巷"中有文字记载的最早宅第。唐代崇文阁校书郎黄璞、清江西巡抚梁章钜、琉球册封使赵新、闽剧表演艺术家郑弈奏等，均曾为小黄楼的主人。现存小黄楼系清道光年间，时任江苏巡抚梁章钜修葺。花厅为双层楼阁，宽9米、深24米，面阔三间，进深五柱，穿斗式木构架，双坡顶。一层是宽敞大厅，厅内金柱杠梁内侧木雕极为罕见，镶嵌各式木雕彩绘贴金人物。二层分隔为三间，正间为藏书阁，次间作书房，各有九扇楠木花格门。楼两侧靠墙是用糯米与三合土制成的雪洞，宽2米、深8米，高可容人，洞内云海苍茫、峥嵘突兀。今东侧保护完好。楼前天井，面对太湖石垒成的假山，小巧鱼池，拱形小石桥称"廿网桥"纵跨其上，桥栏板上刻"知鱼乐处"四字，寄托着中国文人智者乐水的传统情调。沿小桥进入假山，怪石重叠，曲径盘旋，洞宽0.7~1米，沿石阶而上坪顶，东侧一座木构半边凉亭，造型精美，宝珠结顶，翘角飞檐，雕梁画栋，檐下雕刻城墙图案，天花中刻花瓶，工艺高超；亭周12个悬钟上刻有松鼠、燕雀、蜻蜓、谷穗、玉米等，各尽其妙。庭内修竹数行，花木扶疏，环境清幽，格调高雅，具有江南园林的特色。2006年小黄楼被国家文物局公布为全国重点文物保护单位（图2-1-60~图2-1-63）。

图2-1-60 小黄楼现状

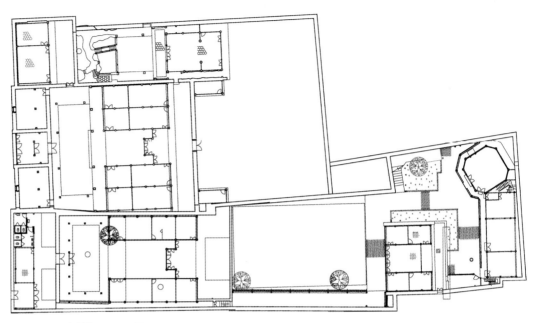

图2-1-61　小黄楼一层平面图

图2-1-62　小黄楼剖面图

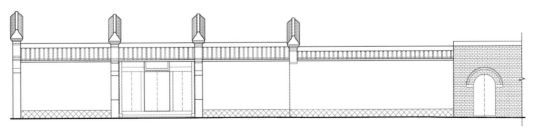

图2-1-63　小黄楼立面图

5. 鄢家花厅

鄢家花厅位于安民巷47、48号。建于清乾隆年间，原系鄢氏太澄公宗祠，各地到省的鄢氏宗亲常住此。民国时期两次重修。主座与花厅两座毗邻，占地面积1425平方米，建筑面积2009平方米，坐南朝北，四面围墙。主座临街原有六扇大门、三间排门头房，现都已被拆建。厅堂为"六扇五间排、七柱出游廊"结构，穿斗式木构架，双坡顶，两侧鞍式山墙。厅上28根木柱和铺地石板的用材特大。厅廊部分垂柱残缺，但从两个悬钟可以看出原来构件图案十分丰富、做工精细：一刻花果，底托花篮；另一刻倒垂莲花，补间刻仙桃。厅两侧厢房的窗上镶有冰裂纹和不间断正字文图案。正座后有小天井，与宫巷关帝庙隔墙。主座厅前廊有小门通西院花厅，花厅共二进，自成院落。一进大花厅是精华所在，占地面积200平方米，建有三间小屋。当梁襻间一斗三升，雕刻精美；如意形替木配梅花形斗拱，两相对称；补间嵌有四个金钱如意的饰件。房间落地门全用楠木精雕，尤显富丽堂皇。房前有小厅，缀以配着花窗的隔扇，厅前轩廊卷棚饰顶，悬钟、雀替刻有花果，造型独特。轩廊前一对大柱础用青石打制，四向刻蝙蝠。东墙角一座木构六角亭，小巧玲珑，亭下部设美人靠。亭内开有小门通向第二进。二进改向，坐南朝北，与一进隔庭相望。大厅面阔三间，进深七柱。厅西侧为厢房，原供女眷居住，东侧有墙弄通连后厅。2013年鄢家花厅被国家文物局增补公布为全国重点文物保护单位（图2-1-64～图2-1-67）。

6. 程家小院

程家小院位于安民巷52号。现主人程玉珠，菲律宾华侨，20世纪50年代初购置此屋，精心保护，从庭院建筑到厅堂摆设都保存着福州古民居的完整传统风格。始建于清末，虽然是一进院落古民居，但历史悠久，建筑缝架均保留完整。是三坊七巷典型的一进院落古民

图2-1-64　鄢家花厅现状

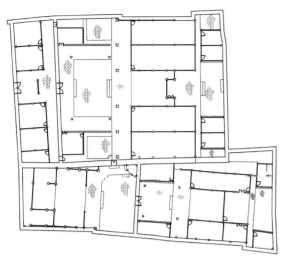

图2-1-65　鄢家花厅一层平面图

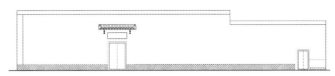

图2-1-66　鄢家花厅立面图

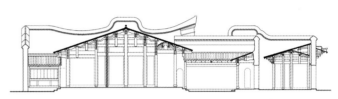

图2-1-67　鄢家花厅剖面图

居，具有较高的历史价值。

　　程家小院占地面积423平方米，坐南朝北，南面与宫巷林聪彝故居隔墙，是"三坊七巷"中规模较小的宅院。沿街为4.4米高带门罩的平墙；该建筑为明三暗四布局，分为主座及花厅。主座面阔三间、通面阔12.09米，进深五柱、通进深9.88米。穿斗式木构架，双坡顶。花厅面阔一间、通面阔3.715米。进深五柱、通进深7.647米。主座前为天井回廊、左右为廊屋，后为天井，左右为民国楼。花厅前为天井、厨房。

　　大厅屏门中悬一"福"字，前排列横案、八仙桌，两侧摆红木茶几和太师椅，横案桌正面刻有三组"悬身人物"（立体雕刻），反映的是历史上为国求贤故事：商汤请伊尹、文王请姜尚、刘备请孔明，整体画面刻工精细，每尊人物身高10多厘米，脸部还不及拇指大，眉目鬓发清晰，表情均依稀可见，表现出民间雕刻艺术的魅力。大厅保留四副柱楹联，富有文化气息。一为厅前廊的"鸢飞月窟地；鱼跃海中天"。二为厅左右的两副柱联，第一联："家传博士良规，读书缵言具探元本；世仰宰官治绩，立身行事同颂廉平。"三为厅第二联："建牙久镇南邦，得士在廉能，宿将威名前史震；铸剑曾传东冶，成材由淬厉，良工矩范后昆承。"四为厅正面一副联题："孝友家为政；诗书性所敦。"字体或行或隶。联中褒扬读书孝友、为官治政、立身处世等传统道德观念，至今还有一定教育意义。小院内的屏门、驼峰、斗栱、悬钟均有刻花，梁架上一根六角形灯杠，保存完好。厅堂两侧厢房和西侧花厅的窗格无一损坏。后厅面积较小，配小型后天井，后披榭于民国时期改为双层楼房。1992年程家小院被福州市人民政府公布为市级文物保护单位（图2-1-68～图2-1-71）。

图2-1-68 程家小院现状

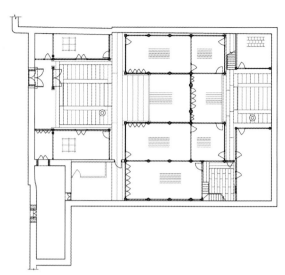

图2-1-69 程家小院一层平面图

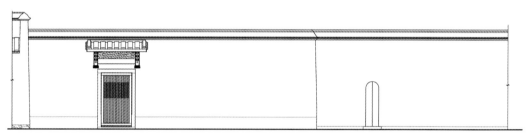

图2-1-70 程家小院正立面图

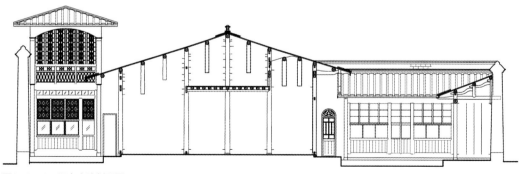

图2-1-71 程家小院剖面图

7. 林聪彝故居

林聪彝故居位于宫巷24号。始建于明代，清顺治二年（1654年），唐王朱聿键在福州即帝位时，在此设大理寺衙门。清道光年间（1821～1850年），林则徐次子林聪彝购置，晚年居此，直至病终。故居毗邻三座，占地面积3056平方米，坐北朝南，四面封火墙。主座四进，临街设10扇大门。轿房在主座东侧，木构，三开间，斗拱、雀替、悬钟等雕刻精致，墙头有精美的灰塑雕像。入门西折为主座，第一进天井三面环廊，南面照墙上画一只獬，为明代大理寺衙门的标志。厅堂面阔三间，进深七柱，抬梁式减柱造木构架，双坡顶，鞍式山墙。二、三进结构相同，面阔三间，进深七柱。第四进为倒朝三间排。一、二进之间设有高墙；过道上置覆龟亭遮雨。门厅东折为"东轩"，内有花厅、园林。北面建八角亭榭，东北有一座四角亭，东南和南面堆叠假山，山下曲径通幽，山顶辟小径向西，通廊顶平台。园林中部低平，分布榕树、竹林、花坛、鱼池、拱桥，景色宜人。园西北为隔墙外花厅，木构，梁柱硕大，做工细腻，檐下悬钟雕刻佛手、宫灯等柱头，精巧雅致。故居整体建筑气魄恢宏，在福州古民居中并不多见，具有较高的艺术价值，至今原布局基本保留完好。2006年林聪彝故居被国家文物局公布为全国重点文物保护单位（图2-1-72～图2-1-75）。

图2-1-72　林聪彝故居现状

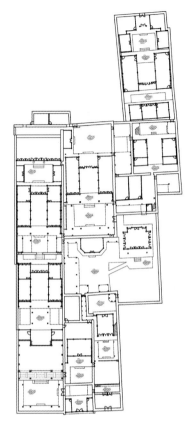

图2-1-73　林聪彝故居一层平面图

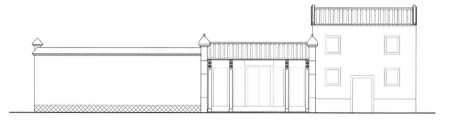

图2-1-74　林聪彝故居立面图

图2-1-75　林聪彝故居剖面图

8. 谢家祠

谢家祠位于福州市三坊七巷吉庇路北侧60号，占地面积946平方米，原有四进，现存三进，坐北朝南，面临吉庇路，后门通宫巷，四周封火墙。前为花岗石框大板门，后为青石打制的石门框，上刻门簪，弧形边框，尤显精美。入大门为天井，三面回廊，大厅面阔三间，进深七柱，中间用隔扇分成前后厅，左右为厢房。第二进制式与第一进基本相同，但天井东西侧建有披榭，挖有水井。第三进为倒朝三间排，东侧有通道连接第四进花厅。

谢家祠始建于明代，系谢姓家祠，作为祠堂主要是供奉本族的祖先，也还奉祀一些本族的先贤，至于谢家有哪些可值得显要的地方，现已无从考证，唯留下"乾隆四十八年谢元斌立的武魁牌匾"尚在说明宅院年代的久远。令人向往，但有一点，谢家祠是近代史上具有革命纪念意义的场所。1919年北京爆发了一场声势浩大的反对帝国主义、封建主义的伟大革命运动。5月4日下午北大等十三所大专院校三千多名学生在天安门集会，反对北京军政府与德国签订"二十一条"割让山东的卖国和约。福州的院校学生，为支持北京"五四"运动，在谢家祠成立了"福建学生联合会"，上街示威游行，积极声援"五四"运动。谢家祠成为反帝、反封建的历史见证，谢家祠还是辛亥革命烈士林觉民宣传革命思想的地方，他曾在谢家祠创办了阅报社，组织进步人士学习《苏报》《警示钟》《天书》《天讨》等书刊。

谢家祠平面形状为纵向长方形，前窄后宽，总进深61.255米，前宽14.01米，后宽15.22米，由前至后依次为门头房、前廊、第一进、中廊、第二进、后披榭、第三进。

（1）门头房

门头房现存遗构仅有青石门框一幅，其余均为新中国成立后或近一二十年内搭建之物。通面阔12.29米，通进深3.62米。门头房与第一进之间以墙体隔断，前廊与门头房后檐围合形成"U"字形回廊。

（2）第一进

第一进面阔二间，通面阔11.27米，进深六间，通进深13.35米，第一间为前廊。西山柱与西山墙之间距1.22米，形成一巷道。第一进与第二进之间以墙体隔断。第一进梁架彻上露明造，为十三檩，抬梁及穿斗并用的梁架，前后挑檐檩用挑头枋承托，挑头枋底施三跳丁头斗栱。明间为十三檩前三步，后双步又单步，用五柱出前后挑檐檩的抬梁式构架，斗栱式样多为丁头斗栱，额枋与桁檩之间多施简易隔架（俗称"锯木花"），梁架用材硕大。次间为十三檩前三步又单步，后双步又单步，前后出挑檐檩分心用七柱的穿斗的构架。

（3）第二进

第二进面阔三间，通面阔13.475米。进深六间，通进深13.295米，第二进梁架彻上露明造，梁架为十四檩前后挑檐檩用七柱穿斗的构梁，前后挑檐与第一进同，额枋与桁檩间使用简化隔架同一进，大量使用丁头斗栱。

（4）第三进

第三进面阔三间，通面阔11.47米。进深三间，通进深6.165米，第一间为前廊，东、西山柱与东、西山墙之间距1.29米（东）、1.14米（西），形成巷道。第三进彻上露明造，明间梁架为八檩，前挑檩用四柱穿斗的构架。额枋与随檩枋间多施隔架，次间类似庑殿顶梁架，前檐，为一斗三升斗栱，上金枋施连栱及一斗三升斗栱。

（5）廊、披榭、柱

前廊为单坡三步梁穿斗式梁架，前檐用挑头枋承托封檐板。檐额与檐檩之间置锯木花。中廊为单坡双步梁穿斗式梁架，檐额与檐檩之间置锯木花。后披榭为单坡双步梁穿斗式梁架，檐檩底施三跳丁头斗栱。柱子为杉木柱、断面有圆形和方形两种，圆形居多，前檐柱均为方形。

（6）屋面

屋面有略微的升起，升起的幅度脊檩最大，挑檐檩最小，子脊檩到挑檐檩逐步递减。第一进、第二进为双坡人字屋面，第三进为四坡庑殿屋顶。前廊、中廊、后批榭均为单坡屋面，屋面舒展，坡度平缓。2005年谢家祠被福建省人民政府公布为省级文物保护单位（图2-1-76~图2-1-80）。

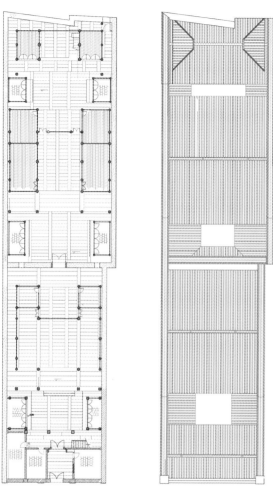

图2-1-78　谢家祠现状

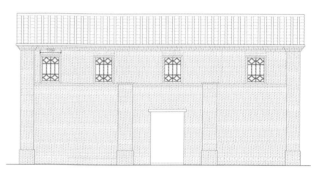

图2-1-79　谢家祠正立面图

图2-1-76　谢家祠一层平面图　　图2-1-77　谢家祠屋面平面图

图2-1-80　谢家祠剖面图

9. 叶氏民居

　　叶氏民居位于福州市"三坊七巷"南后街西侧176至177号,坐北朝南,整体建筑由东面正落及西面两个侧落组成,总占地面积约2254平方米。大门朝东,入口的外墙为民国时期改建的青砖墙体。正落前后两进院落,为前堂后寝的布局,中间隔墙开左中右三道石踏门相连,前堂属于明三暗五的格局,暗五部分于民国时期被改建成两层略带欧陆式风格的砖砌洋楼。通面阔约21米,通进深约12米。后寝面阔五开间,通面阔约21米,通进深约11米。正座主体建筑的大木构架基本保留着明代福州传统古民居的形制与风格,木装修中的部分门窗隔扇于民国时期被改建,至今还延续着居住功能。

　　叶氏民居始建于明朝,清至民国屡有修葺。福州叶氏有"世翰林"之称,叶家第六位也

图2-1-81　叶氏民居现状

是最后一位翰林叶在琦于清光绪年间官拜御史大夫，英年早逝。后于民国时期部分房产转售于郑宜康大律师。

叶氏民居属于福州"三坊七巷"历史文化保护街区内典型的古民居，它保留有典型的明、清以及民国时期福州民居形制及风格，虽然各时期建筑风格鲜明而各有不同，但是各时期建筑的衔接经过旧时匠人的巧妙处理，彼此协调，并不突兀反而显得相得益彰。对于研究这几个时期以及其间过渡时期福州传统古民居的建筑手法及工艺具有宝贵的借鉴作用。

侧落修长，南北相贯，东西基本对称，在中轴线上沿着进深方向层层伸展，布置了四进院落，从首进院落（南花厅）的半月水池，途经倒朝厅，侧落正厅，到末进精巧玲珑的闺阁（北花厅），不管从主体建筑形制、造型还是从天井布局都各具特色，充满了富有节奏感的变化，显得丰富多彩，仿佛在演义一篇华美的乐章。其隔扇、门窗等雕刻精美的装饰艺术构件，实为"三坊七巷"古建筑群中的上乘精品，具有较高的文物价值。侧落主体建筑均为三开间，其中南花厅通面阔约13米，通进深约8米；倒朝厅通面阔约13米，通进深约8米；侧厅通面阔约13米，通进深约13米；北花厅通面阔约10米，通进深约10米。侧落中除了侧厅属于明代建筑风格，其他建筑均为清代建筑风格。

西侧外落（西花厅）前后两进，均属清代建筑风格，而且据后人介绍前后两进的前天井以前均有美人靠环抱的假山鱼池（现已无存），如此说来，叶氏民居共有假山鱼池3处，或大，或小，形态各异，风格迥然，分布于各花厅，富有浓郁的趣味性与艺术性，是福州地区私家园林的代表作品。前西花厅单开间，通面阔约7米，通进深约10米，于后天井西侧开小门通往后西花厅，后西花厅两开间，明间做对称木装修，制造三开间对称的假象，其通面阔约10米，通进深约12米。

闺楼和花厅雕刻细腻、图案精致，有极高的艺术价值。梁架以杉木为主，穿斗式木构架，门窗、隔扇用楠木等材料精雕细刻，闺楼前装饰挂落，前后均有美人靠座椅，挑檐垂柱、博古雕屏等表现富有气势，平面布局完整，集明、清、民国三个时代的建筑风格于一体，是南后街保存相对完好的典型古民居。叶氏民居古建筑具有较高的历史、科学、艺术价值。2005年叶氏民居被福建省人民政府公布为省级文物保护单位（图2-1-81~图2-1-85）。

图2-1-82　叶氏民居一层平面图

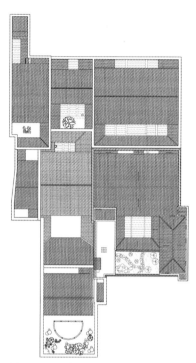

图2-1-83　叶氏民居屋面平面图

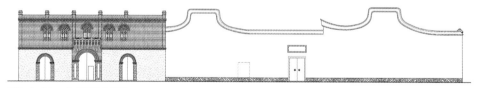

图2-1-84　叶氏民居立面图

图2-1-85　叶氏民居剖面图

10. 水榭戏台

水榭戏台位于福州三坊七巷衣锦坊2号、3号，为三坊七巷内一处较大的古民居和私家园林，其建筑类型和整体园林格局等方面具有一定的代表性和研究价值。建于明万历年间（1573~1620年），原是郑姓住宅，清道光年间（1821~1850年）为孙翼谋家族所有。经过多次重修，成为三座毗连的大宅院，整个建筑群总占地面积2746平方米，建筑面积2377平方米，坐北朝南，穿斗式木构架，双坡顶。该住宅分为正落、中落、侧落，其中除正落基本按中轴线对称布局外，其余各落多属花厅、客厅、书房、戏台、鱼池、楼阁等园林式建筑，布局灵活自由。其建筑和园林布局中使用的结构和艺术手法等都很有特点，反映了当时匠人的精湛技艺，其建筑的使用功能也反映了清代高宦雅士的审美情趣和世界观。

水榭戏台面朝文儒坊有两个入口，一个是靠西侧的正落入口，为带木披檐的木框式六扇板门的门头房，它们在坊巷规整的石板路和洁净的白粉墙衬托下显得重点突出、简洁明快，是三坊七巷典型入口模式之一。

进了门头房，迎面就是插屏门。平时插屏门关闭，人们要绕过插屏门从两旁出入。绕过插屏门就见到门头房的后天井以及二进院落的门墙。为避免雨天出入淋雨，往往在后天井至门墙间设覆龟亭作为过路亭。

通过二进石框大门进到二进院落，顿时感到豁然开朗了许多。迎面是二进正房，面阔三间，进深六间，前面由三面回廊围合，呈东西长、南北短的扁长形石板天井。正房明间后部有一樘八扇板门隔扇把正房明间隔成前后厅，这是一家人聚会、待客、祭神、拜祖的场所，也是全室的中心。正房前三间为轩廊，轩廊东侧有门可通往中落，此处是重点装饰部分，檐部有层层挑托的插栱和雕刻精美的雀替，轩廊顶部及轩架上的斗栱、花座也雕刻地十分细腻，大厅的厅屏看架的一斗三升弯枋及桁规、斗栱也雕刻十分精巧，贴金灯杠及鎏金灯杠托，显得富贵高雅。正房两旁次间为厢房，是主人的卧室。正房后天井左右为披榭，披榭前有矮墙把后天井分割成三个部分，使狭长的天井变得不那么狭长。

后天井正中迎面是一石框大门，通过这一大门进入第三进院落。迎面是一座面阔五间的正房，采用明三暗五的手法。将回廊的后墙设在正房次间柱缝中心位置，其后侧是东西侧屋。正房面阔五间，其缝架均采用纯穿斗式木构架，没有用加大明间使用空间的减柱做法，整个正落采用传统的前堂后寝布局方式。整座正房全部分割成大小房间，作为居住使用，是一家人生活起居的区域。正房的西侧设有后花园，西式砖房作为书斋使用。在古代，文人无不重视书斋的设置，讲究书房的高雅风致，精心营造一种浓郁的文化氛围，在这个小天地里可读书，可吟诗，可作画，可弹琴，可对弈……书房周围营造山石花木，假山流水的环绕空间。尤其是清末时期，福州不少文人喜欢以西式建筑作为书房，如高士其故居也有西式书楼，室内又以中式布置，在此间读书或与友人聚会，堪称是一种全身心的享受。

水榭戏台位于花厅内，水池面积60平方米，池底涌泉，长年不涸，池内有金鱼、鲫鱼、龟鳖等水族。戏台建在池上，面积30平方米，坐南朝北，呈方形，单层，四柱单开间，九脊歇山顶。戏台顶上为方形藻井，中刻团鹤，周饰蝙蝠，象征福寿双全；翘角上刻有精美的镂空"角鱼"，檐下夹角施雕花"弓梁"垂柱。戏台三面临水，中隔天井，面对周楼，拾音良好。成台正对面建双层楼阁，坐北朝南，楼下前廊后堂，穿斗式木构架，单檐歇山顶；楼上前为走马栏杆，后为楼房，可供聚会、看戏或登高望远。墙头、檐下及屋脊灰塑花边等纹饰皆精工细刻，造型独特，别具一格。

若从水榭戏台朝文儒坊的侧落大门进入，通过简单的石框门洞，上一、二级台阶，仰头看是层层插栱挑托着简洁的青瓦披檐，是福州三坊七巷入口的典型模式之一。进入大门映入眼帘的是一个小庭院，入口一侧是径直的过廊，迎面是一座与过廊呈曲尺布置的带廊轩的梳妆休息厅，廊轩走廊还有美人靠。前面的天井十分宽敞，演员可以尽情地在此休息、化妆或者练戏。

夏天，气温高的时候，人们可以进入雪洞避暑。通过过廊拐入东侧的门洞出来，就是水榭戏台最中心的庭院。这里戏台西侧有假山石以及白石灰糯米混合堆塑的雪洞，雪洞是从台后园门洞直通戏台前楼阁轩廊，戏台下有鱼池，鱼池壁还布有长满青苔的假山石，鱼池上架有青石构建的小拱桥，桥栏板题刻有"知鱼乐处"四个大字，此典出自庄子与惠子的辩论，表达了庄子主张物我同化、旷达乐观的思想，由此可知造园主人也是受庄子思想影响，具有物我同化、达观的情怀。东侧假山洞分南北路，沿着石阶，南路可登上单面曲廊，由曲廊可下至六角亭，曲廊上有美人靠，观戏人可在美人靠上看戏、听戏。

走过曲廊可从北路的石阶下到楼阁前天井，楼阁就设在戏台前，这是看戏的好场所。楼下可以供男宾客看戏，楼上是专供女宾以及自家小姐看戏。楼阁为歇山顶、重檐。上、下檐部及廊轩有雕刻精细的木垂花、轩架、轩棚、斗栱。上檐前走廊有一排做工十分精致的水波纹栏杆，与鱼池水波交相辉映。处在这种环境下看戏真是一种人间享受。

楼阁底层前柱廊、东西侧均设有拱的门，从西边拱门进入中落花厅、客厅的后庭院，通过花厅往南可进入中落花厅的前庭院，这里的前庭院设计是仿福州的宦贵巷黄氏私家园林布置的，庭院是以曲尺廊为主体，在南面的两个墙角都建有亭，但亭的式样、高度、体量都不一样，在西南角是半边八角亭，东南角是四角半边亭。西侧有花台，整个庭院三面有廊相接，并有美人靠供人歇息、观赏，环境十分僻静、优雅，与戏台这边的喧闹环境有很大差别。

总之，整座水榭戏台分为三落，正落采用前堂后寝布置，后生活区东侧有较大花园，后

图2-1-86　水榭戏台现状

花园有西式书房，是生活学习的极好场所。中落是福州比较正统的花厅，前庭院及后书房环境幽雅，而侧落是一处非常有特色的家居式娱乐场所，流畅的曲线山墙，极富地方特色的墙头泥塑及镂空漏花精雕门窗，不仅工艺精湛，而且构成丰富的图案花饰，花草虫鱼栩栩如生，匠艺精巧，集中体现了福州三坊七巷民居的特色。1992年，水榭戏台被福州市鼓楼区人民政府公布为区级文物保护单位；2001年1门，被福建省人民政府公布为第五批省级文物保护单位；2006年，被国家文物局公布为全国重点文物保护单位（图2-1-86~图2-1-90）。

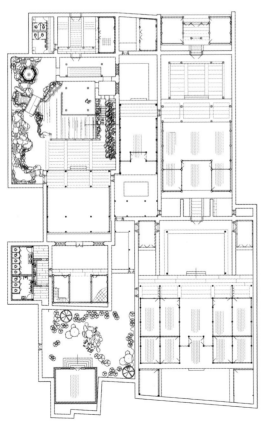

图2-1-87　水榭戏台一层平面图

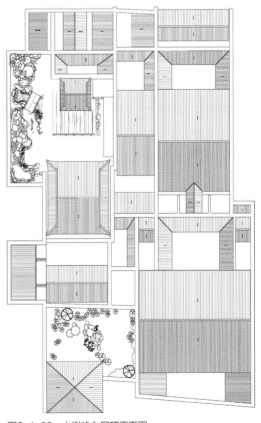

图2-1-88　水榭戏台屋顶平面图

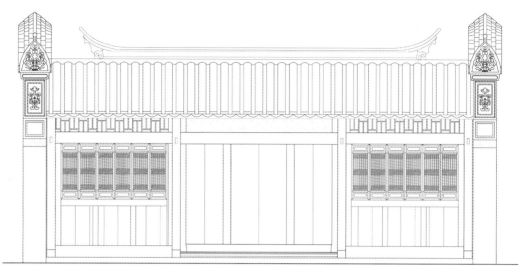

图2-1-89　水榭戏台立面图

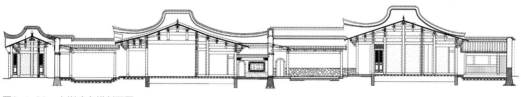

图2-1-90　水榭戏台横剖面图

11. 王麒故居

　　王麒故居位于塔巷28号、30号。始建于清初，经乾隆、嘉庆，民国时期修缮，保留至今。王麒（约1885—1952年），字恺士，侯官人。早年毕业于福建船政学堂，以优异成绩被保送到日本士官学校学习。回国后，先后任福建武备神武堂教习、陆军第十一混成旅旅长。1933年，十九路军将领蒋光鼐、蔡廷锴发动"闽变"，聘王麒为绥靖公署顾问。王麒对挂名虚职不感兴趣，居家不仕。

　　王麒故居坐北朝南，总面积2225平方米，四面围墙，前临塔巷，后通郎官巷。前后三进，由西边的主座与东侧花厅组成。土木建筑，双坡顶，穿斗式构架。第一进大厅面阔三间，进深二间，前廊后堂，厅前走廊长达15米，旧时可并排停放6顶大轿。两端为前后厢房，门、窗、隔扇全用楠木制作。二、三进均用内墙分隔，天井之间建有覆龟亭相通。梁架柱子以杉木为主，门、窗、户、扇、均用楠木制作，驼峰、斗栱、悬钟、雀替均精雕细刻，墙头灰塑图案精美。

　　尤其是园林部分匠心独具，花厅内的一方园林，更是三坊七巷中保存下来为数不多的私家园林精品。从这个园林中我们可以清晰地看到两个时代能工巧匠的精湛技艺：清代匠人叠石垒成层峦的假山，环抱着一汪碧水，营造出一种静谧而又充满灵气的冥想空间。民国的匠人在园林的西北角立方台，三面开拱门，并砌欧式线脚，巧妙地将假山雪洞与民国时期阁楼建筑完美地衔接。其中假山叠石的手法是中国古代私家园林中假山营建的典型做法，讲究"瘦""漏""透"的原则，尤其是靠南面封火墙，墙面贴灰塑勾勒出层峦叠嶂的"远山"，虽于咫尺之间造园，却给人以天涯尽收眼底的豁达感。采用象形的假山石及泥塑等塑造出栩栩如生的弥勒佛、观音等形象，为园林增添了独特的宗教气氛。雪洞的设置也是十分之巧妙，先引一段小径绕过假山环抱的池水，再于假山之中做阶梯环绕而上，与假山中隐匿的小路相连，通往位于东南角的半亭，至此，整个游园的乐趣便在这里达到了顶峰。站在精美玲珑的半亭之中，假山、潭水，尽收眼底，涤荡心灵，使身心得到极大的放松与愉悦。经过岁月的沉积，东西方不同的园林文化元素在这里得到了完美的交融。整个园林游览路线婉转流畅，情趣盎然。据传这充满灵气的园林还有龟与蛇庇佑守护，更加增添了其神秘色彩，至于真实与否我们无从考证，但是其园林的灵秀却是我们有目共睹的。

　　纵览整个故居，建筑与园林的结合是巧妙而成功的，对于研究福州古代民居与古代私家园林都提供了极高的参考价值，使之成为三坊七巷园林中的精品。2013年王麒故居被国家文物局增补公布为全国重点文物保护单位（图2-1-91～图2-1-94）。

图2-1-91　王麒故居现状

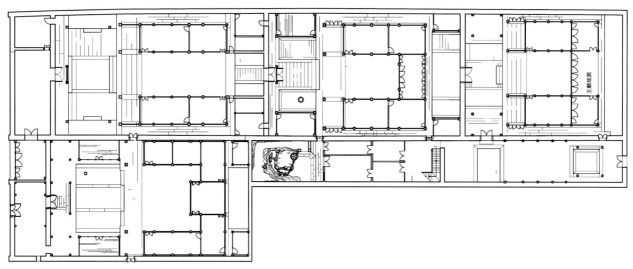

图2-1-92　王麒故居一层平面图

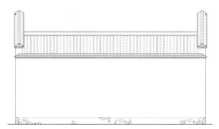

图2-1-93　王麒故居立面图

图2-1-94　王麒故居剖面图

12. 欧阳氏民居

欧阳氏民居位于衣锦坊29号、31号、33号。始建于清康熙年间（1662～1722年），清乾隆十五年（1750年）重修。清光绪十六年（1890年），由欧阳璞、欧阳玖兄弟购置再修，一度典卖于人，又经欧阳殡四子欧阳勤赎回，后由其十二子欧阳推（建筑工程师）从1948年起一直守护此院，至1996年去世。民居由主座和隔院花厅组成，总建筑面积2350平方米。主座两进，坐南朝北，穿斗式木构架，双坡顶。建筑高敞，宽12米，深48米。大门用铁丝木制成，厚重、坚牢、耐火。首进面阔三间，进深七柱，前廊后堂，厅堂雕梁画栋，金碧辉煌。左右为厢房，八扇门全用楠木精雕。二进格局与一进相同，面阔三间，进深七柱，正面墙上塑有西厢故事，前后厢房有阁楼。西院花厅是全院精华所在，具有大、奇、精、巧等特色。花厅建筑面积400平方米，由前后花厅、覆龟亭、书房组成。前花厅又称男花厅，分客厅、书房、覆龟亭三个小部分；后花厅又称女花厅，两厅间有小门相通。

花厅与书房所有的门、窗、壁板、漏花以及框架，全部采用拼花、镶花榫卯合成，不用铁钉及金属配件，仍关启自如。整座花厅有20扇房门、14扇窗棂、15扇隔扇，均用楠木精雕细刻，刻有百种图案和百幅花鸟虫鱼，古色古香，相映成趣。

欧阳氏民居正落衣锦坊31号由正座两进和隔院前后花厅组成。正座两进，坐南朝北，穿斗式木构架，双坡顶，建筑高敞，其结构形式及构件样式均具有清末民初时期典型风格特征。中轴线由北至南依次由门头房、一进前天井、一进主座、一进后天井、二进主座组成，左右各是东西梓院。临街开六扇大门，设门头房，面阔三间，进深三柱，中为门厅，两侧耳房。进门为中立插屏，额悬一"进士"匾，为欧阳泰立。插屏后为石框大门，楣上有三匹浮雕纹饰，还有长方形灰塑门额，大门用铁丝木制成，厚重、坚牢、耐火。进石框门，三面环廊，当中天井，全用工整的条石铺成，东侧回廊与20世纪90年代后期红砖墙封闭隔间用作临时储物室。首进正屋面阔三间，进深七柱，前廊后堂，中为厅堂，雕梁画栋，金碧辉煌，梁架上一条巨大灯杠，贴金描花，古雅可爱。厅左右为厢房，八扇门全是楠木精雕户扇，两侧轩廊均为90年代现住户加建。廊下透过天井空间，正好看到檐上两边封火墙内向直径1.5米的灰塑圆月，左边为"吴刚伐桂"，右边为"玉兔捣药"，它反映了清时代福州传统墙头雕塑技艺特色。

二进格局与一进相同，正面墙上塑有西厢故事；大厅面阔三间，进深七柱，其墙瓦、斗拱、窗棂、门扇等亦同一进，二进大木构件梁架为清末时期风格，唯天井较小，前后厢房有阁楼。90年代，二进天井东侧过廊由玻璃门窗分隔改建为小卧室，二进两侧前门柱增设隔断冰裂纹支摘窗花格门扇，从其搭接方式和构件形态、比例可见其为后期所建，该部分遮挡了原本轩廊两侧的精雕门扇，明间于90年代后期人为加建红砖墙隔断，分隔两侧不同住户使用空间，红砖墙体隔断扩建至东侧过廊及二进东侧前廊沿台阶，对建筑造成了一定的覆盖破坏。二进两侧后厢房及后东西两侧梓院均为二层，二层部分屋架结构均为民国三角屋架，该部分门窗等装修均为典型民末至新中国成立时期风格，二进主座二层部分可见原穿斗木构件遗留卯口痕迹，二进东西两侧后梓院二层三角屋架屋面驾于两侧墙帽叠涩之上，可以推断该部分建筑及装修为欧阳氏家族后人对其进行了改造，造成一定破坏。增建的二层与主座屋面之间排水不畅，2000年后家族后人迁出后，该部分屋面已漏雨，坍塌严重，主落二进已完全空置。

整座宅院最受人赞赏的是西院花厅，具有大、奇、精、巧等特色，是全院的精华。花厅建筑面积400平方米，由前后花厅、覆龟亭、书房组成。前花厅又称男花厅，分为客厅、书房、覆龟亭三个小部分。客厅三开间，中为厅旁为房，共有前后左右四间厢房。书房在客厅对面，坐北向南，木构三间，中为堂，旁二间书屋；堂前八扇门，每间书室都有四扇支摘窗，下为横窗，窗下为木堵板。客厅与书房所有门、窗、壁板、漏花，以及框架全用楠木制作，拼花、镶花，均用榫、卯合成，不用铁钉；门钮用金属配件，关启自如。复龟亭联接客厅与书房间，高与厅檐齐，两边设鹅项椅（美人靠），现座椅已塌落置于地面两侧，地面铺斗底砖，亭两侧各有一个小天井。后花厅又称女花厅，与前花厅中隔一墙，有小门相通，木构三间排，廊前左右对称两根吊柱，柱头雕刻牡丹花、飞鸟，造型优美。2000年后家族后人迁出后，前花厅现已完全空置，后花厅局部后人仍在作为厨房使用。花厅部分为典型的清末时期建筑风格，精美的雕刻构件门窗，虽经数百年岁月，依旧古韵犹存。建筑平面形制、梁架结构以及构件的样式对比，可为该时期建筑提供可靠的研究依据，充分体现清代时期福州传统民居的建筑风格，同时代表了该地区该时期不同阶段的营造技艺和经济发展水平。

　　欧阳氏民居正落衣锦坊33号为西侧落，早期定位为家族祠堂，共两进，坐南朝北，中轴线由北至南依次由门头房、二进前天井回廊、二进主座、二进后天井、三进主座组成，一进门头房为主入口，面阔三开间，进深用两柱，减柱式插梁构架，单坡假导水屋顶，门房正中有插屏门。一进前天井四周回廊，两侧回廊现为两间红砖墙隔间卧室，由天井地面可见，红砖墙体延伸扩建将天井地面造成破坏，由红砖隔间及门窗构件形态可见，该部分主要为90年代所建。二进主座面阔三间，进深七柱，明间厅堂采用减柱式插梁构架做法，扩大使用空间，次间为穿斗式木构架，从构件形态可见，整体梁架为清代形制。新中国成立时期，该地居民为空间使用需求，将东西两侧次间使用木隔断进行分割空间并增建西侧二层，两侧轩廊均由90年代现有住户在木栏杆上方加建新中国成立后期玻璃门窗，增加室内住房空间，增建部分破坏了西次间穿斗式木构架。此次改建增设二层，在二进主座后厅部分加建木楼梯，后檐隔断一侧固定于覆龟亭木柱，一侧悬空，可见为后期移位改造，隔断门扇雕刻精美。

图2-1-95　欧阳氏民居现状

　　三进主座面阔三间，进深四柱，明间厅堂采用减柱式插梁构架做法，次间为穿斗式木构架，整体梁架为清代形制。90年代后期为使用空间分割，明间用红砖分割两侧空间，室内花格门扇移位，前门柱额枋梁及木栏杆间增设民国时期玻璃槛窗。2006年欧阳氏民居被国家文物局公布为全国重点文物保护单位（图2-1-95～图2-1-98）。

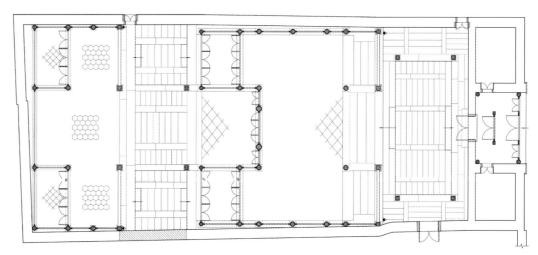

图2-1-96　欧阳氏民居平面图

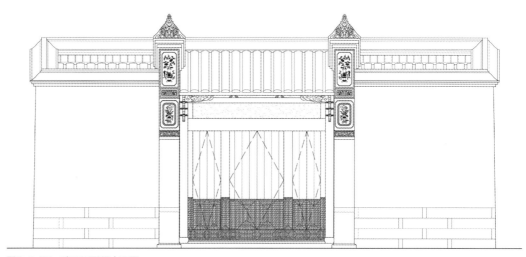

图2-1-97　欧阳氏民居立面图

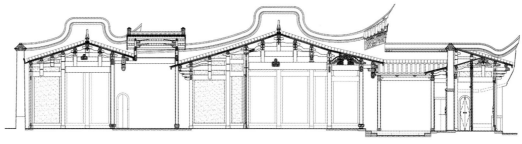

图2-1-98　欧阳氏民居剖面图

13. 陈氏民居

陈氏民居即陈承裘故居。陈承裘（1827—1895年），字孝锡，号子良，清咸丰二年（1852年）进士，官至刑部主事。祖父陈若霖为清乾隆末年进士，官至刑部尚书，闽剧《陈若霖斩皇子》的故事在福州几乎耳熟能详。其子陈宝琛为清朝末代帝师。故居位于文儒坊西段北侧45、47号，是一座花园式住宅。建于清初，以用料考究、精雕细刻闻名。同治年间为陈承裘所购，经修葺扩充，更加富丽堂皇。主座坐南朝北，临街六扇门，门额上高悬"六子科甲"横匾。门扇下半部用藤条和门钉装饰成喜字、万字图案。进石框大门为大院，首进厅堂面阔三间，进深七柱，前廊后堂，穿斗式木构架，双坡顶。青石细磨柱础，须弥座，四面雕刻松、竹、梅、兰；正房楠木门四扇，门上部框架饰漏花，中嵌楠木花窗，分别为鼎、瓶、盆、壶等精雕博古图饰的门扇，刀工细腻。正厅上驼峰、斗栱等所有木构件，当精雕细刻。二进厅堂周三间，进深五柱，穿斗式木构架，双层楼房。左右厢房共八扇门扇，用整块浦木板以工笔手法阴刻"梅鹤争春""一路（鹭）连（莲）科"等八幅花鸟图案，神态各异，是不可多得的古建筑装饰艺术品，曾被收入《中国古建筑艺术》画册。主座东侧隔墙外是东花园。园中建有阁楼一座，名"天香楼"，坐北南南，小巧精致。前有鱼池、假山及八角亭等。池旁植有枇杷、桂花。六角亭梅映其间，上施一联："室雅何须大，香不在多"，与此情境十分妙合。假山南面有小廊通往书房，书房坐西朝东，面阔三间，逼日"梅舫"，房前花木荫署，清曲雅致。其中老梅一株，传为陈承裘手植，至今枝繁叶茂。2006年陈氏民居被国家文物局公布为全国重点文物保护单位（图2-1-99～图2-1-102）。

图2-1-99 陈氏民居现状

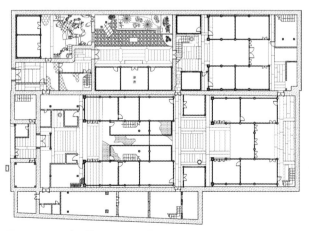

图2-1-100 陈氏民居一层平面图

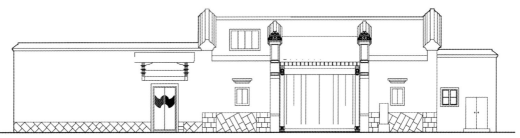

图2-1-101　陈氏民居立面图

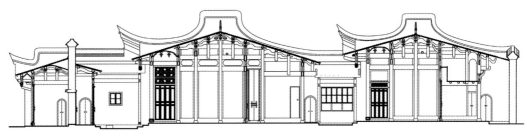

图2-1-102　陈氏民居剖面图

14. 陈衍故居

　　陈衍故居位于文儒坊大光里15号。陈衍（1856—1937年），字叔尹，号石遗、匹园，晚年自署石遗老人，侯官（今福州市）人。曾入台湾巡抚刘铭传幕，为刘铭传在台湾开疆拓域及管理、建筑等做出了很大贡献。1917年为《福建通志》总纂，凡600余卷约1000万字，1938年出版，迄今仍是省志中最为完备的一部。陈衍是同光体诗歌闽派的代表之一。著作有《石遗室诗文集》《石遗室诗话》《通鉴纪事本末》《近代诗钞》《福建通志》《闽侯县志》等。

　　陈衍故居原有四个区。入门为第一区，入大门是长石板铺砌的天井，中间为厅堂，左右为厢房，系清初五间排结构建筑。第二区名"匹园"，园西北角为三楹双层楼阁，曰"皆山楼"，郑孝胥题匾；楼上藏书，名"华光阁"。楼下为卧室、书房。园东北角小屋两间，余地多种梧桐、玉梨、海棠等，还有绿竹数竿，环境清幽。每年正月初七，陈衍招宴"诗社"弟子于此。第三区正中，原有一座"闻雨楼"，是陈衍会客的地方，也是当时福州诗人聚会的场所，原有亭台、池沼、楼阁，是一座典雅园林建筑。楼南为花园，种有梧桐、白梅、蔷薇等。第四区名"直园"，平面呈长方形，有径通文儒坊，楼后厨房、小客厅，为用餐的地方。现仅存老屋五间、东面的二层楼房和厨房等。除一区位置明确外，其余三区具体位置难以确定，今以方位来叙说其特征，将东面楼房和厨房归为东园区。现存建筑特征如下：

　　一区为六柱五开间建筑，通面阔21.8米，通进深17.23米。穿斗式梁架，明间桁条下采用丁头栱装饰，前檐柱出三层丁头栱。桁条为圆桁，其下无随桁枋。明间在前后檐柱及金柱之间用枋相连，次间、稍间除连系枋外，还有天棚木龙骨连接，增加了纵向刚度。外围墙及山墙均为夯土墙，小块方形花岗岩石块砌成约1米高的墙脚，夯土墙厚58厘米，压顶用青砖和小青瓦垒砌。前院墙为花瓦顶，用小青瓦拼成柳叶形组合成菱形图案。后院墙压顶为假硬顶，山墙为马鞍形，压顶为馒头顶上加做扣脊瓦。夯土墙内外面均用白灰抹面。内墙除少部分利用板壁隔断外，大多采用竹编壁隔墙。

图2-1-103　陈衍故居现状

东园包括前部一个小花园和后面的厨房，主体建筑为一栋二层楼房。主楼为二层砖木建筑，小青瓦屋面，硬山顶，墙体为夯土墙。平面布局为三柱二间，杉木板楼地面。门窗均被改动，现为普通木框木板门和木框玻璃窗。斜梁式木板楼梯，现存梁架为斜梁与穿枋构成三角形梁架，斜梁上搁置桁条。

厨房为单层单坡小青瓦屋面，平面布局随意，三面为夯土墙，中间有小天井，无梁架，现将一根斜梁搁置在前后柱上（后柱有的用墙体代替），斜梁上搁置桁条，无门窗。2009年陈衍故居被福建省人民政府公布为省文物保护单位（图2-1-103～图2-1-107）。

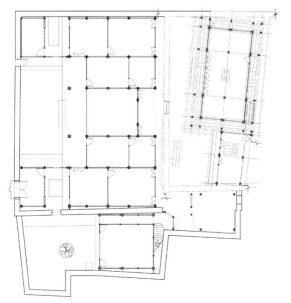

图2-1-104　陈衍故居一层平面图

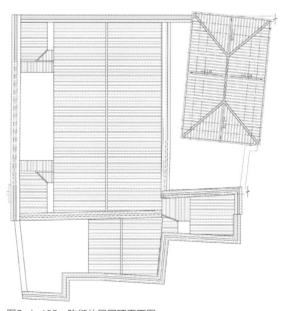

图2-1-105　陈衍故居屋顶平面图

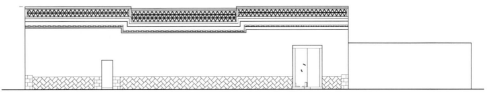

图2-1-106　陈衍故居立面图

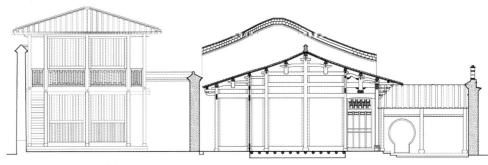

图2-1-107　陈衍故居剖面图

15. 刘氏民居

刘氏民居位于光禄坊28、30、32、34号。自西而东四落并列，东起道南祠，西至早题巷，南临光禄坊大街，北靠大光里，总面积4532平方米，为福州市区规模最大的宅院之一。东侧两落原是清初著名画家许友故居"米友堂"；西侧两落原是清康熙进士、内阁中书林佶故居"朴学斋"。而后数易其主，据刘家旧藏房契，此房系刘齐衢的祖父刘照于清乾隆、嘉庆间购置，当时还保留明代建筑规制。嘉庆年间刘家镇修筑"破均居"于此，清道光、同治间由其侄刘齐衢、齐衔兄弟继承，逐步改建。清末民国初，传至刘齐衔孙刘建庵、步溪堂兄弟，并加以重建。

刘氏民居四落大院皆坐北朝南，四面封火高墙，双坡屋顶，院墙檐下有彩色灰塑、花边纹饰。每座都是临街六扇大门，入第二重石框大门，三面环廊，中为天井；登上石阶，为面阔五间、进深七柱的厅堂，减柱造穿斗式木构架，两边为厢房；再从后厅堂、后天井而至二进、三进，结构基本相同。四座大院隔墙相邻，有小门相通。共有12间大厅、48间厢房、6座花厅、3口鱼池、3座假山、6处亭阁，还有藏书楼、观音阁、佛堂等。大院建筑用料讲究。围墙高达6米，坚固耐火；地面青石板平整光滑，长3米以上、宽0.6米以上的达300多条，长3.3米左右的包围大木柱有100多根，青石柱础上雕有八骏马等精美图案。大小厢房的门扇、窗门、壁扇、窗棂、花格全用楠木和杉木制成。院内家具，如横案桌、公座椅、大小方桌等皆用红木精制。民国二十五年（1936年）爱国诗人郁达夫曾寓此，知名作家董秋芳、杨骚、楼适夷等都曾来此作客。

刘氏民居总建筑布局以中轴（主轴线）为主，西侧、东侧以不对称方式分布在主轴线东西两侧，中轴线并附带花厅。形成主次分明的轴线布置建筑群，在每条轴线上布置着一系列的重要建筑和院落。以下重点介绍正落部分：

从光禄坊刘氏民居沿街立面中央进去，先进入门头房，再折向西侧进入入户天井，最后进入正落第一进，本座院落整体梁架结构属于清代抬梁式屋架和穿斗式屋架。

门头房建筑：坐北朝南，面阔一间4.28米，进深三柱，通进深5.5米，为清代抬梁式屋架。其建筑轴线与主轴线相错，西侧开设门洞，通向入户天井。建筑梁架浅浮雕精美，保留较好。

正座建筑：坐北朝南，面阔三间，通面阔14.34米，进深七柱，通进深15.36米，为清代穿斗式梁架结构。明间"凸"字厅屏门将明间分为前厅和后厅，双坡水屋面。明间挑檐桁下施丁头栱承托挑檐檩，两侧不设置雀替。次间挑檐桁两侧则设置精美大雀替。明次间前轩梁架各个构件上采用浮雕雕刻出各种精美图案，童柱下设置浮雕花托，且明间厅屏背面有后轩梁架，其余则采用穿斗式构架结构榫卯插接而成。厅门上一斗三升弯枋雕工细腻，各艺术构件保存完好。整个主体建筑为清结构，明国装修，槛窗均为楠木板材。

回廊：正座前天井三面环廊，前廊东西各有一个门洞通往西侧落和边花厅。前廊为三开间，一进深的硬山单坡顶，通面阔12.46米，通进深5.3米。为了支撑南廊的额枋（扛梁），其下中部树立两根方柱，使用"一柱两瓜三檩"梁架。东西廊对称，均为一开间，一进深的硬山单坡顶，扛梁结构。

后披榭：东披榭保存基本完好，面阔1.9米，通进深2.7米。采用穿斗式构架结构榫卯插接而成。

从光禄坊刘家大院正落一进穿过后隔墙就进入到二进，本座院落整体梁架结构属于清代穿斗式屋架。

正座建筑：坐北朝南，面阔三间，通面阔14.64米，进深七柱，通进深13.66米，为清代穿斗式梁架结构。明间"凸"字厅屏门将明间分为前厅和后厅，双坡水屋面。前后挑檐桁下施丁头栱承托挑檐檩，两侧设置精美大雀替。明次间前轩梁架各个构件上采用浮雕雕刻出各种精美图案，童柱下设置浮雕花托，且明间厅屏背面有后轩梁架，其余则采用穿斗式构架结构榫卯插接而成。厅门上一斗三升弯枋雕工细腻，各艺术构件保存完好。整个主体建筑为清结构，明国装修，槛窗均为楠木板材。

回廊：正座前天井三面环廊，左右为东西廊屋，回廊东西各有一个门洞通往西侧落和边花厅。前廊为三开间，一进深的硬山单坡顶，通面阔12.45米，通进深5.62米。为了支撑南廊的额枋（扛梁），其下中部树立两根方柱，使用"一柱两瓜三檩"梁架。东西廊对称，均为一开间，一进深的硬山单坡顶，扛梁结构。

图2-1-108　刘氏民居现状

后披榭：东披榭保存基本完好，面阔2.42米，通进深2.77米。采用穿斗式构架结构榫卯插接而成。

正落三进坐北朝南，面阔三间，通面阔14.63米，进深六柱，通进深12.93米，为民国三角梁结构。明间"一"字厅屏门将明间分为前厅和后厅，双坡屋面。整体建筑构架虽为明国结构，但还局部保留有较早时期的穿斗缝架以及灰板壁。内部装修包括吊顶、双面灰板壁、窗扇、扶手楼梯栏杆均为民国风格。一层东西次间均有木隔断分割为前后厢房，二层楼层空间被双面木板壁分割为四个独立房间。

刘氏民居建筑年代深远，建筑结构多样，装饰华丽，匠艺奇巧并缀以亭台楼阁花草假山，融人文自然景观于一体，具有较高的文物价值。2013年刘氏民居被国家文物局增补公布为全国重点文物保护单位（图2-1-108~图2-1-112）。

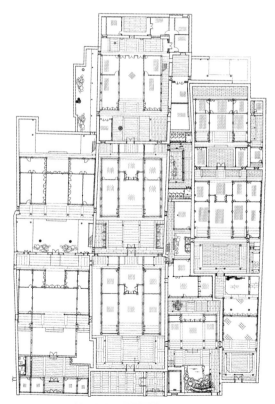

图2-1-109　刘氏民居一层平面图

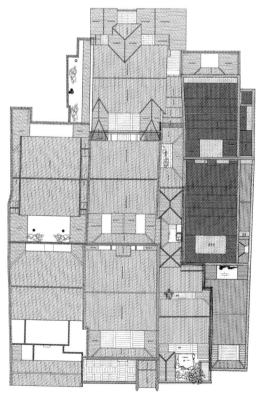

图2-1-110　刘氏民居屋顶平面图

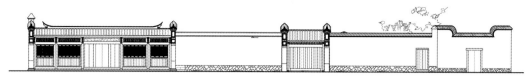

图2-1-111 刘氏民居立面图

图2-1-112 刘氏民居剖面图

16. 萨氏民居

萨氏民居位于福建省福州市鼓楼区朱紫坊22号。萨氏民居又称萨家大院、萨镇冰故居、萨本栋故居、萨师俊故居，是福州著名的一处名人故居。该处院落始建于明代，由入闽萨氏第一支长房十六世萨兰芬（字多荣，号子安）于清同治十一年（1872年）购置并改建。现存建筑主要为清晚期、民国建筑。

雁门萨氏是福州的一支名门望族。从萨氏民居中走出了萨镇冰、萨本栋、萨师俊等一大批著名人物，在中国近现代史上有重要影响。该萨氏民居并非萨氏祖居，而是入闽萨氏第一支长房十六世萨兰芬（字多荣，号子安）于清同治十一年（1872年）购置并改建，长期由萨族人居住。

萨氏民居规模宏大，院落层次丰富，精心布局，具有多样的空间类型，花厅园林假山更是福州民居中罕见。各院落设计考究，用材上等，装饰豪华，形式种类繁多，有木雕、石雕、灰塑等，做工均十分精细，并寓意深远。萨氏民居堪称福州民居中的代表作，具有极高的审美价值，整体艺术价值极高。

萨氏民居院落纵深极大，整体坐南朝北，主要分为主院和跨院。主院由前至后由门头房、五进主要院落、后侧厨房构成，跨院为两进花厅。

主院落有五进，前有门头房，后有辅助用房，跨院称为花厅，前后共有两进。院落布局为典型的豪门大院，具有较高的代表性。萨氏民居空间布局井然有序，代表了福州传统民居形式，其空间秩序具有较高的研究价值。同时各院落建筑构造考究，形制清晰，对于研究福州民居营造技术具有极高的价值。

主院门头房为面阔三间，进深三柱，双坡硬山格局，明间4.8米，东西次间面阔3.3米，明间为穿斗式木结构，中部立后充柱（后金柱）并设有"一"字双开屏门。次间无木构架，其檩木插入两侧山墙。明间后檐柱外设有矮隔墙并配有门洞通向两侧小天井，后檐上部设有一双坡过雨廊，穿过过雨廊为一进院落。

一进院落由前回廊和主座组成，回廊为单坡屋面形制，北段廊进深1.31米，面阔8.97米，东西段廊进深1.4米，面阔4.9米，西侧廊中部设有　方门洞通向花厅。穿过前天井，为三开间七柱进深双坡硬山的主座，主座通面阔11.9米，通进深13.3米。明次间在前檐柱至前小充柱上设轩廊，轩廊为条石地面，轩廊两端设有门洞通向花厅及跨院。明间在后大充柱及后小充柱上设有"凸"字双开屏门，分为前后厅，为木地面。次间在前小充柱及后檐柱设带门槛窗，在后大充柱设有六扇门隔断，分为前后厢房，为木地面，两侧次间均设有溪水楼。明间后檐柱外设有矮隔景墙并配有门洞通向两侧小天井，后檐上部设有一双坡覆龟亭（遮雨亭）。穿过过雨廊为二进院落。

二进院落由前廊和主座组成，前廊为单坡屋面形制，面阔3.55米，进深2.02米，西侧廊中部设有一方门洞通向花厅。穿过前天井，为三开间七柱进深双坡硬山主座，主座通面阔12.46米，通进深12.65米。明次间在前檐柱至前小充柱上设轩廊，轩廊为石地面，其中明间为跪拜石材铺设，次间为条石铺设。明间在后大充柱及后小充柱上设有"凸"字双开屏门，分为前后厅，为木地面。次间在前檐柱及后檐柱设带门槛窗，在后大充柱设有四扇门隔断，分为前后厢房，为木地面，两侧次间均设有溪水楼。穿过二进主座为三进院落。

三进院落由前披榭和主座组成，披榭为单坡屋面形制，面阔3.8米，进深2.22米，穿过前天井，为三开间六柱进深，双坡硬山主座，主座通面阔12.42米，通进深12.11米。明次间在前檐柱至前小充柱上设轩廊，轩廊为石地面，明次间均为跪拜石材铺设。明间在后大充柱设"一"字屏门，中部屏门后部设有牌位木龛，屏门内外分为前后厅，为木地面。次间在前檐柱及前充柱设带门隔断，在后充柱设有四扇门隔断，分为前后厢房，为木地面，两侧次间均设有溪水楼。穿过三进为四进及马桶间。

四进原作为萨家私塾和书房，朝向坐西朝东，主体建筑位于西侧，为三开间三柱两层阁楼，通面阔11.48米，通进深4.04米，穿斗架双层双坡顶，两部楼梯位于后部与墙体的夹弄中。阁楼前有照墙、天井、左右廊庑，廊庑均为穿斗架单坡顶。左侧廊庑开门通三进，右侧廊庑开门通五进厅堂。

五进朝向坐北朝南，主座面阔三间，进深三柱，通面阔11.44米，通进深4.52米，穿斗架单坡屋面，厅内有复水（假倒水）屋面，厅后部贴靠与四进间的封火墙。天井两侧有披榭

图2-1-113　萨氏民居现状

（厢房），南侧有廊庑，廊庑偏西侧开一门洞通后部厨房。后部厨房已无历史遗存，原形制无考，仅南侧开一门洞通花园弄。

　　跨院：跨院位于主座西侧，分别为前后两个花厅。前花厅于主院一进西侧廊庑开门洞进入，主要由园林和花厅主座构成。园林北侧封火墙原有灰塑彩绘等因坍塌灭失，靠封火墙有假山鱼池，鱼池南侧砌有石栏杆，东西两侧各有一座方形的木构、石构亭阁，东侧木亭上部为平顶，可由假山登临。两亭通过回廊与主座相连。主座面阔三间，进深六柱，带前轩廊，采用扛梁减柱做法。廊下有雕刻成竹节状的细木柱。内部十八扇楠木隔扇雕刻博古等图案，为整个萨家大院之精华。后部有二层阁楼，东南角设两层廊庑上下各开一门通后花厅。

　　后花厅已烧毁，仅存部分条石地面。原状为单开间两层阁楼，坐南朝北，进深约四柱，带前轩廊。南北各有小天井，北天井北侧设楼梯通二层走马廊，楼梯前设寿字照壁。2006年萨氏民居被国家文物局公布为全国重点文物保护单位（图2-1-113～图2-1-117）。

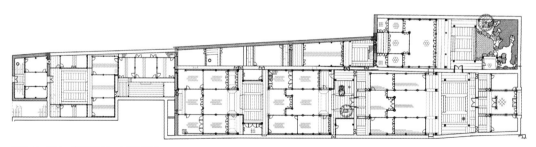

图2-1-114　萨氏民居一层平面图

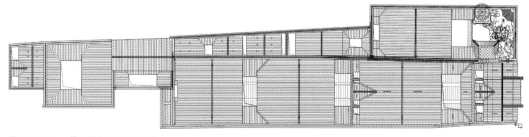

图2-1-115　萨氏民居屋顶平面图

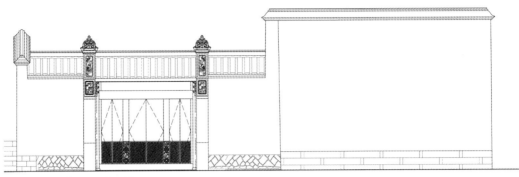

图2-1-116　萨氏民居立面图

图2-1-117　萨氏民居剖面图

17. 芙蓉园

芙蓉园位于朱紫坊，由花园弄5号、7号、19号、23号、朱紫坊36号组成，朱紫坊花园弄5至7号，又称武陵别墅、武陵园，是福州市区著名的古园林之一。花园弄19号、23号，朱紫坊36号部分，除中落第一进坐南朝北，其余4座主体建筑为坐北朝南，占地约2545平方米。

芙蓉园始建于宋代，原为宋朝参知政事陈辩的"芙蓉别馆"；明正德间丁戊山人傅汝舟曾移居于此，东座为明首辅叶向高别业；清光绪年间，著名藏书家龚易图宦归，耗巨资将三座并联一起。芙蓉园占地面积两千多平方米，坐北朝南，穿斗式木构架，硬山顶，鞍式山墙，富有福州民居特色。园林设计巧妙，布局优美。其天然景物虽不多，而亭榭结构殊为别致；其范围虽不甚广，而池塘花木颇尽幽雅。尤以假山奇石之多、饰置之精，实属罕见，真是"堆金叠玉，玲珑可爱"。有垒为岩洞，有架为桥梁，有砌成楼台，还有形似飞禽走兽，也有他处移来的古迹，如刻有"圭卣""石城""半亩"等石构件。园前额"武陵别墅"，穿石桥三数转，西有屋为"白云精舍"。栏杆前有池一方，外环假山石，上有"岁寒冰"，池水由桥下转向东流，为"小泊台""岁霞仙馆"。穿径直入，则窗明几净，小阁数椽，为"仙人旧馆"。馆前重峦叠嶂，山石点缀，苍松古柏，幽荫异常。旁有弓亭，可坐品茗，饶有趣味。西侧隔宅为"芙蓉别岛"，以有芙蓉而得名。中有太湖石十余方，大盈月桌面，长可丈余。有阁曰："北窗""岁寒轩""亦陶舫"；镌曰："浮邱伯""栩仙""玉版禅师""洪崖先生""方壶居士""人镜芙蓉""笔头峰""木仙"等，传为曹学全旧物。东为小花园，亦具池亭之胜。其后虽数易其主，抗日战争前亭台楼阁仍完好如初。直至20世纪50年代，因内尚有两座假山，三口鱼池，花亭雪洞，楼台水榭，曲桥回廊，结构精辟。尤以后一座假山布置出色，池上一峰直立，镌有"芙蓉别岛"四字，笔势挺拔。山上还有"文笔临空""鹭臂吟风""霞洞""桂枝""玉笋""松下"等石刻；另有"达摩面壁"、龟、蛇等假山造型。20世纪70年代园中假山奇石多已拆运到西湖公园等处，现仅存部分假山、两口鱼池和亭台楼阁等园景遗迹。

芙蓉园两落主体建筑木构架为清代穿斗式结构，局部是民国三角屋架结构体系，由封火山墙围合而成的院落式布局。入口的门为八字石门框，带有门罩，各院落东西基本对称。东落包括南端的首进院落门头房、二进民国建筑及三进，中落包括四面厅及后花园。不管从主体建筑形制、造型，还是从天井布局，都各具特色，丰富多彩，充满了节奏感的变化，仿佛在演义一篇华美的乐章。其艺术构件雕刻精美，实为"朱紫坊"古建筑群中的上乘精品，具有较高的文物价值。

东落第一进：花园弄19号入口的门为八字石门框，门头房，坐北朝南，始建于清代，用材轻巧，后代屡有修葺，面阔四间，通面阔15.8米，进深一间，通进深3.935米，明间设厅屏门，平时由屏门两侧通道通过第二道门墙，进入第二进。建筑为单坡单檐硬山顶，屋架为清代穿斗式结构，板瓦合瓦屋面。从整体到细部均富有典型福州地区清代时期建筑特点。门头房东临花园弄17号、西临芙蓉园23号园林假山、南临花园弄、北临东落第二进。

东落第二进：东西两侧民国建筑对峙，中间形成了南北贯通的通道，通道宽5.09米，密铺条板石。民国门窗保留尤其精美、隔墙为双面灰板壁，东西两侧民国建筑面阔三间，通面阔12.4米，东侧进深一间，呈梯形布局南侧大边进深4.4米、北侧小边进深3.695米，西侧进深一间，通进深5.55米。檐口处有设吊顶，屋面为民国时期四坡顶。从整体到细部均富有典型福州地区民国时期建筑特点。第二进东临花园弄17号、西临中落前花园、南临第一进、北临东落第三进。

东落第三进：前天井东西两侧为单坡过廊，过廊南侧两边各有一门洞通往二进民国建筑，过廊东西对称，均为一开间，通面阔4.735米，通进深1.78米。南为门墙，中间门洞通往二进民国建筑，门洞宽1.76米、高2.755米。东西两侧山墙墙帽处塑有卷书灰塑，工艺精美。

正座始建于清代，后期屡有修葺。坐北朝南，面阔为明三暗五隔局、面阔共五间，通面阔18.685米，进深四间，通进深10.805米。建筑为双坡单檐硬山顶，板瓦合瓦屋面，明、次、稍间均为穿斗式屋架，五柱十三檩，前后檐各挑一檩。其做法为民居小式做法，檐下有斗栱雀替。东西次间稍间的槛窗均为民国门窗，线角工艺精美大方，应该为民国时期加装的槛窗。明间插栱及距花样式明显为清代装饰构件与民国时期的槛窗，二者处理得当，协调统一。从整体到细部均富有典型福州地区清代时期建筑特点。第三进东临近代砖混二层楼、西临中落前花园、南临东落第二进、北临法院近代建筑三层楼。

前花园：前花园位于花园弄23号，属园林式建筑，占地约754平方米。建筑环水而建，成为清末福州园林的一大亮点。芙蓉园内原有白云精舍、小泊台、武陵别墅、仙人旧馆、岁寒亭、弓亭、仙爷楼、月宫等建筑，以及玉兰、薄姜木、荔枝、桑葚树等古树名木。

20世纪50年代芙蓉园成为省、市民革的办公地点，"文革"后芙蓉园园林遭受了两次致命的冲击。第一次是1969年，五一广场扩建，体育场周边的居民迁入芙蓉园，藏书楼、白云精舍、小泊台、仙爷楼、岁寒亭、假山洞或被毁或改建。第二次是70年代后期，为了修复西湖公园，芙蓉园的假山被撬起运往西湖，"达摩面壁"石无法从大门搬出，有人在假山之南拆除临街围墙，破墙抬出巨石，结果这块全园最精美的太湖石至今下落不明。

中落四面厅：东西侧为单坡过廊，南临门23号前花园，隔墙中有三面漏窗，工艺精美。西廊南侧，有一门洞通往23号前花园，过廊为东西对称，均为一开间，通面阔4.355米，东侧因墙体为斜墙原因进深呈梯形，大头进深2.26米，小头进深2.14米。东西过廊中间为天井，天井现存有二级保护古树，树大根深，枝繁叶茂。

正座始建于清代，后期屡有修葺，坐北朝南，面阔五间、通面阔11.04米，进深六间、通进深9.875米。建筑为四坡单檐歇山顶，板瓦合瓦屋面，明、次间均为穿斗式屋架，梢间为环廊。明、次间六柱十五檩，整座外檐各挑一檩，其做法为民居小式做法，檐下有斗栱雀替。东西次间梢前后檐槛窗户为民国槛窗，线角工艺精美大方，明间插栱、一斗三升、插屏、横披及距花样式明显为清代装饰构件，与民国时期的槛窗二者处理得当，协调统一。正座北侧为借景墙，墙中开直径2.78米的圆窗。中落四面厅东临东落第三进、西临芙蓉园23号二进、南临芙蓉园23号一进假山园林、北临中落后花园。

中落后花园：该进建筑为本建筑中的经典之作，西南角有一个精美的依墙而建的三层仙爷楼，仙爷楼开间进深均为3.11米，二重檐歇山顶板瓦合瓦屋面，均为清式结构。仙爷楼整体给人感觉轻盈，登上仙爷楼三层除了可以观赏整个假山的千岩竞秀，还可以观赏到本院落所有的屋面，屋面层层叠叠，可真是古香古色、美不胜收。东侧园林假山仍保存原有假山基座及雪洞的遗存。

披屋北侧有民国时期加建的三角屋架单坡房屋，面阔三间、通面阔8.03米，进深一间、通进深4.09米。前檐采用8米多的通长扛梁来承重，是民国时期典型的木结构承重形式，梁下明间设有隔扇，次间设槛窗，槛窗下部是石栏杆形式，大气优美。

民国房屋北侧种二级保护古树，树大根深，枝繁叶茂。本院落整个东侧设有假山，假山南侧种有一棵苍天大榕树，与西北角的古树相互呼应。

建筑及假山的中间是水池，水池深2米，水深1.2米，水池中间设有石桥，有小园林中小桥流水的意境。假山、水池、古树、亭子相结合形成了一幅精美的画卷。

图2-1-118 芙蓉园现状

后花园东临砖混三层楼，西临芙蓉园一期二进，南临中落四面厅，北临芙蓉园二期二进。

后花园整体的园林假山、小桥流水、登阁观景，可以说是福州传统古民居小园林体系中的活化石。

中落第一进：该建筑北面是朱紫坊临河的花园弄，其平面坐南朝北，东西宽13.9米，南北长24.63米。形制对称的单进式院落，其具体建筑依次为：沿河门墙、前天井、主座、后天井。2006年芙蓉园被国家文物局公布为全国重点文物保护单位（图2-1-118~图2-1-122）。

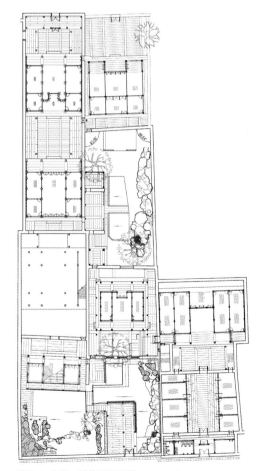

图2-1-119 芙蓉园平面图

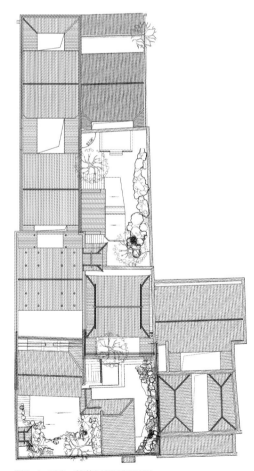

图2-1-120 芙蓉园屋顶平面图

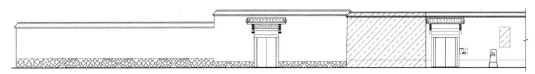

图2-1-121　芙蓉园立面图

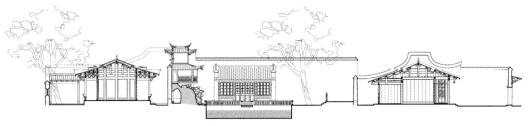

图2-1-122　芙蓉园剖面图

三、院落特征

纵观福州的古建筑，整体建筑遵循中轴线对称的传统建筑格局，但常常有所创新，建筑风格丰富多样，地域特征突出。

一是建筑风格丰富多样。主要有城区、山区、沿海等类型。城区建筑受坊巷街区格局及昂贵地价的影响，空间有限，所以工于设计，精于细节，格调高雅。被誉为"明清古建筑博物馆"的三坊七巷和朱紫坊建筑群，栉比鳞次，居住着簪缨世族和豪富乡绅，建筑规模精巧，布局讲究对称严谨，中轴贯穿，主次分明，装饰侈丽精巧，文化内涵浓郁。

二是独特鲜明的装饰。福州建筑最突出的外部特征是马鞍型的封火山墙，高低错落，如碧涛起伏，万马奔腾。雕饰则以木雕、石雕和灰塑著名。如长乐鹤上九头马民居以处处精雕细琢而闻名，无论木雕、石雕还是灰塑，一千多幅构图无一重复，件件精品，具有很高的文物和观赏价值。福州的大漆和贴金工艺名扬天下，多施于宗教建筑。如台江古田会馆（天后宫）瑰丽柔和的大漆，金碧耀眼的贴金，气派堂皇。

三是环保的建筑用材。木材中特别青睐杉木，民居建筑绝大多数不施油漆。地面使用花岗石铺设或素土、三合土夯筑，在漫长炎热的夏季中透露出丝丝凉意。农村多就地取土夯筑成墙，或砌土坯墙；城内则用瓦砾土加上黏土、壳灰丁、贝壳等夯筑墙作为围护结构。福清民居的墙体常用"金包银"处理，即在生土瓦砾夯筑的墙体外，再用三合土抹打成外墙皮。这些墙体坚固、承重、耐久、吸潮，冬暖夏凉，深得人们的喜爱。

福州的院落与地形、街巷、院落之间的相关性，最终表现为院落本体空间界面与三者的相关性。院落的地形环境、台阶、天井、室内地面等构成了院落的平面，其形式依院落与地形空间、院落与街巷、室内外空间、室内与室内空间等组成的空间路径与空间功能。

入口空间作为联系院落与街巷的关键要素，不仅是"物化"的空间形态，也是居民"精神化"的具体形式。福州街巷地面多为方形条石铺装，起到引导的作用。而院落地面的铺装则依空间与功能、实用性等而不同，天井、廊沿、台阶等主要以条石铺砌为主，而厅堂空间以三合土配饰不同纹样或木地板、斗底砖，重要交接部位用条石；廊沿以条石封边；其他房间地面大多以木地板或三合土铺作。

院宅由院墙、封火墙、内隔墙、门窗、装饰以及院宅周边环境构成，院宅立面形式与地形、街巷等密切相关，内隔墙等则作为划分空间使用。墙体形式依功能以及所处的位置进行划分可划分为外墙体、内隔墙。外墙体又可分为院墙、封火墙、木板墙，其中封火墙也为院墙的一部分，只是其封火墙功能性要求较高，比一般院墙高，且形式多样，如万顷波涛，其材质一般墙基为方整石或乱毛石铺砌，墙身为夯土抹灰，色彩主要以白色为主，内隔墙以芦苇秆或竹编泥夹墙为主，配以木裙板，形成木板框夹白墙，透气、防潮、耐用，色彩多为白色配木色，淡雅清新。

在装饰上主要采用了以木雕为主、辅以石雕，并在局部辅以灰塑、彩画的手法。门窗样式则多样化，厅堂两侧的规格较高，其花格窗花样精美。窗的形式可分为外窗与内窗，外窗形式为窗花（"万"字或冰裂纹样），槛窗形式规格高，木雕细致，装饰性强。

福州老城区传统民居建筑屋面因老城区建筑毗邻，为防火灾蔓延，多以硬山形式为主，郊外多以悬山顶加披檐形式为主，随着各部宽窄的变化，屋顶的高度、屋脊的位置、举架的大小、天沟的走向等也都各不相同。同时，民居屋顶曲线也有变化，檐口曲线从房屋中点开始向外、向上起翘，曲率平缓柔和而富有韵律；屋脊两端为灰塑鹊尾，配以正脊脊堵的彩绘。

1. 院落平面布局模式

福州老城区民居属于中国传统院落式住宅中的天井院落类型，其组合主要靠基本单元，"三间两厢"型的三合天井院是福州老城区传统民居建筑院落单元的"原型"。是福州老城区内形式众多，具有明显相似性的建筑院落单元的原始类型。而这个"原型"在不同环境、不同的人和不同功能的具体条件的制约下，产生了各式各样的变体，使福州老城区传统民居建筑的院落单元呈现出丰富多彩的局面。一个个天井院落按一定的规律围合而成，通过这样一个个院落组合成建筑群，再组合成街坊形成城市。

其平面布局模式按照厅堂的构成要素，院落选址因地制宜，主座追求对称，分横纵向发展。横向：纵向发展受限，采取短进深、宽面阔的布局方式，其面阔以五开间为主，小型民居面阔三开间，有些大型院宅的面阔达到七开间的布局形式。纵向：横向发展受限，采取面阔窄、进深长的布局方式，进数最多达六进。在中轴线上一般安排有门厅、天井、主座厅堂。厅堂两侧的次间对称，但稍间或尽间则依据地形的不同进行扩展，或对称，或不完全对称；两旁的附属建筑则完全根据地形、功能的要求，灵活布置，有的在主屋两侧建附厝，有的只在主座一侧建附厝，有的在主屋的前侧或后侧建附厝、书斋、花厅等附属建筑，使得民居建筑在布局方面极具灵活性。

若以厅空间来分，可分为"曰""凹""口"三类；按照开间分，可分为三开间、五开间、七开间。变化主要表现在院落的平面形状、建筑的面阔间数、空间面积大小、院落及其建筑的开门位置、院落中建筑的具体形式等方面。虽然没有明确的控制规则，但是在民居建筑的营造过程中，显然存在着一些固定的平面构成模式，无形地引导着各种变体的发展。

2. 院落单元组合的基本模式

模式1单院型：即只有一个院落构成的建筑，这种组织模式多见于小型民居。

模式2串联型：即多个院落沿纵深轴线方向串联布置，每个院落称为一"进"，这种模式多见于中小型民居建筑。

模式3串并列型：即两组以上的串联院落并列布置，中间隔以狭长的巷道"火巷"，每一组串联院落称为一"路"或"落"，主轴线与次轴线上的院落相对独立，在横向上没有明显的轴线或位置的对应关系，因此称为"串并列"。

模式4串并联型：即两路以上的院落沿横轴线的方向并联组织，每路院落在纵、横两个方向上都存在轴线关系或对位关系，平面布局规整，多路之间往往有主、次之分，一般正落为轴，两侧边落为辅轴。

在这四种基本模式中，前三种在福州城区传统民居建筑平面布局中较为多见，后一种较少，即便出现单进院落横向并联也属于个别现象。以串联作为院落单元组合方式的原型与中国传统建筑总体布局对于纵深空间组织是相一致的。

3. 空间形态的功能构成

（1）"厅井"空间

这种以小天井为中心的空间，不同于北方用正房、厢房和倒座围城的院落。"厅井"作为全宅的核心，它既是交通的枢纽，又是全宅公共活动的中心。大厅是这个空间的主体，大厅与后厅之间可以打开活动屏门，遇有达官显要来访，可以不用下轿直接入内。喜丧事之时，棺木亦可径直出入，平时则关闭作为供桌的后靠墙，张挂神符画像、供奉祖先神主牌。大厅左右两边放太师椅。这里是婚丧喜庆和祭祀先祖的必备场所。在中小型住宅中，它又作为亲友集聚和日常生活起居的厅堂，还兼作饭厅、晾晒场所，因此，不仅要求它有足够的面积，而且还要使用方便，可见其功能多样。

（2）中心天井

不仅具有采光、通风的作用，更为重要的是，它使整个居住空间活泼而富有情趣。

（3）正房

为单个院落的主房，为整个一进院落轴线的最后一座主体建筑。其平面一般为传统的"一明两暗"布局，其两次间往往设有厢房，中间的民间供家庭成员聚集、会客、起居及庆典之用，两边次间是主人及长辈的住房。

（4）厢房

作为厅堂的辅助空间，也是构成院落不可缺少的元素，没有一定的形制与等级规格，其面阔、进深则以厅堂空间为基准。

（5）披榭

院落天井左右两侧往往设置带檐廊的披榭，其功能较为灵活，可做卧室、书房供晚辈居住，亦可作为厨房、储藏等之用，披榭有时也可作成空廊，设置边门作为院落内外联系的通道。

（6）门厅

一般为院落中临街的建筑，是建筑对外的主要入口。福州老城区居民建筑入口大部分位于轴线正中。进入大门后，正面都以插屏门遮挡。此门只有重大礼庆或贵宾出入时打开，平时绕门而入，由于建筑的引导，人们从两侧进入"厅井"空间。由于插屏门的阻隔，在入口部分形成一个局促的小空间，这个空间的过渡在建筑艺术处理中，作为多进空间序列的前奏是十分必要的。在纵横两个方向上都存在轴线关系或对位关系，平面布局规整。多路之间往往有主次之分，一般正落为主轴，两侧边路为辅轴。主次轴线上的院落在建筑和院落尺度上往往也有大小之分，突出轴线的主次之分。

（7）厅堂

在多进院落组合的传统民居建筑中，有时会在各进主座正房之前设置厅堂。将正房明间对外会客，家中举行庆典仪式等公关的功能独立出来，在厅堂中进行，其余正房则专门承担相对较为私密的家庭起居、聚会之用。厅堂也分为多种，有正厅、偏厅之分；东厅、西厅之分；前厅、后厅之分；男厅、女厅之分。以显示家庭内外、等级高低的差别。从功能上看，正厅、中厅是家族议事、婚丧嫁娶、宴客行礼以及社交活动的场所，花厅是一般性家族活动的场所，女厅是女眷活动的场所。从建筑等级上来看，正厅一般是住宅内等级最高的单体建筑，往往具有核心空间的地位，中厅次之，其他厅堂再次之。因此正厅往往规模最宏大，空间最宽敞，装修最华丽。对于大中型建筑，有时会在轴线上设置多座厅堂，各厅堂承担功能更为细化，一般来说轴线后端的厅堂等级较前端更高。

福州的院落，不仅是福州民居的集大成者，更承载着千百年来福州人对中华优秀传统文化的秉承，呈现出巍巍大观。

参商易位，斗转星移，当历史的大门被岁月之手重重合上，我们从中看到的将不再只是某个家族的荣耀，更有所有福州宗氏前赴后继的真实写照——偏安一隅的环境和面海负山的风水，激励出一代代福州人自强不息的品格和争先恐后的风气，并最终形成了闽都大地上蔚为大观的人文气象。此后，各宗族又远播寰宇，锦上添花，尤以与粤、台两省间的亲缘最为密切。

毋庸置疑，随着福州的高速发展，在不久的将来，必有更多的人们来此定居。不同地域间的文化撞击、不同人群间的交流融合，也必将重塑百姓福州的崭新面貌。但不变的是，它们所遗留下来的筚路蓝缕的开拓精神，必将继续砥砺着人们奋勇前行……

第二节　聚族而居

家，是一条源远流长的河流，在岁月的河床中孕育出世间百态。回溯光阴的河岸，先贤开疆辟壤，后世克绍箕裘，俨然历史长河中的灯影桨声。水草丰茂，代表家风沿袭，家道传承；船舶列布，宛如家丁兴旺，家业强盛。

数千年来，家的形态早已超出地理局限，成为人类精神归宿的一种象征。儒家把家作为"修身齐家"的基础，修身的目的是齐家，齐家就是结婚生子，承担父母子女的角色，进行实际的仁义礼智信的生活。其次才是"治国平天下"，但这一步仅仅是极少数人的事情。所以，儒家的"修齐治平"还是以"家"为本，家已成为儒家最主要的归宿，家中把文化、思想、祭祀、礼仪、教育、政治以及经济都最实际地沿袭下去。

传统聚落历史悠久，具有多元融合和本土特色，是中华人类聚居文化的重要构成；其中土木结构的传统民居是其典型代表，它们在主要结构类型与大木作工艺方面具有共通性，在结构形式与技术上无质的区别。

一、典型案例空间分析

1. 宏琳厝

宏琳厝位于今福建省闽清县坂东镇。始建于清乾隆六十年（1795年），宏琳厝是目前福州地区五区八县中规模最大、保存较好的民居建筑之一。布局完整、严谨，雕刻等装饰技艺精美，各种功能用房一应具备，具有较高的历史、艺术、科学价值。宏琳厝地处北纬26°05′44.25″，东经118°46′09.23″，海拔86米，坐西南朝东北。南有连绵起伏的柯洋峰，北有演溪蜿蜒而过。占地面积约17800平方米，为典型的四堂四横的堂横屋形式，中轴线上由三个院落加后楼组成，各进院落之间隔以横街与封火墙。一进院落三合院。二、三进院落为相对独立的四合院，正座八扇七间，采用"明三暗七"的做法。二进院落主座前轩廊用半高的福扇围出半开放空间用于收租；天井两侧的子院为客院。三进院落天井宽敞，厅堂面阔特别大，采用四梁扛井构架。中轴建筑两侧各做内外两条二层的横厝，与主座之间隔以高大的封火墙、狭长的天井、水圳与侧廊。宏琳厝之细节处理也让人惊叹。院落之间、横厝之间广设封火墙、横街、墙弄与长廊、覆龟亭、过水廊、天井，既可挡雨遮阳、对流通风，又有利于防火。每进横街两侧设下马间，停放马匹与轿子，利于出行。所有卧室都用木地板架空，地袱处开猫退，可以防潮，又可以让猫进入捕鼠、防蛇虫等。为防止匪患，宏琳厝四周建起高高的封火墙，并建造高耸的碉楼，设置梯形窗、枪眼。宏琳厝立面虎头门墀头翘首向天，碉楼、凤字形马鞍墙纵横交错，高低错落，富有节奏感与韵律感。无论是主座、子院还是横厝，都广施假回水和前廊轩，木雕题材多样，技艺精湛。山水头、挡水墙等彩绘、灰塑清新淡雅，艺术水平很高。

闽清宏琳厝有明确的建造纪年，其建筑结构与造型是福州乡间民居建筑的典型，具有一定的研究意义和历史价值。

"宏琳厝"又称新壶里，位于坂东平原南部的演溪之畔。宏琳厝由始祖药材商人黄作宾于清乾隆六十年（1795年）始建，至其子宏琳1823年时方全部落成，前后历时28年，是座一次性设计、一气呵成、整体结构精巧的民居建筑。宏琳厝的首个特点是"大"，占地面积达到14670平方米，共有大小厅堂35间、住房666间、花圃25、天井30个、水井4口。大量的建筑通过一定的秩序组织起来，形成功能与秩序的统一。

在清咸丰年间，宏琳厝的后裔黄联珪官至正五品，皇帝特下旨旌表其父母，以示清廷对于人才的重视。这也体现了当年清朝笼络汉族文人士大夫的汉化政策。宏琳厝第三进屏门之上就悬挂当年的圣旨卷书匾额。

当年郭沫若在留学日本时，有一位学友黄开绳是宏琳厝的第六代后裔。留学期间，两人过从甚密，郭沫若因此于1940年书写横幅"庄敬日强"赠给黄开绳，祝愿他前程美好。黄开绳也不负祝愿，成为一名教授以及一代化学家。"庄敬日强"这四个字也由黄家后人制成匾额，高悬于二进门厅的屏门之上。

1939年，项南曾率战工队在闽清进行抗日救亡宣传活动，经地下党介绍，他与先进青年黄开修（宏琳厝第六代后裔）取得联系，并一起在这个山区推动抗日工作。宏琳厝的南侧横厝也一度成为项南办公的地方，在这里他们还创办了当时的一份宣传刊物——《抗日救亡旬刊》（后改为周刊）。至今厝内还保留着当年印刷用的油印机、夜读的煤油灯、战工队员们的行军袋。而这里也因此成为福州市青少年德育基地。1995年，项南重回当年战斗过的地方，并为古厝欣然题名"宏琳厝"。现该匾额悬挂于宏琳厝正大门。

宏琳厝的选址和朝向是古代风水术的具体体现。宏琳厝为迎合风水术的要求，放弃了东南季风气候的调节功能。宏琳厝的朝向与常见的坐北朝南不同，其朝向是坐西南朝东北。梅溪上游的演溪在这里打了个深湾，民间地理上视为"玉带"，古时被认为是一处风水宝地。

宏琳厝为符合风水术中的"玉带环腰""前有案山、后有靠山"的要求，就建在河湾内的玉带环抱里，形似玉带环腰。隔河而望，从近到远是由低到高的五重平行山脊，被称为"五重案"，"门迎五重案，前有玉带环"，背靠柯洋仙峰。

宏琳厝的建筑空间布局充分体现了中国传统礼教秩序的观念。三进院落分别分配给小字辈、中坚阶层、颐养天年的老人居住，体现了长幼有序的思想。小字辈的居住院落另辟出独立的教育空间，不受外部事务的影响。而中坚阶层是黄家的当家人，许多重要的家族事务都在此进行。在功能布局上充分体现了家族事务的特点，如厅堂广阔，是家族红白喜事的场所，而讲屏厅双层屏门间用作存放祭祀用品，次间游廊处作为收租记账的场所，前天井两侧子院为主人招待访客的空间，管家就居住在二进内横厝，方便传唤，等等。家族中的长者居住在三进院落，处于整组建筑群内部，环境幽静，天井敞亮，光照充裕，适合老人的活动与静养。三进厅堂亦作为祖祠，是家族的祭祖场所。内外横厝拱卫着轴线上的三重院落，内横厝作为女仆的居住场所，外横厝作为男仆的居住场所，内外横厝的用材，装饰都明显低于轴线上的建筑，只有处在内横厝前后端的提供给级别较高的管家的住房才有独立的院落和一些雕刻装饰，体现了尊卑有别的封建秩序。第四进横列一排双层建筑主要用作厨房及储物空间，在整组建筑中的地位也不高。

宏琳厝充分考虑到小农经济的功能需求。各大天井方便晾晒谷物。各进主厝及横厝底层以居住为主，而二层均作为收储农作物及农具的场所。各建筑的二层空间布局及功能性设备均符合储藏的需求，如横厝二层设城槛，走廊设支摘式格栅用以通风。横厝部分左右各设两道水圳，用以防洪、防火及提供平时洗涤。在跨越水圳的走廊位置设窨井，用以沉淀泥沙并储水，以备防火之需。历经200多年，厝内四通八达的排水系统依旧运作良好。在二进主厝的次间廊位置设半高的围挡，以便在主人监督之下收租记账。

宏琳厝具备完整的防御功能。多层次，立体式的防御体系，使得外敌难以对宏琳厝造成实质性的伤害。宏琳厝的东南和西北角各有一个兔耳，且突出于外墙。单个兔耳可以观察及防御两个方向的来袭敌人，两个兔耳建筑就可以控制住四个方向的来敌。外横厝的男仆住宅是防御的主体，外横厝外墙为厚重的夯土墙，对外窗户均做漏斗窗，可以多角度地射击，且不容易被外敌攻击。外横厝的城槛也具备防御性攻击的功能。在横街上，设有攻击眼，可以绊住进入横街的敌人，内外双层错位的攻击眼设计，也限制了外敌向内射击。下马间设佛郎机炮位，可以有效地攻击敌人。

宏琳厝中轴线对称，两侧横厝布局基本相同，但在局部空间、装饰细节等方面存在着不少的差别。如横厝之间的过廊、挑檐斗栱、漏窗等。造成这些差别的原因应该是传统的对场式营造过程。即同时引入两个施工队伍，在东家限定的范围内，由施工团队自由发挥，相互竞争，取得最佳的营造效益。宏琳厝是对场式营造过程的实物见证。

宏琳厝的艺术价值表现在其精湛的装饰技艺。土木结构的建筑，从外观上看翼檐卷仰，雕梁画栋，工艺精湛。既有宏伟的气势，也有精镂细刻、耐人寻味的细节。

灰塑：灰塑主要存在夯土墙的墙头，各马头墙墀头均有不同的灰塑；一进环廊、横厝及子院小院落墙头均做壶边灰塑；在书院墙体、横厝小院落墙体上还设有灰塑对联及吉祥图案，如蕉叶、寿桃、佛手等；在一进后天井两侧隔墙、二进子院隔墙、二进横厝过廊下隔墙等均设有灰塑漏窗；在各截水墙也设灰塑图案。这些灰塑图案层次分明，内容丰富，有几何图案、人物形象、吉祥事物等。

木雕：木雕主要存在各木构件之上，如门窗、斗栱、雀替等。主要的装饰重点在中轴线的主厝厅堂之上，以及内横厝的前后两端厅堂。图案有花草、人物故事、吉祥神兽、几何纹；雕刻技法有多层浮雕、多层透雕、浅浮雕、圆雕等。其中，最精彩的要数二进次间、稍间的隔扇门，格心连续图案的棂条极为精细。还有二进右外横厝后部的美人靠，雕刻苍龙玉璧、琴棋书画、螭龙凤凰等各种吉祥图案。三进左内横厝的小姐阁楼是整座建筑群中木雕装饰最为集中，最为精湛的地方。

闽清宏琳厝作为目前发现的最大的聚族而居的民居建筑之一，具有明显的地方特色，对研究地方工艺创造与发展以及聚族而居的民居建筑的共同性与差异性特征提供了可靠的实例，有着科学价值和独特的艺术价值。1997年，闽清县政府将宏琳厝公布为县级文物保护单位，2005年5月宏琳厝被福建省人民政府公布为第六批省级文物保护单位（图2-2-1~图2-2-9）。

图2-2-1 闽清宏琳厝鸟瞰图

图2-2-2　闽清宏琳厝透视图

图2-2-3　闽清宏琳厝平视图

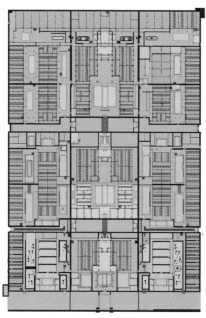

图2-2-4　闽清宏琳厝平面图

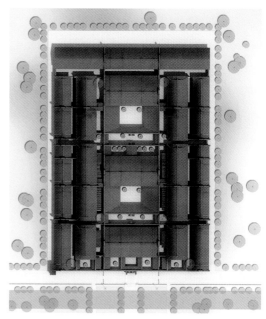

图2-2-5　闽清宏琳厝屋面俯视图

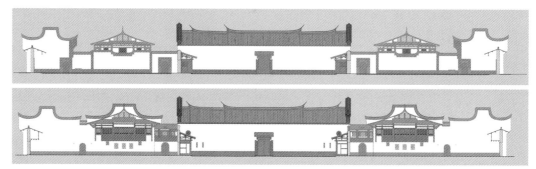

图2-2-6　闽清宏琳厝纵剖面图

图2-2-7　闽清宏琳厝横剖面图

图2-2-8　闽清宏琳厝内部

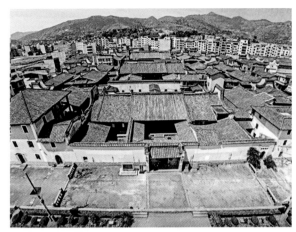

图2-2-9　闽清宏琳厝全景

2. 水西林古建筑群

水西林古建筑群位于福州市高新区南屿镇南旗村水西林街32号、33号、35号、37号、38号、196号、209号，坐靠太平山，前临锦溪，坐西朝东，临街一字排开。水西林老屋原为南宋代初林之奇、林士衡所建，经两百余年逐渐残破，逮林春泽时风雨不蔽。嘉靖二年，春泽为继母回乡守制，盖了一座六柱出廊的大盾，前为口，区曰江口，次为堂，取名碧山堂，再次为寝室，匾曰彩衣楼，并在口楼前盖了一座柴牌坊，区曰科第传芳。嘉靖十四年，春泽由南京出任贵州程番知府前回家见后楼将倾故又拆而建新。孰料嘉靖十六年古街遭回禄之灾，除余口楼、柴牌坊外，所有房屋被烧为平地，"祠部、家货、旧谱、三试录、古书、名画多毁焉"。嘉靖十七年，春泽长子林应亮奉旨省亲，春泽也从程番归，父子倡导、族人合力在原基重建新屋，十余年间，水西斧凿声不断，筑墙声不绝，起扇喝彩声不息，奠定了今天古建筑群的基本面貌。2013年水西林古建筑群被福建省人民政府公布为省文物保护单位。

水西林古建筑群由明进士林春泽宅、长子明进士林应亮宅、次子林应宪宅、长孙林如楚宅及其后裔宅、旗峰林公祠六处建筑组成，占地面积约10000平方米，是福州地区明清官宦府第建筑的典型代表。建筑二到四进不等，三至五开间不一，但都统一带八上撒山影壁的立面，很有气势，是明清福州地区官宦府第聚居建筑群的典型实例。林应亮故居是其中规模最大、最具代表性的明代建筑。坐落于太平山山街四进五开间，由东到西分布着前座、正座、后座与后楼，每座均比前座高出五至七级台阶，如果将各进屏门与插屏门打开，步步高升，很有透视感。前座六扇五间，进深五柱，四扇大门开在前金柱间；檐柱前作八字撒山影壁，影壁顶部山水头灰塑装饰，翼角飞翘。歇山屋顶飞檐翘角，檐口以四跳丁头栱承托出檐，两侧雀替形似凤凰展翅，与八字撇山影壁相辅相成，高低错落，加上门前的一对鼓状抱鼓石、两对门簪及后人仿写的"进士"匾，凸显了官宦人家的恢宏气势。主座六扇五间，进深六柱，是全宅的功能中心与礼仪中心。前厅明间缝穿斗减柱造，前出双步廊，不用卷棚轩，双步梁与单步梁扁作，用料硕大，构架简洁，梁上以斗栱托檩。檐口以四跳丁头栱承托出檐，小斗方正，斗耳与斗腰基本等高。厅堂隔架科做两朵连栱弯枋，弯枋造型舒展。圆形覆盆状柱础圆边微外翘，这些做法带有典型的明代建筑特征。后座构造做法与空间格局基本与主座类似，只是木构造全部为穿斗构架，空间较小一些。后楼被称为彩衣楼。这两进主要是内眷活动、储物或后勤等功能用房。林应亮故居前还立着一座宏伟的木构双层牌楼式的六朝大老坊，又称人瑞坊，始建于明万历七年（1579年），系林春泽百岁时奉旨建造，现为重建，尽显家族荣耀。

水西林古建筑群主要包括以下六座建筑（表2-2-1、图2-2-10）。

六座建筑介绍　　　　　　　　　　　　　　　　　　　　　　　　　　　　表2-2-1

建筑名称	主要历史沿革与建筑形制
林春泽故居	始建于明末，原为林春泽晚年初建，嘉靖十三年毁于火，后他的长子林应亮在原址上重建。清中晚期，门头房南侧及一进前披榭重建，部分廊檐石外扩。 因位于水西林街的最南端，也称为"头衙"，别号"官厅里"。 现存建筑群占地1487平方米，二进院落，面阔五间，由门头房、一进、二进人瑞堂组成，歇山顶八面墙门楼
林应亮故居	始建于明末，位于水西林街的最中段，也称为"中衙"，别号"文多厝"。 原为林春泽晚年初建，嘉靖十三年毁于火，后他的长子林应亮在原址上重建。清晚期，一进天井两侧披榭重建。 现存建筑群占地1482平方米，三间院落，由门头房、一进、二进、三进组成，面阔五间
林应宪故居	始建于明末万历年间，1942年二进废弃而后拆毁，现残存一进，面阔三进，整体为穿斗式屋架、缝架保存较好，后期局部翻修并搭建砖混建筑
林如楚故居	始建于明末，称且闲堂，因位于水西林街的最末端，也称为"尾衙"。 原始规模较大，前后三落并有护厝，现状仅存两落明、清建筑，面阔三间，占地面积580平方米。前门面墙两幅男耕女织图保留完整，富有艺术研究价值
林如楚后裔故居	始建于清初，1900年毁于火灾；"文革"期间一进前天井两侧回廊木构架被拆毁，搭建两层砖房。 两进院落，面阔三间，正面采用了八字门墙，地面高度随院落进深依次抬高，西高东低；一进保存较好，二进院落木构架均毁，仅剩两侧残墙
旗峰林公祠	旗峰林公祠又名"乡贤祠"，万历十九年奉旨而建。"文革"时期作为农村生产队仓库故保存较好。1990年后人重新翻修，该祠为旗峰房子孙祭祀先祖的一个支祠。三进院落，面阔三间，进深七柱，穿斗式木构件，格局较为完整

（1）林春泽故居

林春泽故居坐西朝东，现存建筑群占地1487平方米，西依太平山而建由门头房、一进、二进人瑞堂组成，东临锦溪。二进后，原有的小花园由于新建南屿中心小学时，驳岸向东侧侵占园林约10米，现状仅存若干零散山石，原有山体规模、形制不可考（图2-2-11）。

图2-2-10　水西林古建筑群分布图

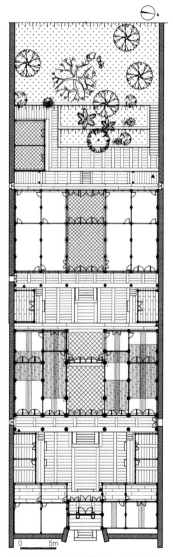

图2-2-11　林春泽故居一层平面图

　　门头房：现存门头房为明、清两代木构架结合而成。原有明代木结构，面阔五间，进深三柱，通面阔20.14米。后经过清代对次梢间的改扩建，现存面阔五间，明间及北侧次间为明代梁架特征，保存较好（北梢间已毁），南侧次、梢间为清代梁架特征，明清两代梁架各自独立，不相互搭接。南侧次、梢间进深四柱，通进深6.61米，穿斗双坡硬山屋面。明间为进深三柱，通进深3.6米，歇山屋面，后檐为双坡屋面。其中柱和后檐柱设双开大门（棋盘门）及六开屏门，大门设两门簪及青石门枕石。北侧次间为进深五柱，通进深6.61米，穿斗双坡硬山屋面，其后小充柱及后檐柱为清代外扩梁架。

　　门头房明间前为"八"字墙，与正面外墙呈102度夹角。"八"字墙体下部石勒脚，中部为清水红砖墙，白灰勾缝，上部内为青砖，外为红色抹灰层仿灰缝，墙体凸出正面外墙0.48米。"八"字墙之间设五级石踏步（现由于外地面加高，一级半被埋）两侧有垂带石。与"八"字墙南北两侧，开间末端处还设有两道墙，与外墙垂直。其与外墙均有石勒脚、清水红砖墙、白灰墙面组成。

　　一进：穿过门头房下两级台阶来至一进。一进由前披榭及主座组成。披榭面阔两间，通面阔6.74米，进深两柱，3.04米。南北两侧披榭均为清晚期改建，为单坡穿斗式。两披榭之间天井长11.48米，宽6.81米。由天井上七级台阶来至主座，主座面阔五间，通面阔19.82米，进深七柱，通进深13.2米。明间为减柱插梁造，减去中柱，次间、梢间为穿斗式梁架。明末清初，后人在明间插梁下加设柱子，修建灰板壁，在两侧次间均开挖地垄，铺设木地板，并在明、次间前小充柱设一马三箭隔扇，至此两次间由原有开敞式空间变为厢房。现存建筑格局为前檐柱与前小充柱设一通轩廊，连接两侧山墙门洞。在明间后檐柱与后小充柱设覆水屋面做轩。明间在后大充柱设一字六开屏门（棋盘门）。次间、梢间分别在后小充柱、后大充柱上设隔断。除了明间为三合土地面外，其余均为木地面。一进主座六扇缝架，明代特征明显，所有插梁、穿枋均为斗栱承托，不设童柱。各开间均在前后大充柱上设一斗三升弯枋（2朵虎头栱）隔架，其装饰构件中柁墩、替木的蝉肚、缠枝、卷草纹样都是明代建筑雕刻细密精致的典型特征。

　　二进：一进与二进之间由两侧披榭相连。披榭面阔单间，面阔4.24米，进深两柱，2.68米。南北两侧披榭均为明晚期单坡梁架，内部做覆水屋面。两披榭之间天井长12.18米，宽4.76米，分为三段，中部高，两侧低。中部上七级台阶来至主座，主座面阔五间，通面阔19.82米，进深七柱，通进深12.74米，为重檐硬山屋面。建筑一层在前檐柱与前小充柱设一通轩廊，五开间前小充柱上均设隔断或隔扇，明间在后大充柱设一字六开屏门（棋盘门），次间、梢间均在后大充柱上设隔断，后檐柱上也均设隔断或隔扇。除了明间为三合土地面外，其余均为木地面。在南梢间后部设有一爬梯上至二层，二层设置于前后两小充柱间，明间为减柱插梁造，减去中柱，次间、稍间为穿斗式梁架，且稍间屋面比次间明间低0.4米。二层在前小充柱与大充柱间设廊，前后小充柱隔间上均设窗扇，明间在后大充柱设一字六开屏门（棋盘门），次间、稍间均在后大充柱上设隔断。明末清初，后人在明间插梁下修建灰板壁及隔扇，并在次间前大充柱设隔段，至此两次间由原有开敞式空间变为厢房。

穿过二进主座后厅，后天井两侧出廊均为清晚期构件，单坡穿斗式。进深、面阔各一间，分别为3.54米和1.4米，作为当时的厨房使用。穿过后天井上七级台阶来至后花园。后花园依山而建，有三个平台分别砌有花岗石挡墙，石挡墙南侧有披屋面阔两间，进深两柱，通面阔6.68米，通进深4.13米，据回忆为清晚期单坡穿斗式梁架，现改为砖木结构，作为当时花园的配套建筑（培育花苗所用）。花园内植有林春泽从程番带回的贵州果，从北侧登山步道登顶，为一开阔地，原有假山园路，经"文革"期间及近现代破坏，现场余存三块假山，部分山石被填埋至挡土墙内。2013年被公布为福建省文物保护单位（图2-2-12～图2-2-17）。

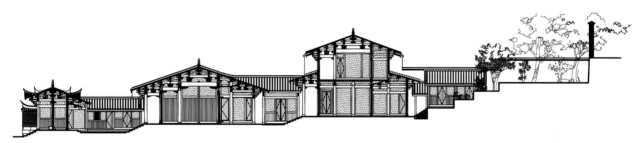

图2-2-12　林春泽故居1-1剖面图

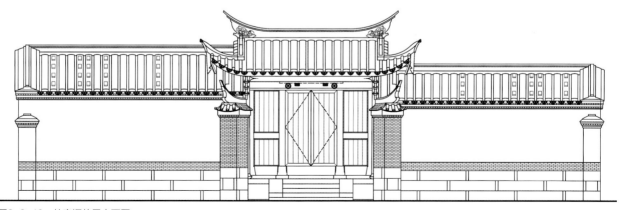

图2-2-13　林春泽故居立面图

图2-2-14 林春泽故居屋顶俯视图

图2-2-15 林春泽故居入口空间"八"字墙

图2-2-16 林春泽故居檐廊空间

图2-2-17 林春泽故居明间插梁、穿枋为斗栱承托

（2）林应亮故居

林应亮故居坐西朝东，现存建筑群占地1482平方米，西依太平山而建由门头房、一进、二进、三进组成，东临锦溪（图2-2-18）。

门头房：现存门头房明代木结构，面阔五间，进深四柱。通面阔19.3米，通进深5.35米。南北次间、稍间为穿斗双坡硬山屋面。明间为进深四柱，通进深4.56米，歇山屋面，后檐为双坡屋面。其中柱和后檐柱设双开大门（棋盘门）及六开屏门，大门设四门簪，原青石门枕石被盗，后人加装青石门枕石。

门头房明间前为"八"字墙，与正面外墙呈108度夹角。"八"字墙体下部石勒脚，中部青砖墙砌筑，外饰白色抹灰，墙体凸出正面外墙0.7米。"八"字墙之间设七级石踏步（现由于外地面加高，两级被埋）两侧有垂带石。与"八"字墙南北两侧，开间末端处还设有两道墙，与外墙垂直。其与外墙均有石勒脚、清水墙、墙帽组成。

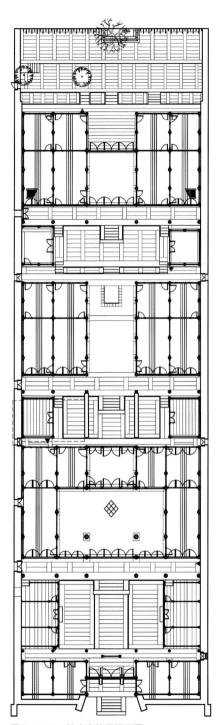

图2-2-18　林应亮故居平面图

一进：穿过门头房下一级台阶至一进。一进由前披榭、天井及主座组成。披榭面阔三间，通面阔6.66米，进深两柱，3.92米。南北两侧披榭均为清晚期改建，为单坡穿斗式。两披榭之间天井长11.24米，宽7.2米，天井中段3.6米，宽抬升0.24米。由天井上五级台阶来至主座，主座面阔五间，通面阔19.3米，进深七柱，通进深13.47米，双坡硬山屋面。明间为减柱插梁造，减去中柱，次间、稍间为穿斗式梁架。后期因居住需求，后人加设半柱，修建木隔断，在两侧次间均开挖地垄，铺设木地板，至此两次间由原有开敞式空间变为厢房。现存建筑格局为前檐柱与前小充柱设一通轩廊，连接两侧山墙门洞。在明间后檐柱与后小充柱设覆水屋面做轩。明间在后大充柱设一字六开屏门（棋盘门）。次间、稍间分别在后小充柱、后大充柱上设隔断。除了明间为三合土地面外，其余均为木地面。一进主座六扇缝架，明代特征明显，所有插梁、穿枋均为斗栱承托，不设童柱。各开间均在前后大充柱上设一斗三升弯枋（虎头栱）隔架，其装饰构件中柁墩、替木的蝉肚、缠枝、卷草纹样都是明代建筑雕刻细密精致的典型特征。

二进：一进与二进之间由两侧披榭相连。披榭面阔单间，面阔4.04米，进深两柱，3.36米。南北两侧披榭均为明晚期单坡梁架，内部做覆水屋面，南侧披榭及山墙后期倒塌，仅存一个缝架。两披榭之间天井长10.53米，宽4.45米，天井中段2.9米，宽抬升0.32米。中部上七级台阶来至主座，主座面阔五间，通面阔19.3米，进深七柱，通进深11.38米，为双坡硬山屋面。在前檐柱与前小充柱设一通轩廊，五开间前小充柱上均设隔断或隔扇，次间、稍间均在后大充柱上设隔断，后檐柱上也均设隔断或隔扇。除了明间为三合土地面外，其余均为木地面（图2-2-19~图2-2-26）。

三进：二进与三进之间需上三级台阶。披榭面阔单间，南侧披榭为清代缝架，北侧披榭为明代缝架，南侧披榭面阔3.97米，进深两柱，3.36米，北侧披榭面阔3.58米，进深两柱，3.36米。南北两侧披榭单坡梁架，内部做覆水屋面。两披榭之间天井长10.36米，宽4.34米。上七级台阶来至主座，主座面阔五间，通面阔19.3米，进深七柱，通进深11.38米，为重檐硬山屋面。建筑一层在前檐柱与前小充柱设一通轩廊，五开间前小充柱上均设隔断或隔扇，明间在后大

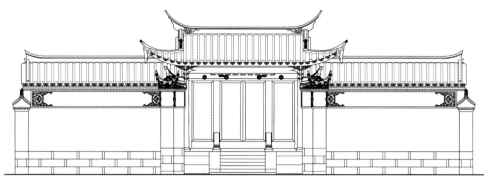

图2-2-19 林应亮故居立面图

图2-2-20 林应亮故居1—1剖面图

图2-2-21 林应亮故居入口空间

图2-2-22 林应亮故居正立面

图2-2-23 林应亮故居一进明间缝架

图2-2-24 林应亮故居一进屏门一斗三升构架

图2-2-25　林应亮故居二进明间　　　　　　　　　　图2-2-26　林应亮故居三进明间

充柱设一字六开屏门（棋盘门），次间、稍间均在后大充柱上设隔断，后檐柱上也均设隔断或隔扇。明间前厅为三合土地面，后厅为条石地面，其余均为木地面。在稍间前部设有一爬梯上至二层，二层设置于前后两小充柱间，明间为减柱插梁造，减去中柱，次间、稍间为穿斗式梁架。二层在前小充柱与大充柱间设廊，前后小充柱隔间上均设窗扇，明间在后大充柱设一字六开屏门（棋盘门），次间、稍间均在后大充柱上设隔断。明末清初，后人在明间北侧插梁下修建隔扇，至此北侧次间由原有开敞式空间变为厢房。

穿过三进主座，上七级台阶来至后花园。后花园依山而建，有两个平台分别砌有花岗石挡墙，第二平台上现存青石雕刻树池一处。

（3）林应宪故居

林应宪故居由门头房、前后天井及两侧批榭，主座组成。一进面积471平方米，单层建筑。1942年二进废弃，1953年迁建，1972年拆毁，现状杂草丛生，根据残存门墙估计面积约347平方米。地面高度随院落进深依次抬高，整体为西高东低（图2-2-27）。

门墙：门头房前做门墙，紧贴檐柱，于民间做八字门墙。八字门墙厚0.495米，高至插栱底，向两侧斜出约23°，最长斜边为1.24米，墙身为壳灰面层，墙帽瓦垄抹通灰（壳灰），末端做扎口，亦有灰塑框，隐约描绘农村男女耕织的图景。两侧一字门墙墙帽底为砖砌叠涩出挑，叠涩以下墙面粉乌烟灰，花基为长条石砌筑。门墙两侧山墙伸出约0.575米，上做墀头，灰塑卷草如意图案。"八"字墙之间设三级石踏步，两侧有垂带石。

门头房：面阔三开间，明间为歇山翘脚屋顶，次间为双破硬山，全部穿斗式缝架。通面阔13.3米（南侧墙体边沿至北侧墙体边沿），高6.6米（沿街地面至中部屋脊翘角顶端），进深三柱6.38米（从台阶前沿至前天井廊沿）门墙下部为花岗石下碱，一顺一丁铺设。明间前檐三出跳插栱挑檐。明间中柱上设置正门，两边有小门，正门门洞宽1.95米，高2.69米。明间前堂两侧开门通次间。前后金柱及充柱上均设有一斗三升弯枋隔架，雕刻精美。后

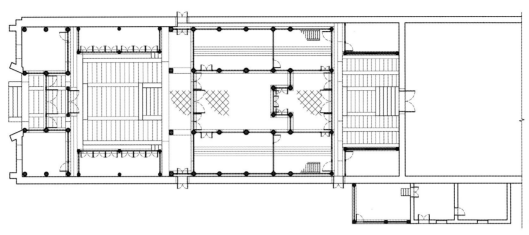

图2-2-27 林应宪故居一层平面图

金柱设屏柱两根，上做灰板壁横批。

前天井：地面为条石地面，保存较好，滋生杂草，总宽7.2米，总长6.8米，天井地面四周围一圈条石，然后在台阶两侧进深方向各铺一条，面阔方向分三段铺设，由三节组成一个完整的天井。

前天井两侧披榭：单坡穿斗式屋架，条石地面，披榭面阔两柱2.18米，进深三柱7.08米，迎天井一面为12扇花格门，花格门之上的扛梁设锯花两朵，截水脊呈屋塔样式。

一进主座：主座面阔三开间，进深六柱，通面阔12.44米，通进深12.23米，双坡硬山穿斗式屋架。前天井上主座共7步，台阶长2米，宽3.1米，两侧有垂带石。主座廊沿石宽0.62米，廊沿内为三合土地面，并在面层拉350×350方形斜纹。主座前檐出轩廊，明间前檐二行心出垂花柱挑檐，前檐三出跳插栱挑檐。明间后付充柱间设置凸字形屏门，屏门上做木板壁横批，横批扛梁之上隔架做一斗三升弯枋。明间前堂后堂各开一对门进入次间，次间为房间，做杉木地板地面，后檐三出跳插栱挑檐。

后天井：地面为条石地面，总宽7.65米，总长4.85米，天井地面四周围一圈条石，然后在台阶两侧进深方向各铺一条，面阔方向分三段铺设，由三节组成一个完整的天井。

后天井两侧披榭：单坡穿斗式屋架，条石地面，披榭面阔单柱2.04米，靠墙一端无立柱，缝架直接插入山墙内，进深两柱5.7米（图2-2-28～图2-2-33）。

（4）林如楚故居

林如楚故居坐西朝东，占地面积580平方米，现存两落建筑，依地势称为上落和下落，前后门墙，两侧有封火山墙，后部原有第三落大厅，约在20世纪四五十年代完全塌毁，现状仅存部分条石地面，左侧原有护厝，近几十年陆续拆毁建房，现状仅存部分条石地面

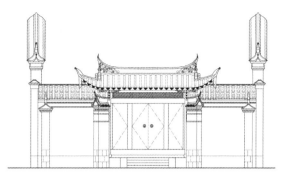

图2-2-28　林应宪故居立面图

图2-2-29　林应宪故居1-1剖面图

图2-2-30　林应宪故居入口空间

图2-2-31　林应宪故居门头房歇山顶形式

图2-2-32　林应宪故居截水脊

图2-2-33　林应宪故居屏门一斗三升隔架

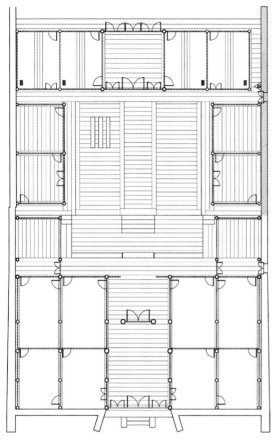

图2-2-34 林如楚故居一层平面图

和墙体。已经消失部分建筑实物遗存极少，原形制不可考（图2-2-34）。

门墙：下落建筑前做门墙，紧贴下落前檐柱，并在明间做八字门墙。门墙厚460毫米，高至下落插拱底，两侧墙帽底叠涩出挑，下做长条形彩绘框，两侧各长6.2米，高0.7米，左墙绘男耕图，描绘男人挑苗、耙田、插秧的过程；右墙绘女织图，描绘妇女采桑、纺纱、卷纱的过程。彩绘框以下墙面粉乌烟灰，花基为长条石砌筑。八字墙向两侧斜出，伸出门墙垂直距离约1.18米，前部超出下落檐口。墙身面层粉壳灰，并勾勒砖缝。上部形制如同山水头，亦有彩绘框，内容为亭台楼阁、家居宴饮等；墙帽为灰塑瓦垄并有如意头，脊堵鹊尾高企，伸出封檐口板。门墙两侧山墙伸出约1.2米，上做墀头，灰塑卷草如意等图案。明间门前为三级踏步（现状可见部分），两侧有垂带石。

下落：下落为一座五开间的门头房，清晚期风格，通面阔18.18米，进深五柱，通进深9.5米，全部穿斗式缝架，双坡硬山顶，两侧马鞍形封火山墙。前檐三出跳插拱挑檐，明间做雀替四朵，后檐一行出大梁做插拱状挑檐。前檐明间开六扇大板门，中间外加两扇宁波门，两侧板门下部钉竹条。明间门厅条石铺墁，两侧檐柱金柱间开板门通次间，前金柱上隔架做连拱弯枋一斗三升，后金柱位设屏柱两根做插屏门，两侧无小门，上做灰板壁横批、卷书弯枋插把。明间后堂两侧开板门通次间，后檐不设板门，中间留空，两侧做固定隔扇。次间、稍间为房间，铺三合土地面，前后房间隔断位于中柱后，前后金柱间设溪水楼、不做栏杆。房间前檐无窗，后檐柱位开板门和板窗。

下落后天井：下落后做天井，条石地面，两侧做披榭各一开间，两侧开间面阔不同。进深两柱三步架，单插拱挑檐，单坡顶。披榭靠下落一侧缝架用圆梁，不做隔断，前檐做板窗，下落间弄道位置设板门。

上落前天井：从下落后天井登五级踏步至第二层天井，两侧披榭上三级踏步。上落前天井条石铺墁，两侧做披榭各两开间，梁架结果与下落后披榭相似，不同的是三出跳插拱挑檐。前一间披榭前檐做双开板门，无窗，后一间披榭开单开板门和板窗。

上落：上落建筑较小，为明末清初风格，推断在整个院落中的功能与祠堂庙宇中的仪厅类似。上落台明与天井高差仅一级，中轴与下落不对齐，向右偏约0.36米。现存明间、右次间、稍间三间，面阔11.06米，进深两柱4.2米。梁架为三步，前后对称，均为两出挑插栱挑檐，用方斗，明间前檐设六扇板门，厅内条石铺墁，两侧开门通次间，上做卷棚顶，后檐屏门无存。次间、稍间为房间，内铺木地板，次间前檐设板窗，后檐开板门、板窗，稍间前后檐均开板门板窗。右侧山墙与隔壁院落共墙，左侧山墙无存。

第三落大厅：建筑无存，原址现有混三和混六两座后期建筑，其余大部分为荒地，仅可见廊沿石数米、台阶垂带一条、残墙3米，原形制、规模无考。

左侧护厝：建筑无存，原址现有砖、混建筑数座，地面大部分为水泥、杂土，可见原条石地面数平方米，原夯土、青砖围墙约20米，建筑原形制、规模无考（图2-2-35~图2-2-38）。

（5）林如楚后裔故居

林如楚后裔故居一进占地约432平方米，建筑面积423平方米，院落共两进，地面高度随院落进深依次抬高，整体为西高东低（图2-2-39）。

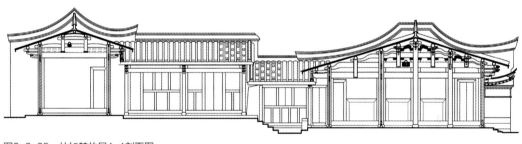

图2-2-35　林如楚故居1-1剖面图

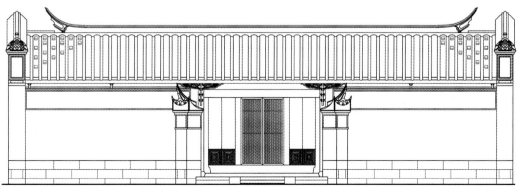

图2-2-36　林如楚故居立面图

图2-2-37　林如楚故居入口空间

图2-2-38　林如楚故居明间屏门一斗三升隔架

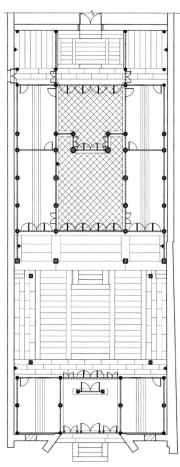

图2-2-39　林如楚后裔故居平面图

　　门墙：门头房前做门墙，紧贴檐柱，于明间做八字门墙。八字门墙530厚，高至插栱底，向两侧斜出约36.3°，最长斜边为1.73米，墙身为壳灰面层，墙帽瓦垄抹通灰（壳灰），末端做扎口，亦有灰塑框，脊堵鹊尾高企；两侧一字门墙墙帽底为砖砌叠涩出挑，叠涩以下墙面粉乌烟灰，花基为长条石砌筑。门墙两侧山墙伸出约0.52米，上做墀头，灰塑卷草如意等图案。明间门前为三级踏步（现状可见部分），两侧有垂带石。

　　门头房：面宽三间，通面阔11.57米，进深三柱，通进深4.26米，全部穿斗式缝架，双坡硬山顶，两侧马鞍形封火墙。明间前檐三出跳插栱挑檐，次间挑檐檩插墙。前檐明间开六扇板门，明面后檐柱间为门扇隔断。后副柱位置设置插屏门，两侧无小门，上部隔架做连栱弯枋一斗三升。明间及次间缝架一行以下均做裙板。明间为三合土地面，次间为木地面。后檐隔断位置设置门扇通向次间室内。

回廊：单开间，面阔6.64米，檐口落柱，靠墙为童柱，进深1.33米（檐柱至内墙皮），单坡穿斗式，檐柱间为扛梁，上部放置一斗三升，回廊为条石地面。

一进前天井：从门头房向下两步至天井地面，两侧回廊下一步。天井为条石地面，中间两条纵向条石两侧横向铺石的方法铺墁。

一进主座：前天井上主座共5步，披榭上主座共3步。主座面阔三间，通面阔11.57米，进深七柱，通进深13.54米，全部穿斗式缝架，前出廊，双坡硬山顶。明间前金柱间为八扇一马三箭门，后大小充柱间设置"凹"字形屏门，屏门上做木板壁横批，隔架做一斗三升弯枋。后厅做罗锅椽假导水，后檐柱间做八扇板门。次间前金柱为四扇一马三箭门扇，房间内于后大充柱位置设置隔断，开小门连通前后，后檐柱间做板窗及板门。明间前廊为条石地面，之后为三合土地面，次间为木地面。

一进后天井：主座廊沿向下两步至天井地面，两侧披榭下一步，上三步至二进地面，西侧为二进院墙。天井为条石地面，采用中间两条纵向条石两侧横向铺石的方法铺墁。

一进后披榭：单开间，面阔2.92米，进深两柱，通进深3.055米，单坡穿斗式。前檐下部为砖墙裙，上部为板窗。南侧披榭山墙位置有小门通向室外，披榭为条石地面（图2-2-40~图2-2-45）。

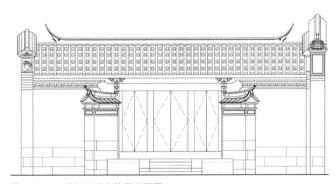

图2-2-40　林如楚后裔故居立面图

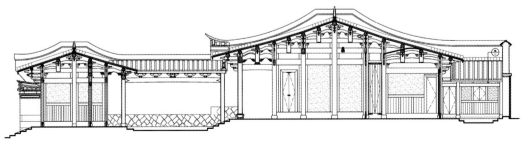

图2-2-41　林如楚后裔故居1-1剖面图

图2-2-42 林如楚后裔故居屋顶俯视图

图2-2-43 林如楚后裔故居入口空间

图2-2-44 林如楚后裔故居主座前檐梁架

图2-2-45 林如楚后裔故居后厅的罗锅橡架导水

（6）旗峰林公祠

旗峰林公祠占地约325平方米，建筑面积277平方米，院落共三进，地面高度随院落进深依次抬高，整体为西高东低（图2-2-46）。

门墙：为五岳式门墙，通面阔9.54米（南侧墙体边沿至北侧墙体边沿），高6.515米（沿街地面至中部屋脊翘角顶端），门墙下部为花岗石下碱。中轴线上设置正门，前有五级踏步，两边设置垂带，门洞宽1.68米，高2.6米。正门两侧门框石刻楹联"忠孝有声天地老，古今无数子孙贤"，上方石刻横匾"旗峰林公祠"，匾上镌直牌"奉旨祀典"四字，门墙背后，又有灰塑框匾，内墨书"时巡就见"。

门廊：门廊为单步，单坡，三面环廊，沿中轴线共有两根落地柱，柱中距5.86米，设置扛梁，扛梁之上放置4朵锯花。

天井：地面为条石地面，总宽2.36米，总长5.66米，天井地面采用中间两条纵向条石，两侧横向铺石的方法铺墁。

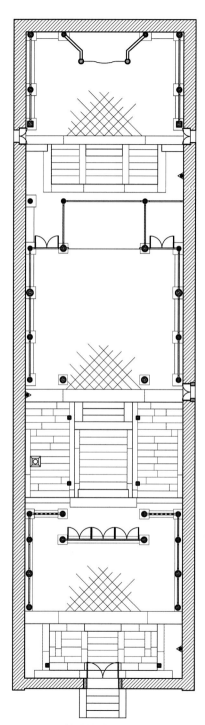

图2-2-46 旗峰林公祠平面图

一进主座：前天井上主座共2步，台阶长1.92米，宽0.38米。主座廊沿石宽0.64米，之后为三合土地面，面上拉斜纹。主座面阔三间，进深四柱，双坡硬山。通面阔7.8米，通进深4.76米。主座屋脊不做雀尾，屋脊中部距地4.805米，前檐距天井地面4.08米，后檐距后部过雨亭地面3.92米。结构上，一进主座为门柱梁造，在次间前门柱之间，架设扛梁做横撑，减去明间缝架的门柱、中柱，在正立面上获得较大的视觉空间。明间前檐二行心出垂花柱挑檐，次间前檐挑檐三出跳斗栱。扛梁明间部分放置四朵一斗三升，次间部分放置一朵。后充柱间做三升担的隔架斗栱，明间设四组，次间设一组。在明间后充柱之间设置屏门与后檐柱形成"凹"字形屏门。

过雨亭：一进主座下两级为过雨亭条石地面，较两侧小天井高0.29米，单坡，屋面下做覆水。两侧共4根落地柱，通面阔3.6米，通进深3.35米，向一进主座方向排水。两侧小天井为条石地面，各长2.615米，宽4.86米。该缝架应为后期维修不当之构架。

二进主座：由过雨亭向二进主座共5步台阶，为带垂带踏步，台阶总宽3.03米，与过雨亭地面同宽。主座廊沿石宽0.49米，之后为三合土地面，面上拉斜纹。主座面阔三间，进深五柱，双坡硬山，前带轩廊，通面阔7.8米，通进深9.09米。主座屋脊做雀尾，屋脊中部距地5.985米，前檐距天井地面4.595米，后檐距后部天井地面3.6米。结构上，二进主座为前充柱梁造，在次间前充柱之间设扛梁，与明间二行心变形成的直撑共同抬举下，减掉明间中柱、前充柱共4根。明间前檐二行心出垂花柱挑檐，次间前檐挑檐三出跳斗栱。后充柱间做三升担的隔架斗栱，明间设四组，次间设一组。在明间后充柱之间设置屏门与后檐柱形成"凸"字形屏门。

天井：天井两侧为单步穿斗构架，檐檩一端插入二进主座后檐柱枋木上，一端插入悬挂在三进檐檩的短柱上，不做落地柱。

三进：前天井上主座共3步，台阶长1.92米，总宽0.59米。主座廊沿石宽0.43米，之后为三合土地面，面上拉斜纹。主座面阔三间，进深三柱，双坡硬山，后坡为出檐排水。通面阔7.8米，通进深4.57米。主座屋脊不做雀尾，屋脊中部距地5.24米，前檐距天井地面4.09米，后檐距西侧立面室外地面3.66米。结构上，做法与一进主座类似，减去明间前门柱、中柱（图2-2-47～图2-2-56）。

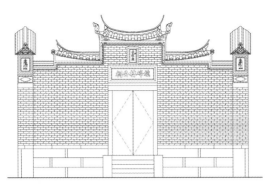

图2-2-47 旗峰林公祠立面图

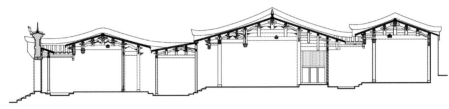

图2-2-48 旗峰林公祠1-1剖面图

图2-2-49 旗峰林公祠一进门廊空间

图2-2-50 旗峰林公祠一进主座明间梁架

图2-2-51 旗峰林公祠过雨亭

图2-2-52 旗峰林公祠二进主座

图2-2-53　旗峰林公祠二进主座梁架

图2-2-54　旗峰林公祠二进天井空间

图2-2-55　旗峰林公祠屋顶俯视图

图2-2-56　旗峰林公祠正立面现状

二、其他代表性案例

1. 九头马民居

九头马民居位于福州市长乐区鹤上镇岐阳村福廷自然村，因建筑内围有九块马形岩石而得名。从清嘉庆到道光年间，由富商陈利焕子孙三代历经70余年建成。九头马民居建筑群中，建造时间最早的是居于中间轴线上的祖厅，是陈利焕于清嘉庆初（约1797年前后）建造；祖厅左右各二条轴线，分别为陈利焕的四个儿子（茂贮公、茂锦公、茂层公、茂团公）所建，建造时间主要在清道光（1821～1850年）年间，其中最西侧轴线建造时间最迟，至1872年前后方竣工。

九头马民居坐北朝南，背山面田，五落五进，俗称"五落透后五落排"，占地面积约16800平方米，建筑面积达9651.66平方米。九头马民居有五条中轴线，多进式院落并列而成，现存22座单体建筑，外围高墙，内部井、院相连，形成一个完整、独立的建筑群体。沿左右五条轴线，分别布置门廊、厅堂、厢房、亭榭、仓库、书斋、花园等各类建筑。

组群严谨、布局合理，是福州地区面积最大的聚族而居建筑群之一。

九头马民居用材精良，以木材为主要建材，木材种类繁多，除了应用最广的杉木之外，还有楠、柯、樟、铁梨、黄杨、桑丝等。最长的一座楠木梁达10米长。其他建材如石、砖、瓦等无一不打制精细。建筑多样，厅堂结构有六扇五、八扇七、十扇九的平面布局，厅有进屏厅、一字厅、双柱厅、三开间厅等类型，屋架结构有穿斗式、穿斗减柱式、井字建筑式。建筑类型有厅、廊、楼、阁等。布局多变、高低错落，构成丰富的建筑样式。

九头马民居装饰精巧，最大的特点就是无处不装饰，无处不雕刻，各种材质，各种技法在这里都能得到体现，而且做工非常精美，雕刻图案无所不包，内容丰富多彩，且大部分保存完好。除了在檐下悬钟、前廊轩顶、太师壁上部隔架、檩下花栱、雀替以及藻井等大木部分精雕细刻之外，雕饰还遍施于门窗格扇、柱础、墙头、裙堵等几乎所有目力可及的部位。装饰类型包含有木雕、石雕、砖饰、灰塑、壁画，装饰手法囊括了传统雕刻、泥塑、彩绘中的各类技法。装饰题材之中，人物、祥瑞、虫鱼、花草、博古器物等无所不包，使九头马民居成为工艺水平极高、保存完好的聚居建筑群，是福州地区最具代表性的传统建筑工艺的集大成者。

九头马民居围绕民间传说中的九块似马灵石而建，依山临水，形胜俱佳。建筑组群以祖屋居中，四兄弟依四个方位分别建造各自住屋，昭穆有序，格局井然，对于今人研究古代先民开基选址、宗亲序列、风俗喜好、建筑传统理念等方面均具有很高的参考价值。当中落最早建造，四进院落有东西向、南北向的，有三间、七间的，有一层、二层的，形态各异，繁简不一。东西内两落为五进五间，中轴对称，是整个建筑序列中最规整的，雕饰也最精美，每逢红白大事，将所有的屏门打开，从一进直接透到五进，透视感很强。东西尽头两落规模更大。东尽头一落三进，进花园已毁；二进院被称为"接官厅"，形制规格很高，面阔八扇七间，当心三间四梁扛井造，有衙署之风，为接待达官贵人的主要场所；三进坐东朝西，十扇九间，供下人居住和活动。西尽头一落最晚建造，现存为面阔七间的四合院，门厅被称为对朝厅，主座为米粜馆。五落民居之间既隔又连，正面组成"一"字形的立面，中落墙头上开13个悬挂官灯的空窗，独具特色。五落之间以高耸的马鞍墙、冷巷相隔，内部井、院相连，门廊相通，既能防火，又有利于通风、防潮。其马鞍墙线条起翘夸张，造型多变，比福州其他地区民居的马鞍墙更有张力。其木雕、石雕令人拍案称绝。木构架、槅扇等部位无不遍施木雕，题材多样；镂雕、浮雕、圆雕、透雕粉墨登场，构图巧妙，造型逼真，须发毕现，令人叹为观止。门廊或门厅内部屋顶上大量做藻井，造型不一，层次丰富，在福建民居中比较罕见。民居内的石雕、灰塑、壁画也毫不逊色，置身其中，宛如进入一座艺术博物馆，令人目不暇接，流连忘返。

从西往东，分别为西二路、西一路、中路、东一路、东二路、中路得月楼、东二路接官厅、文昌楼。西二路由利焕公第三子茂层公所建，是九头马古民居建筑群中年代最晚的建筑，竣工于1872年。建筑面阔26.57米，进深35.5米，占地943.2平方米，由塔井厅、茂层公对朝厅组成。两座均为双坡硬山顶，屋面采用青瓦做底瓦和盖瓦，叠六露四，不做瓦垄灰，屋面叠压斗底砖，为长乐沿海为防风而形成的独特做法，正脊做鹊尾脊。山墙为块石浆砌，呈席纹状，外罩草泥层及壳灰层。勒脚做条石，一丁一顺平砌。

塔井厅封火墙鞍部呈如意形，茂层公对朝厅封火墙双尖形（僧帽形），前高后低。塔井厅为门厅，面阔七间，进深五柱。从内部构件布置上看，与茂层公对朝厅呈倒朝方向。塔井厅北侧设单檩卷棚廊至稍间，明间减门柱，以大扛梁横跨次间门柱。明次间前檐做垂花柱挑檐，卷棚叠斗做法，其余挑檐均为三出挑插栱挑檐。后充柱位置立屏柱，设屏门，各类装饰雕刻均朝向茂层公对朝厅，后厅设藻井。上述种种均以面向茂层公对朝厅为正向。但屋面前后坡的长短、檐口高低，以及山墙走势来看，又以朝南为正向（以朝北为正向来说明）。

南立面为门墙，条石基础，中间开石框门，上部设灰塑门匾，墙帽之下做灰塑壶边。进大门为塔井厅的后厅，门墙后坡与塔井厅后厅相交做天沟，屋面之下为覆以当地人称"塔井"的八角藻井，藻井用如意斗栱、象鼻形斗栱等向上内挑二层后，形成八面拱券连廊雕刻的天宫层，转成软卷棚圆形顶，荷花图案结顶。上下之间，饰以蝙蝠、蝴蝶、牡丹、卷草、暗八仙、如意云纹等，精雕细刻，极尽细微繁缛之能事。

塔井厅次间、稍间、尽间均做木地板，设溪水阁楼。尽间设隔断分前后间。次间、稍间前部做四抹隔扇窗，格心装饰喜字等图案，极为精致。其余窗户均为直棂木板窗。塔井厅前方为条石天井，两侧各做撇舍，形制相同，面阔二间，进深三柱，双坡悬山顶，穿斗式木构架，后部另设小天井。茂层公对朝厅，又称八扇七间对朝厅，面阔七间，进深七柱，设双檩卷棚廊至稍间，明间减门柱，以大扛梁横跨次间门柱。明次间前檐做垂花柱挑檐，卷棚叠斗做法，其余挑檐均为三出挑插栱挑檐。后大小充柱位置立屏柱，形成"凸"字形屏门，中间为神龛位置。次间、稍间、尽间为厢房，均铺木地板，分前后间，设溪水阁楼。后天井两侧为厨房，双坡屋面，穿斗梁架，采用大跨度扛梁减柱，室内无立柱。正立面开栅栏窗，内部不设隔断。西一路，面阔21.84米，现存前后共四进，进深达76.09米，总占地1662平方米。从前往后分别为大夫第、茂层公文魁厅、普庵堂（茂层公武魁厅）、茂贮公文魁厅。各主厝均为双坡硬山顶，屋面采用青瓦做底瓦和盖瓦，叠六露四，不做瓦垄灰，屋面叠压斗底砖，为长乐沿海为防风而形成的独特做法，正脊做鹊尾脊。山墙为块石浆砌，呈席纹状，外罩草泥层及壳灰层。勒脚做条石，一丁一顺平砌。

大夫第原为书塾，因北面门廊跨空大额枋处悬有"大夫第"之匾，故名。南面前部为门墙，设石框门，进大门为门廊，前额枋横跨通面阔为扛梁，设屏柱、屏门，单坡屋面，屋架做三步卷棚轩廊，以整块雕花木板为架构。天井两侧为书院，二者形制相同，均面阔三间，进深五柱。明间前部做单檐软卷棚轩廊，前充柱位置设10扇隔扇门，室内后充柱间设屏柱，雕花三升担隔架。屏柱位另做叠斗扛梁缝架，前部架设在隔扇门上槛之上。次间各设6扇隔扇窗，室内做溪水阁楼。次间北侧设小通道，连接北侧廊。北廊做三段式屋面，中段升起，做单檐软卷轩廊，前部垂花柱挑檐。两侧屋面与书院屋面相接。大夫第南北二面各有门廊，左右对称二个带前廊的厅堂，廊院相合，屋面四方雨水集于中部天井，状如民间吹谷之"风铣"，故又有"风铣斗"之称。

　　茂层公文魁厅为西一路第二进，茂层公是利焕公第三子。过大夫第北侧廊进二进，为门廊，廊之顶部均有藻井，装饰极为繁缛。天井两侧为撤舍，各面阔二间，进深三柱，中间加设不落地缝架。朝天井一间立面做8开隔扇门，朝前廊一间立面做4开隔扇门，前部为单步轩廊，做双藻井，架设在额枋之上。文魁厅面阔五间，进深五柱，明间减前门柱，垂花柱挑檐，前部做单檐卷棚轩廊至次间缝架。明间后充柱位置立屏柱，做屏门，屏门上雕刻花板一斗三升做隔架。后厅设单檐软卷棚，雕花板做梁架。明间后檐，次间、稍间前后檐均为三出挑插栱挑檐。次间、稍间均铺木地板，架设溪水阁楼，稍间中部设隔断分前后间。双坡屋面，板瓦上前后檐之间叠压斗底砖。

　　普安堂（茂层公文魁厅）为西一路第三进，与前院落之间不设隔墙。前天井两侧为撤舍，面阔一间，进深三柱，中部架设不落地穿斗架。前檐垂花柱挑檐，做半软卷棚。立面做8扇隔扇门。主座面阔五间，进深五柱，前檐均做三出挑插栱挑檐，后檐均矮柱挑檐。前部做双柱三步卷棚廊至次间缝架。明间后充柱位置立屏柱，做屏门，屏门上做一斗三升隔架。明间椽板下横铺下层望板，设木肋骨固定。次间、稍间均铺木地板，架设溪水阁楼，中部设隔断分前后间。双坡屋面，板瓦上前后檐之间叠压斗底砖。厅堂的左稍间此前因为有未过门即守寡的节妇所居，此后一直空闲，所以又称守节楼。后天井两侧为厨房，双坡屋面，穿斗梁架，采用大跨度扛梁减柱，室内无立柱。正立面开木窗，内部不设隔断。

　　茂贮公文魁厅：茂贮公是利焕公长子，三进后天井与茂贮公文魁厅之间设门墙，石框门带门罩。过门墙为门廊，门廊为三步卷棚轩廊，额枋为大扛梁，跨左右撤舍的立柱间。中间设屏柱，做屏门。垂花柱挑檐。天井两侧为书院，书院设二间，进深四柱，前门柱额枋为大扛梁，门柱和前充柱间做卷棚。朝天井一间立面开10扇隔扇门，朝轩廊一间立面做对开板门。室内做卷棚顶，不设中柱。后充柱位置设屏柱，做屏门，屏门上雕花一斗三升隔架。后门柱以后墙代替。主座面阔五间，进深五柱，前檐均做三出挑插栱挑檐，后檐均矮柱挑檐。前部做双柱三步卷棚廊至次间缝架，明间为叠斗卷棚梁架，次间为穿斗式三步梁卷棚。明间后充柱位置立屏柱，做屏门，屏门上做一斗三升隔架。次间、稍间均铺木地板，架设溪水阁楼，中部设隔断分前后间。双坡屋面，板瓦上前后檐之间叠压斗底砖。后天井两侧为后撤舍，面阔单间，进深双柱。单坡屋面，穿斗梁架，正立面开木窗。

中路面阔13.75米，进深84.13米，共四进，由前部的祖厅、祖房与后部的得月楼及信教堂组成。因为是祖厅所在，所以该组建筑的规模较小，但地位重要，是九头马古民居的主轴线。

得月楼面阔13.55米，进深12.74米，占地172.6平方米，为九头马古民居中现存唯一的楼阁式闽苑建筑。得月楼坐东朝西，是其西面利焕公长子茂贮公所建文魁厅的附属建筑，由茂贮公文魁厅前廊往东，过石框门即进入得月楼。楼面阔三间，进深4柱，两侧带有墙弄与梯弄，上下二层，楼上设水柱，做卷棚前廊，前廊明间做栏杆，次间做美人靠；二层次间做对开隔扇门，两侧隔扇窗。东侧石砌后墙，内墙皮用青红白黑四色灰皮，压印龟背锦、砖纹等纹样。二楼后墙开窗，内侧为木板窗，外侧以镂空红砖砌筑漏窗。楼的前方，是半月形的水池，池西北有树，池北则有大石（即九块马灵石中的一块），共同组成山水花树的园林景观。主厝为双坡硬山顶，屋面采用青瓦做底瓦和盖瓦，叠六露四，不做瓦垄灰，屋面叠压斗底砖，为长乐沿海为防风而形成的独特做法，正脊做鹊尾脊。山墙为块石浆砌，呈席纹状，外罩草泥层及壳灰层。勒脚做条石，一丁一顺平砌。

东二路第一进为花园，第二进为茂团公接官厅，第三进为茂锦公文昌楼，总面阔26.17米，二三进总进深62.28米，占地1629.7平方米。各主厝均为双坡硬山顶，屋面采用青瓦做底瓦和盖瓦，叠六露四，不做瓦垄灰，屋面叠压斗底砖，为长乐沿海为防风而形成的独特做法，正脊做鹊尾脊。山墙为块石浆砌，呈席纹状，外罩草泥层及壳灰层。勒脚做条石，一丁一顺平砌。

接官厅为茂团公所建。过花园进二进门墙石框门为接官厅前门廊，为三步叠斗式软卷棚廊，设大扛梁，扛梁中部为屏柱、屏门。条石铺设天井，两侧为书院，与前廊构成"凹"字形。书院各面阔三间，进深四柱，前部架扛梁，设三步卷棚廊，以雕花板为卷棚廊梁架结构。后坡屋面较前坡降约0.6米，正脊做成墙帽形式，做法极为罕见。书院明间开六扇隔扇门，次间各开四扇隔扇门，格心拼花繁复，体现了高超的工艺。接官厅主座面阔七间，进深七柱，前部做三步叠斗式软卷棚轩廊。明次间三间做大敞厅，稍间和尽间做厢房，室内铺木地板，各设隔断分前后间。明间减前门柱，设大扛梁架次间前门柱之间，明次间前檐垂花柱挑檐。明间中柱、前后大充柱减柱，以次间前后充柱间架设扛梁支撑明间缝架，前后副柱及中柱位置均以叠斗支撑，类似抬梁架构，厅内前后小充柱做鳌鱼雕花替木装饰并减少横撑净跨度。明次间前后横撑上方均做雕花一斗三升隔架，明间后小充位置设6扇屏门，次间后小充位置各设4扇隔扇门，为休息间。稍间、尽间前部均做三出挑插栱挑檐，前小充立面设木门及四扇隔扇窗，做工精细。后檐均为矮柱挑檐。后天井两侧各为空廊，穿斗式木构架，东侧为单坡顶，西侧因带墙弄，做双坡顶。后天井较小，后院墙设瓦花，以增加后天井采光量。后院墙与文昌楼山墙之间设一过道。

文昌楼建筑坐东朝西，面朝东一路第四进茂锦公的文魁厅而建。前天井部分设前廊，为三步叠斗式软卷棚廊，设大扛梁，扛梁中部为屏柱、屏门。南北二侧有内外二列横屋，内列为书院，面阔三间，进深三柱，穿斗架，双坡顶，前檐垂花柱挑檐，面向天井二间设对开隔扇门，外列为单面坡的撒舍，面阔三间，进深二柱，穿斗架。内外二列之间隔以长条形的小天井。主厝十扇九间房，面阔九间，进深五柱，明次间前部出游廊，明间做三步叠斗卷棚轩廊，次间雕花板做卷棚架。各间前檐均以三出挑插栱挑檐，后檐均矮柱挑檐。尽间以山墙为缝架，前后各立门柱，挑檐穿枋穿过门柱，以室内矮柱压挑。明间后充柱设屏门，上部雕花一斗三升隔架。次间、稍一间、稍二间、尽间均设隔断分前后间做厢房，次间、稍一间、稍二间室内架设溪水阁楼。后厅在通往东后墙大门的通道上方原建有二层的楼阁，楼上供奉文昌帝君之神位，故又称文昌楼，已毁，现原址建有单层双坡过廊，后天井两侧各建有单坡空廊。2013年九头马民居被国家文物局公布为全国重点文物保护单位（图2-2-57~图2-2-60）。

2. 仁和庄

在福州市永泰县同安镇三捷村，一座由青石建成的庄寨——仁和庄，历经百年如初，这座以坚固高大寨墙为特征的宫殿式建筑被后人称作民间"固宫"。始建于清道光十年（1830年），前后耗时八年建成。坐北朝南，依地势而建，一条小溪淌过寨前，四周田园环绕，视

图2-2-57　九头马民居现状

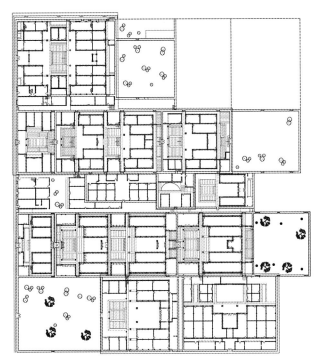

图2-2-58　九头马民居一层平面图

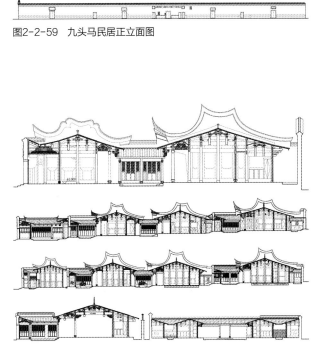

图2-2-59　九头马民居正立面图

图2-2-60　九头马民居剖面图

野舒展开阔。整幢建筑以"九宫格"形状布局，三条轴线并行。正门在中轴线上，三进院落，各有天井，通风、采光、排水性能良好。近年来，伴随着美丽乡村建设的推进，古庄寨焕发出了新的活力，成为当地标志性文化符号，在永泰众多的庄寨中，仁和庄是最独特的一座，占地6000余平方米，建筑面积5500平方米，378个房间，可容纳数百人同时居住，是规模最大的庄寨之一。

　　仁和庄采用青石（辉绿岩）砌筑，青石围墙、青石压廊、青石台阶、青石天井地面。所以仁和庄又被称为"青石寨"。庄寨外墙不是特别高大，却是规整稳固，给人以庄重肃穆的感觉。又因防御功能一应俱全，固若金汤，民间有"固宫"之称，久而久之，讹化成了"故宫"。其实，称仁和庄为民居建筑中的"故宫"，也不为过。屋面飞檐翘角，层层叠叠，错落有致。寨虽建在平地，却也气象森森，颇有深宫大院磅礴气势。屋宇之间，以高耸的马头墙（封火墙、封火墙）阻隔，墙面上挂满青瓦。挂瓦装饰，青白相间，整齐划一，十分壮观。庄寨封火墙的挂瓦，仁和庄保存得最为完整，近200年风雨剥蚀，历久弥新。庄寨天井，各不相同，以直接镂空成铜钱钱眼状为多，皆有钱财不外流之意。天井排水口为青石葫芦形镂空石雕，"葫芦"谐音"福禄"，寓意不言自明。左右两侧轴线上，又各留有寨门（边门），前后设船形花厅（船厅），为主人会客谈话处，相对独立私密。庄寨四角均建有碉楼，巡防用的跑马道绕寨而行，寨墙上枪眼密布，可谓是固若金汤！室内雕梁画栋，雕刻精美。正厅在最高处，天井为正方形，最为宽敞明亮，是家族的重大活动场所。厅柱选用大材，粗且直，上下一般直径大小。柱子红色大漆打底，上书柱联，笔画边缘以刻线勾勒，再描以浓墨，色彩对比鲜明，极具立体感。从二门起到正座厅头，以精美的工艺制作了15副楹联。这些楹联，最长的17个字，最短的2个字。红底黑字，浓墨重彩，字体厚重饱满，端庄稳贴。文字典雅，对仗严谨，显示了庄寨主人的精神追求和楹联撰写者的国学功底。仁和即仁爱和谐，是儒家思想的核心。仁和庄或无意模仿故宫，取名仁和庄，则同样是对儒家传统思想的尊崇，也是对子孙践行"仁和"理念的期冀。仁和庄由张序捷、张序仪、张序光兄弟建造。兄弟仨年幼时，家境并不宽裕。父亲张季良祖居同安村，18岁分家时，家徒四壁，只要了一对石磨，两只鸭子，挑着一副破担子，沿辅弼岭来到三捷，磨豆腐养鸭子谋生。凭借勤劳与本分，张季良离世时，已置下田产数百亩。三兄弟则各有过人之处。长兄张序捷性格温和，勤勉忠厚，负责经营田地山场，管理佃户；二弟张序仪豪爽仗义，能说会道，广于交往，以协调事务为主；三弟张序光头脑活络，精明能干，专事营销。兄弟仨勠力同心，盖庄寨时，家族名下已有良田数千亩，山场百余处，榨油作坊四座，辉绿岩矿山一座，还在县城等地开设商铺十多家，富甲一方。2019年仁和庄被国家文物局公布为全国重点文物保护单位（图2-2-61~图2-2-64）。

3. 爱荆庄

爱荆庄位于同安镇洋尾村，于道光十二年（1832年）由鲍美祚为其发妻李氏建造，庄名"爱荆"，即"爱妻"之意，体现鲍美祚对妻子的尊重和欣赏。历经183年历史，依旧

图2-2-61 仁和庄现状

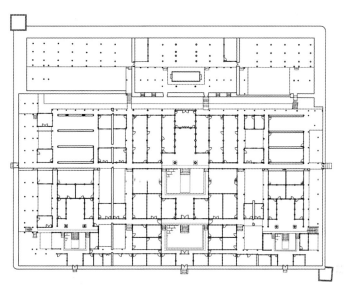

图2-2-62 仁和庄一层平面图

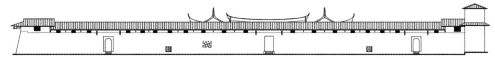

图2-2-63 仁和庄立面图

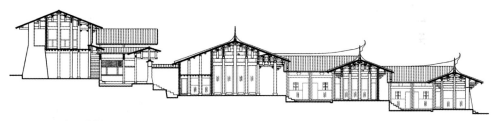

图2-2-64 仁和庄剖面图

保存完好的清朝古庄寨，平面呈方形，面积5000多平方米，有房屋361间。爱荆庄规模宏大，造型独特，是典型的闽东土寨，坐北朝南，爱荆庄居高临下，外围建有两个碉堡式角楼，墙上布满瞭望窗和射击孔，用于安全防御，中轴线由前到后依次为寨门、前廊屋、前天井、门厅、中天井、主座、后天井、后廊屋。寨四面外墙以形似米粒的河卵石砌成，寨墙高7.6米，下部为河卵石，上部用夯土，宽2.8米。廊屋高二层，建有防御通道，环绕全寨。前左角和后右角上各建有一座三层碉楼，防御设施齐全。门厅为穿斗式木构架，硬山顶，天井两侧为厢房，左右各二间。整座庄寨依山而建，庄寨设计巧妙，构筑奇特，易守难攻，视野开阔。庄寨两侧的跑马廊屋顶，采用悬山顶，一串屋顶如音符不断跌落，风格简洁而活泼。外围以瓮城和斜对角两个角楼扼守，内环跑马道，墙上布满瞭望窗和射击孔用于全方位防御。整座建筑高大雄伟，翘脊嵯峨，马鞍墙壮观精美。所有宅屋门框均雕有"寿"字线穗式精美门楣，上部开设有各式玲珑小窗。窗花栩栩如生、惟妙惟肖。更有两侧外墙屋顶设计，酷似承德避暑山庄中曾经的美景"梨花伴月"。2014年7月10日，爱荆庄列入永泰县第八批县级文物保护单位。2018年爱荆庄被福建省人民政府公布为第九批省级文物保护单位，同年荣获联合国教科文组织2018年亚太地区文化遗产保护优秀奖（图2-2-65～图2-2-68）。

图2-2-65　爱荆庄现状

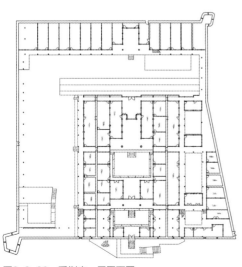

图2-2-66　爱荆庄一层平面图

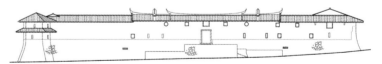

图2-2-67　爱荆庄立面图

图2-2-68　爱荆庄剖面图

三、聚落特征

　　聚落在古代指村落，即人类不同形式的聚居地的总称，传统聚落指具有一定历史与传统文化的乡村，聚落是由一个个民居建筑组合而成，聚落选址直接决定了传统聚落的自然生态环境与山水格局，奠定了传统聚落生成与发展的基础，并且蕴含着深厚的传统文化内涵与底蕴。依先人对营建聚落的不同目的与需求，聚落选址的侧重点各不相同，形成了风格迥异的聚落格局，如注重防御的聚落在选址时多择基地于山势险峻、对外出入口较少之地，以便保卫聚落安宁；商贸型聚落多选址于毗邻当时的主要河流、道路，以便物资转运；基于生产生活为主的聚落多选址于具有耕作农田以及灌溉水源之处。

　　传统聚落选址不仅受营建目的所影响，也受到传统文化的深刻影响，其中最主要受到了传统风水观及我国古代礼制文化的影响。传统的理念强调"天人合一"，因此大部分聚落选址于山地丘陵、河流湖泊附近，力图达到人与自然和谐相融，《阳宅十书》中就有："人之居处，宜以大地山河为主"。古人认为理想的山水格局应是"主峰来龙、左辅右弼，有弯曲水流，水对面对景案山，基址位于山水环抱的中央"这种典型的藏风聚气、负阴抱阳的形式（图2-2-69），这也决定了我国大量传统聚落处于山水结合、自然环境优美宜人的区域。传统聚落的保护与再生是我国传统文化的实体映射，对传统文化的保存具有重要意义。传统聚落不仅是农耕文明的重要载体，也记录了聚落居民生活方式以及传统文化的变化与兴衰，是人类社会发展与演变的见证。

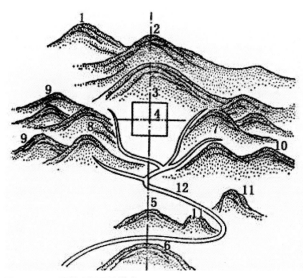

1. 祖山	2. 少祖山	3. 主山	4. 穴
5. 案山	6. 朝山	7. 左臂砂	8. 右臂砂
9. 护山	10. 护山	11. 水口砂	12. 水流

图2-2-69　聚落理想环境模式

　　传统聚落主要分布在具有农村地域特征的乡村、集镇，并以土木结构传统民居为主体，不仅具有现实居住功能，同时也是一种生活生产中的遗产，是传统文化沉淀的基底。传统聚落是一个动态发展的有机体，是"现时段"该地域历史、自然和人文社会特征相融合的真实体现，拥有丰富的历史文化遗产信息，是该地域人类聚居的精神家园和物质家园。

　　传统聚落之所以存在，是因为人们需求，而需求的程度则要看其是否能与现代人的物质条件与生活方式相适应。传统聚落聚居环境与传统院宅的居住品质直接影响着居民的生活起居与生产活动，也是传统聚落能否生存延续的最主要原因之一。

　　由于地形限制，大部分民居沿山体等高线依山就势布局，由地形可知院宅要顺应地势，主要的接地方式表现为两种方式：第一种为架空，调整院宅四周勒脚高度或架空底层楼板使其到同一标高，从而升起水平面，以此增加建筑整体或部分水平面，这种处理手法最大限度保护了生态地表，以吊脚楼形式表现为多，或为地势平缓区。利用不同高度山坡所形成的台地，建造上、下两栋单体组合而成。一前一后，一高一低，两栋单体和谐地布置在中轴线上。单体坐落在不同标高的两层台地上，从侧面看上去，前低后高，相差一层。院宅的前半部分为两层，为吊脚楼形式，后半部分与厢房位于高一层的台地上。后栋的单体也是两层，位于更高的一层台子上，两层的屋顶高低参差。整组院宅的外形轮廓高低错落、变化有序。第二种为筑台，为了获得较大的院宅用地面积，更多的居民往往在地势崎岖的部位，用大量的石构构筑护坡，采用填土或挖土的方式在山地斜面上营造出一定面积的平台，以获得院宅修建的平台，视情况设屋后花台，其形式包括三种形式：填方筑台、挖方筑台以及土方平衡筑台。

　　山地建筑大多依山而建，受山势地形影响，建筑进深较浅，但面阔间数较多，常见的有面阔五间、七间，面阔九间、十一间的建筑也偶有所见。就地取材，生土夯筑的墙体，厚重、朴实、耐用、经济，雕饰风格纯朴，乡土气息浓郁。山乡僻壤，土匪盘聚，闽清、闽侯、永泰、福清等山区留下了众多以满足家族聚落群居和良好防御功能的土堡、大型古民居等。如福清东关寨雄矗在半山腰，墙体坚固结实，沿内墙辟环寨哨廊，供巡逻；哨廊外墙开小窗，为瞭望射击之用。闽清宏琳厝、四乐轩等大型古民居和闽侯溪源寨、永泰同安青石寨、闽清省璜娘寨等七堡厚墙高耸，体量庞大，布局合理，雕刻考究，保存良好。永泰庄寨是闽中地区独具特色的居住与防御并重的大型民居，有1000多年的历史。永泰庄寨以"原生态"的土、木、石结构，各姓家族创建为特点，单座散建在河边阶地、山间盆地、丘陵的山坡和台地上，庄寨一体，是具有历史价值、科学价值和丰富地域文化内涵的乡土建筑遗产。

　　山地型传统聚落历史悠久，宅基地选址与山地、岭道串接形成山地型聚落空间。其中，传统风貌建筑的延续是基于历史建筑在当时当地的生活状态下适应性演进。山地型聚落的面空间是以自然山川的山地地形环境为基底，由点（各单体建筑物、各开放空间与景观节点空间）和线（街巷、水系、山谷等线型空间）等要素形成整体山地聚落空间的肌理特征。它是经过历代居民的集体营造和生产、生活，逐渐生成有机的、完整的山地型聚落景观系统。

山地型的院宅在聚落整体上表现的是更为自由的群落组合方式，顺应等高线布局，依山就势，层次错落，层叠而上，既尊重自然肌理，又与环境相得益彰。区别于平地型传统聚落，山地型院宅因山形地势呈自由形态散布、聚合于自然山地环境中，院宅与院宅之间的关联性较弱，而与山地地形的联系更为密切，街巷等外部空间往往不具备显性图形性。山地型聚落中的街巷形态多以山地地形走向、坡度等为其结构基本特征，并将适宜建宅的场地连接起来，它与建筑相辅相成，共同形成聚落的基本骨架而具有图形性。它们与山地地形形态、林木、溪流水系、旷地等自然环境要素形成，共同构成了山地聚落的关系，呈现出鲜明的、完整的空间肌理特征。

为抵御强劲的海风、台风，平潭、福清、长乐、罗源、连江等海边建筑多石构外墙，小窗采光，硬山顶，出檐少或不出檐，建筑风格简朴，不雕不藻。福清、平潭沿海地区的建筑与莆仙和闽南建筑同属红砖建筑区，外观红砖红瓦白石，屋脊起翘且多为三段脊，屋面呈弧形生起，建筑装饰炫耀堆砌，封火山墙低矮，墙头曲线多变生动。

人作为传统聚落居住空间的主体，在其演变中起着决定性的因素。随着社会的发展，由于现代社会居住主体与传统居住物质空间的历史错位，传统民居院宅空间与聚居环境出现一定的功能不适应性，如生活生产方式的不同，导致传统院宅居住空间与现代居民追求的多样化的功能空间尺度难以撮合，院宅空间的老化与聚居社会环境的贫困化等。

"城镇化"是当下中国发展进程主题之一，基于目前城镇化建设与传统聚落保护的现状，十二届全国人大会议上提出，在推动城镇化建设的同时，应注重传统聚落的保护，以传统聚落的"集体记忆"贯穿整个城镇化建设进程，建设城乡共赢的空间，最终实现中华民族文化的延续。

第三节　叶落归根

常言叶落归根，狐死首丘，物犹如此，人何以堪？生之依存，一家一户而已；死之去向，也仅占一墓一家。家户有盛衰，墓冢亦有兴废。所谓生如夏花之绚烂，死若秋叶之静美，在循环往复的生命轮回间，有人来去无痕，有人世代传名——但平凡与伟大又有何意义，数百年之后，每个人的故事都要靠一抔黄土来记述，功过也只能由一丛花草来评定……

福州的民间墓葬多为石构填坑式，外廓常依山势修成"风"字形，并借助不同级数的墓埕撑开规模，这样的构造，一方面可以防止水土流失对墓体的破坏，另一方面也契合了"前照后靠"的基本定律；除此之外，墓丘也习惯性地被塑成龟背状，旨在借"道家四灵"之一来传递家族的福脉。这一法则，最初可以追溯至唐代乃至更早；而在境内现存的古墓葬中，若论形制与工艺，最精彩的首推宋墓；到了明清近现代，始建或重修于这一时段的墓葬，则更多的是体现出一种对传统的继承和延续。

福州的北郊、仓山、闽侯等地发现有两晋南朝至隋唐五代的古墓，形制多为长方形砖构券顶，随葬有特制的青瓷等冥器。晚唐五代出现石构墓，如五代的晋安新店的闽王王审知墓和其儿媳刘华墓。王审知墓出土墓志一合、王审知妻子墓志一方，雕刻精美，有着重要的史料和艺术价值。刘华墓出土有女官、仕女、官员、镇墓鬼怪等40多件陶俑，造型生动，尤其是仕女俑体态丰满、表情祥和，具有浓厚的晚唐仕女遗风。

宋元时期出现了双室或多室并列的砖构、石构和砖石合构墓，台江大庙山发现骨灰罐宋墓。宋墓的随葬品丰富，茶园山宋端平二年墓和新店黄异墓中发现了大批珍贵的宋代丝织物，品种繁多，质地优良，色彩绚丽，工艺精湛。宋代许峻夫妻合葬墓出土了众多银器、银鎏金饰品和梳妆漆奁等。这些都为研究宋代丝织、油漆、金属工艺等提供了丰富而珍贵的实物资料。福州市还保存了李纲墓、黄斡墓、郑侨墓等宋墓及元代象山伊斯兰墓等。

明清实行薄葬，随葬品较少，多数墓葬为多圹并列的家族合葬墓，外用三合土构筑，平面呈"风"字形。现存著名的明清墓葬有明代的张经墓、谢肇制墓、陈第墓等，清代的林则徐墓、沈葆帧墓、严复墓、琉球墓群、福州戍守台湾将士墓群等。

1. 淮安丞相墓

位于福州市仓山区建新镇淮安桃花山，又名朱敬则墓。唐末迁葬现址。墓坐东南朝西北，平面呈"风"字形，四层墓埕，面阔29米，进深53米，墓前尚存有石翁仲等，占地面积约1100平方米。青砖墓冢，鳖壳型封土。墓冢前嵌有墓碑，碑文楷书"唐丞相敬则朱公之墓"。朱敬则（635—709年），唐朝名相、史学家。2013年淮安丞相墓被福建省人民政府公布为第八批省级文物保护单位（图2-3-1）。

2. 王审知墓

位于晋安区新店镇坂中村西室山，又称宣陵，为开闽王王审知的陵墓，后唐长兴三年（932年）迁葬至此。原葬凤池山，长兴三年迁葬莲花峰南麓的斗顶山，面对五虎，闽江横亘，旗鼓对列，气势宏伟。墓坐北朝南，用条石围成长方形状，占地面积2599平方米。陵园内原有殿堂、碑亭、牌坊，以及莲花、永兴两院（寺），闽亡，均废。明宣德四年（1429年）又遭屯军盗掘。明万历三十年（1602年）重修，墓顶立"唐闽忠懿王墓"石刻墓碑，

图2-3-1　淮安丞相墓

图2-3-2　王审知墓

陵墓是一座3层石台，四周条石砌造，台与台之间铺设5级石阶。台正面有两座并排的石墩，正面呈长方形，后端逐渐缩为半圆形。两墩前的平台用青砖铺成。墓前正中有一墓道，宽2米，两旁侍立4尊文武石像，6只石兽，整个陵墓结构独特，别具一格。1961年王审知墓被福建省人民政府公布为第一批省级文物保护单位（图2-3-2）。

3. 林则徐墓

位于鼓楼区洪山镇马鞍村金狮山南麓。林则徐（1785—1850），福建侯官（今福州市区）人，清嘉庆十六年（1811年）进士。历官十四省，统兵四十载，先后任按察使、布政使、巡抚、总督、钦差大臣等职。在整顿吏治、开垦农田、兴修水利、救灾办赈等方面政绩显著，深受百姓爱戴，并以钦差大臣身份到广东禁毒销烟，反对外来侵略，是近代中国"开眼看世界第一人"。墓系清道光六年（1826年）林则徐为其父母而造。道光三十年（1850年）林则徐病逝于广东潮州行馆，后归葬于此。墓坐西北朝东南，三合土夯筑，平面前方后弧，依山势高低建挡土墙、散水坡。面宽14.6米，纵深37米，五层墓埕。第一层墓埕，两边立一对三合土雕塑狮子，埕后两侧立两方青石碑刻，左《御赐祭文》，右《御赐碑文》。第二层墓埕正中立一横屏，上刻"五凤来翔"，字径0.46米。封土隆起，形如覆釜。封土前立长方形青石墓碑，高1.08米，宽2.25米，厚0.16米，阴刻楷书直下11行，从中行至左右分读："皇清诰封资政大夫、两淮盐政、前江苏按察旸谷林公、配陈夫人，男少穆公、妇郑夫人，出继男雨人公、妇李孺人寿域。道光丙戌年仲夏吉旦立。"碑两侧三合土望柱上刻联："百丈松楸驯鹿土；千秋圭节卧牛眠。"封土前两侧镜屏上镌刻："风清华表翔元鹤；云护佳城阖玉鱼。"封土后山墙正中饰一圆形"寿"字，字径0.82米。整座墓葬保护完好。1988年林则徐墓被国家文物局公布为全国重点文物保护单位（图2-3-3）。

图2-3-3　林则徐墓

4. 严复墓

严复墓位于福州市仓山区上岐村鳌头山北麓。清宣统二年（1910年）始建，1921年严复卒后归葬于此。墓坐西南朝东北，主体深12米，宽8.8米，占地面积200多平方米，土石结构，外观如靠背扶手椅，有三层墓埕，双重护臂。青石墓碑上刻"清侯官严几道先生之寿域"，碑两侧为卷书围屏，上雕菊蝶梅雀、松鹤鹿竹等。转角竖盘龙青石柱一对，金瓜顶。墓前横屏上刻："惟适之安"，为严复手书。墓内安放陈宝琛撰墓志铭。1984年、1988年两次重修，墓园扩大至1680平方米，2004年扩建严复墓公园，占地12.37亩（约8246.7平方米）。2006年严复墓被国家文物局公布为全国重点文物保护单位（图2-3-4）。

5. 萨镇冰墓

萨镇冰附葬于其父萨怀良墓中，墓位于福州市西郊火峰山南麓（今172医院后山坡上），坐北向南，"如意"形，面宽5.65米，深11.3米。二层墓埕，三合土夯筑。墓碑为青石，高62厘米、宽84厘米。碑面镌刻："雁门，清怀良萨公乔梓寿域，光绪乙酉年孟冬吉旦立。"楷书，字径9厘米。墓柱对联："天留福地，世被恩泽。"墓镜镌刻："春秋多佳日，山水有清音。"2011年、2012年福建省文物局两次拨款给福州鼓楼区文物部门，作为修复萨镇冰墓专款，修了萨镇冰墓及上山的路和护坡。萨镇冰的墓道碑立于600米外的山下，碑为花岗岩质，高3.08米，宽1.25米，厚0.18米。碑正面刻："中国人民政治协商会议首届全国委员会委员，中央人民政府革命军事委员会委员，中央人民政府华侨事务委员会委员，福建

图2-3-4　严复墓

图2-3-5　萨镇冰墓

省人民政府委员会委员萨镇冰先生墓道。"碑左沿书:"萨镇冰委员附葬怀良先生墓。"碑右沿题:"公元一九五二年四月。"1992年萨镇冰被福州市人民政府公布为市级文物保护单位(图2-3-5)。

6. 沈葆桢墓

位于福建省福州市鼓楼区洪山镇国光社区梅亭村火烽山南麓。建于清光绪五年(1879年),墓占地面积230平方米,坐北向南,三合土夯筑,前方后弧,平面呈"如意"形。有四层墓坪,面阔10.9米,进深20.5米。封土隆起,形如覆釜。封土前立墓碑,高0.85米,宽0.60米,上刻沈葆桢官职和沈葆桢夫妇等名字。墓碑两旁分立一对三合土堆塑狮子。祭台裙板浮雕动物,墓柱上刻对联。墓前竖花岗石墓碑,楷书:"皇清诰封资政大夫沈丹林公偕林夫人,长男按察司衔、九江道幼丹公、长媳林夫人,次男……"墓碑两旁置三合土堆雕狮子。墓柱阴刻对联:"人念九原随武子,身□半□□□吾"。1975年,因土地征用迁葬。1988年12月,福州市文物管理委员会将遗骨迁回,并对原墓全面修缮。1992年沈葆桢墓被福州市人民政府公布为市级文物保护单位(图2-3-6)。

7. 杨树庄墓

位于福州市晋安区鼓山镇盘山公路7千米处,依山而建,南向偏东21度,平面呈"风"字形,三合土夯筑,五层墓埕,面宽22.77米,进深34米。封土前竖青石墓碑一方,墓裙饰高浮雕麒麟一对。第一层墓埕正中有蒋介石赠送的塔状铜香炉,炉身正面阴刻:"幼京上将，懋绩丰功，蒋中正。"背面阴刻海军船锚图案。墓左侧建影堂一座。杨树庄（1882—1934年），字幼京，侯官（今福州）人，为甲午烈士杨建洛的嗣子，历任国民政府委员、海军总司令兼福建省政府主席、海军部部长等职。2018年杨树庄墓被福建省人民政府公布为省文物保护单位（图2-3-7）。

图2-3-6　沈葆桢墓　　　　　　　　　　　　　　图2-3-7　杨树庄墓

第三章

文脉焕邹鲁

　　福州科甲鼎盛，簪缨蝉联，古代被誉为"海滨邹鲁""文献名邦"，也即文化教育之都，城内城外书院林立，留下了诸多文庙、书院及名人题刻，共同串联起一条绵远而完整的闽都文脉。

第一节　书堂林立

　　福州，被誉为"文献名邦""海滨邹鲁"。鲁，至圣孔子的故乡；邹，亚圣孟轲的桑梓。从字义上来看，不管是前者的直接定论，还是后者的名人代言，无不揭示了这座城市深厚悠久的"崇文"传统。

　　在封建时代，科举制度赋予了这片土地以前所未有的机遇和挑战。它始于隋唐，盛于明清，在漫长的进化中形成了一套严密而又完备的人才选拔制度。当年明月曾在他的畅销书《明朝那些事儿》中，对有明一朝的科举制度详述备尽。那时的读书人都生活在"万般皆下品，唯有读书高"的巨大舆论场中，相信"学而优则仕"才是实现人生价值的最主流途径，但据作者介绍，在这条崎岖道路上，他们至少应该接受四场大战役：一是院试，应试者将面临从童生到秀才的转变；接着是乡试，考上者将更进一阶，化身举人；再就是会试，通过者被称为贡生；最后才是考验是否拥有进士资格的殿试。这其中的一切荣誉，也都会被仕子们带回家乡，或雕于牌坊中，或刻于横匾上，或涂于灯笼间，代代相传。回首来路，地点不同，称号不同，距离自己人生理想的远近也在不断改变，难怪个中的痛并快乐，常被类比为"鱼跃龙门"。

　　今天，人们常常会诟病生硬刻板的科举制度对读书人创造力的绞杀抹灭，甚至还以此观照和评判当下的素质教育是否也沾染了些许封建习气。但无法否认的是，科举制度在不同阶级、不同家境、不同身份和不同民族的读书人中间，搭建了一座公平竞争的舞台。古代的科举考试鲜有舞弊，即使存在，其惩治力度也是极度严苛，因此，公平、公正和公开的游戏规则契合了中国人"不患寡而患不均"的国民心态，成为吸引读书人前赴后继的主要原因。更重要的是，在儒家典籍的濡染下，仁义礼智信的价值观得以深入骨髓，并贯穿整部封建史；而知礼、知耻的风气，也成为构成和谐社会所必不可少的砖瓦。

　　当然，科举制度并非就无可厚非。对四书五经的过分专注，使得人们无法敏锐地观察到科学技术带给这个世界的巨大变革，甚至还滋长了"两耳不闻窗外事"的漠然，种种都为其后的丧权辱国埋下伏笔；从一个侧面，也折射出以前读书人略显病态和机会主义的学习动机：功名利禄为先，自身修为次之。反倒是在遭遇了挫折之后，他们才会想到以佛家的释然、道教的超凡来调节自己，获得人生的升华，如李白、苏轼、王阳明、曾国藩等众，莫不如此。但无论如何，从科举制度中浴火涅槃的精英，绝大多数还是经受住了时代和历史的双重考验。作为科举文化的重要史迹，福州留存了大量的文庙、书院建筑。

一、典型案例空间分析

1. 福州文庙

福州文庙位于鼓楼区圣庙路北侧。又称孔庙、圣庙，俗称圣人殿。史载，福州府儒学，兼祀孔子，旧在布政司西北。唐大历七年（772年）观察使李椅易建城南，扩大文庙规模。五代后梁龙德元年（921年）闽王王审知置四门学，以招徕四方之秀。吴越时，作新官，号使学。宋太平兴国间，转运使杨克让定为孔庙。历宋、元、明、清，四次遇火，四次重建，十多次修建、扩建。尤其在宋景祐四年（1037年）之后，不断修葺，建有经史、御书、稽古三阁，养源、议道、驾说三堂，以及十二斋舍、杏坛、射圃等，占地百余亩。清咸丰四年（1854年）最后一次重建，更是建筑规模宏伟，堂构辉煌。民国时期，仍保存着中轴为跨街宫门、棂星门、泮池、仪门厅、大成殿；两侧为廊庑、官厅、名宦祠、乡贤祠的格局。东隔墙外建明伦堂。自20世纪50年代以来，屡有改造。现存棂星门、东西回廊、泮池、仪门厅、东西庑、月台、大成殿、后照壁；两侧名宦祠、乡贤祠待建。整座建筑坐北朝南，占地面积7552平方米，建筑面积4000平方米。

文庙主体部分，其东西共面扩64米，南北进深110.06米。庙内保存诸多文物，门前东西襄塘"江汉秋阳，金声玉振"两块石圆，清天朗日，月台上出现波浪奇观，人占吉兆；咸丰重建，庙碑刻工精妙，阴刻往往凸现阳字；大成殿顶部藻井，镶嵌星象图；殿后上方檐间高挂笔力雄劲的"仰之弥高"特大匾额。

临街的棂星门亦称先师门，是文庙中轴线上的牌坊式石构牌楼，是文庙特有的建筑形式。正中宽28米，为六柱五间的石坊门，实为六柱三开间，每根柱根均用两块夹杆石前后对夹锁固，只有明间及左右稍间有设双开厚板门作为孔庙的正中三孔大门。左右还另开了两个小拱门，以便平时不开大门时出入。

步入棂星门，一座横跨在泮池上的泮桥映入眼帘，二者如此相契合，泮桥从半圆的弧线最高点落下，使得泮池左右对称，泮桥的另一端刚好在泮池的直径线上，这座仅8米长的三孔小桥，所处的位置正是孔庙中轴线。因而兼有造型美、时空美和寓意美。泮桥又称"步云桥"，寓意青云直上。古时只有获得了秀才以上功名的读书人才能从泮桥上昂首走过到大城殿祭孔，是当时读书人荣耀的象征，不愧为名副其实的功名桥。走过泮桥就是大成门，大成门是一座面阔五间的门厅。其明间及次间为悬山顶屋面形式，左右两稍间为硬山屋面，其屋面稍低于明间、次间的屋面，共同组成叠落式屋面形式。明次间三开间均开落地门，且落地门均用余塞板装饰，这种做法是福州地区很有特色的门厅大门装饰做法。屋脊为喜鹊尾式的正脊，端部翘尾做法，也体现了明清时期福州古建筑的特色。大成门，是因大成殿而得名，是通往大成殿的正门。大成门和大成殿有着一样的意思，都是要突出孔子学问思想方面的"集大成"，大成门一般有明次间三扇大门，最大的明间大门通常关闭，只有考中状元去参拜孔子时才能打开，平时进出只能走两侧的边门。

走过大成门来到大成殿，大成殿重檐九脊顶，殿前建有突出式长32米，宽9米，高出埕面1.2米，周边饰以栏板栏杆的月台。台面铺作大石板内中空。每当太阳东升西降横照月台埕面上，人们可从栏杆下平视埕面，可见石埕面冉冉上升之瑞气的奇异景观。大成殿雄踞于高出埕面1.46米的月台之上，十分壮观。殿面阔七间，进深四间，高19.6米，面积1065平方米。殿内有硕大石柱32根，其中8根内柱长7米，穿斗式木结构铺以石柱，用石檐柱22根，石内柱8根，特别殿内4根大石柱直径达到750厘米，每根重约16吨，据郭伯荫记载，当时用绞车吊装每竖一根石柱，需动用民工两百多人，当年施工之艰难，其石用料之大在全国现存的文庙建筑中亦极为罕见。其柱上部还有木柱以榫卯形式穿插通过，落地木柱18根。上下檐之间铺作层共有42攒五跳八铺作的柱头铺作，补间铺作和转角铺作组成。石柱硕大，按花岗岩每立方米2.8吨计，石内柱每根重达约9吨，石檐柱每根重达8吨，当年施工艰难由此可见一斑。殿中上部藻井顶部有一精美的古星象图，星座金光熠熠，十分耀眼。大殿内安放着新制青石雕刻孔子坐像，高25.51米，基座1.18米。孔子坐像左前侧分别安放颜回，子思青石雕刻坐像，通高3.45米；右前侧分别安放着曾参、孟子青石雕刻坐像，通高3.45米，东、西、北三面绕孔子坐像立七十二帧形态各异、栩栩如生的七十二贤人青石雕刻造像。殿内的儒家青石群雕造像，在表现技法上注重质感和比例，形神兼备，雕刻精美，展示了儒家现实生活气息的境界。如此雄伟壮观的儒家青石群雕造像，实属宇内罕有。殿内，悬挂重新复制的由康熙皇帝以下五位皇帝书写的六面大匾额。以及康熙皇帝、乾隆皇帝书写的楹联，金字熠熠，满壁生辉。移身殿内，令人油然而生崇仰肃穆之情。2006年福州文庙被国家文物局公布为全国重点文物保护单位（图3-1-1~图3-1-4）。

2. 福州西湖书院

西湖书院位于福州西湖内，据何振岱《西湖志》所记载："西湖书院在古雄兵桥之西，大门面湖，有堂南向，崇祀朱子。庭中甃石为水池，荫以嘉树。旁竖石碑，镌乾隆时开浚西湖文。后为三公祠。三公者：唐公、迟公维城、龚公其裕也。左为文昌阁，栏槛疏爽，岚影波光，升阶可望。右为报功祠，祀龚公耀孙。数公者，皆有功于书院，春秋佳日，里社修苹蘩之祭，以配食于朱子云"。

图3-1-1　福州文庙现状

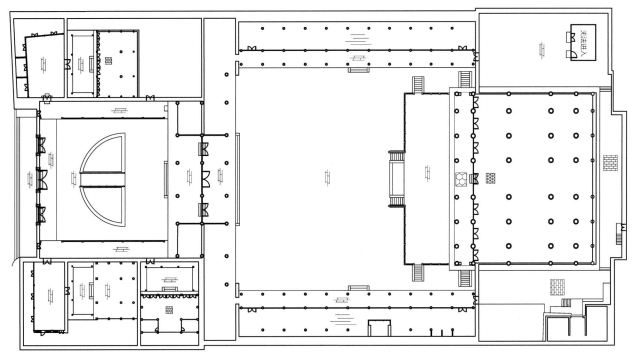

图3-1-2　福州文庙一层平面图

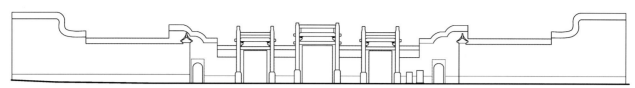

图3-1-3 福州文庙立面图

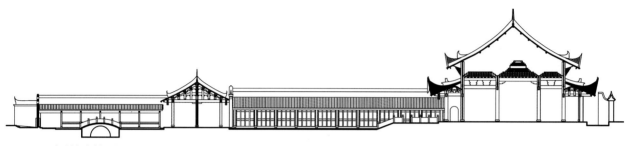

图3-1-4 福州文庙剖面图

　　书院通常整体呈坐北朝南，利用地形，依山就势，筑石层累而上，形成西北高东南低的态势，环境优雅清新，并通过大小不同的庭院天井安排，形成丰富多变的空间层次序列。文昌阁是供祀文昌帝君神像，凡科举中试者，题名阁内，以鼓励宣扬。

　　讲堂：书院以讲堂为中心，在中轴线上，与其他建筑构成较为规整的格局，使其讲学、篯书，供祀等主体建筑位据主要地位，住宿斋合，游息园池，及辅助设施因地制宜，灵活安排，使整个书院总体主次分明，区划清晰，井然有序，联系密切，使用方便，构成有机的整体。

　　藏书楼三公祠是书院的重要标志之一，古代书院无不重视图书的收藏，一般是书院最高的建筑，处于书院的后部比较幽静的环境。藏书楼也与祭堂结合安排，藏书楼放置在两个阁之间。

　　报功祠：建在三公祠的右侧，为纪念先贤而建，书院一般都有自己的专祀，如祀周敦颐、朱熹等在理学上取得正统地位的人。

　　西湖书院入口门厅，根据《西湖志》记载，设立在桥对面，立面为面阔三间，进深两间，明间为两扇板门做屏门，次间做门房用。原有书院留下的石碑立碑亭纪念（图3-1-5～图3-1-8）。

图3-1-5　福州西湖书院现状

图3-1-6　福州西湖书院效果图

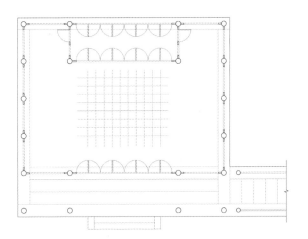

图3-1-7　福州西湖书院一层平面图

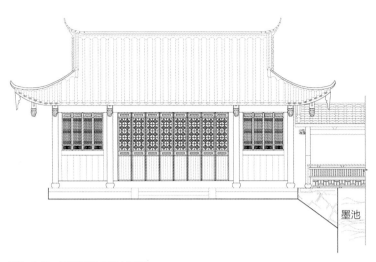

图3-1-8　福州西湖书院立面图

墨池

3. 高氏文昌阁

高氏文昌阁位于上杭路134号高氏旧居，占地1620平方米，正落坐西北朝东南，为两进带门头房传统院落布局，侧落为一进花厅。

高氏旧居建于清嘉庆年间，为高氏族人生活、祭祀场所。1949年后家道中落，正落两进院落用作宿舍楼及廉租房，如今院落内多处被后人改建加建，较为破败。大门面临上杭路，前部为高氏祠堂，建于清代早期。前后两进，依山势而升高，均运用了减柱插梁构架，明间空间开敞宽阔，建筑高大，通风采光充足，木材用料较大，主座均为面阔五间，进深七柱。第一进为接客招待场所，厅屏门阴刻描金朱子家训。后部文昌阁建于清嘉庆年间，原为高氏书斋，坐北向南，双层楼房，面阔三间，进深五柱6.5米，上层为卷棚顶，周围有楼部美人靠，穿斗式构架，重檐歇山顶，占地180平方米。文昌阁属重檐歇山顶的两层木楼，穿斗式构架。其中一楼面阔三间，进深五柱，中为厅堂，两侧厢房。一层东、南、西三面檐下为三出梢斗栱承托雀替、檩木，两侧戗脊。二层面阔一间，进深一间，中为房间，周以通廊，通廊设有美人靠，屋面顶部两侧雀脊、翘角，表层卷草彩绘。主楼西侧跨越院内为厨房。文昌阁二楼原供奉有文昌帝君，相传为专司学问，文章之神，又为科举士子之守护神。阁南面方寸之地有小花园，有假山、鱼池、石桌、石椅。

上杭路134号高氏旧居走出了天文事业的先驱者。民国时期走出近代天文学家——高鲁。高鲁（1877—1947年）字曙青，号叔钦，福建长乐人，早年就读于福建马江船政学堂。1905年去比利时布鲁塞尔大学留学，后来获该校工科博士学位。1909年追随孙中山参加同盟会，1911年回国，辛亥革命后任南京临时政府秘书，不久任中央观象台首任台长。在中央观象台台长任内主持编制新历，创办《观象丛报》《气象月刊》，后任中央研究院天文研究所所长，发起筹建紫金山天文台，参与选址工作，是中国天文学会创始人。著有《日晷通论》《星象统笺》《中央观象台过去与未来》《相对论原理》等。

院落部分：从前往后依次为一进院墙、一进前天井、三面回廊、一进主座、一进后披榭、二进院墙、结构明间为双向扛梁箭竹造，次间为穿斗式木构架，硬山顶。

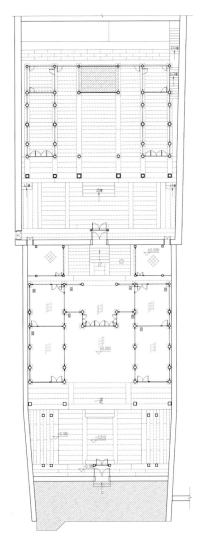

图3-1-9　高氏文昌阁一层平面图

平面布局：跨入一进院墙到一进主座前三面回廊，廊中央为天井，从天井上台阶为一进主座，穿过主座到达后天井，后天井上7步台阶进入二进大门，天井两侧为后披榭。整个建筑根据地形依山而建。

前天井三面为回廊，回廊采用石板铺地，中间回廊采用两榀单步梁搁置于扛梁及院墙之间，屋面单坡排水，回廊中间原有的插屏隔断，现已缺失。两侧回廊前面为双排柱，通过木枋直接插入山墙，原有梁架基本保存完好，屋面单坡排水，三面回廊檐口交圈，屋面形成"V"形天沟，两侧回廊截水脊粉刷层残损。

主座面阔三开间，通面阔17.02米；进深七柱，通进深14.08米（柱中到柱中），梁架次间为清代穿斗式抬梁结构，屋面为硬山顶。前轩廊三步梁架，罗锅椽卷棚饰顶；明间采用"井"字形双向扛梁结构，形成宽敞的大厅，方便祠堂祭拜。明间为"凸"字厅屏，屏门在大漆上用烫金书写了朱子家训，六扇插屏门，太师壁上横批缺失，上承一斗三升弯枋。后厅堂双步梁架，罗锅椽卷棚饰顶，屋面为双坡硬山顶。次间加以隔断，形成房间，整体梁架保存基本完好。局部加建老虎窗，鹊尾式正脊。主座明间为石板地面，次间为木地板。高氏旧居正落两进存有福州地区典型的灰塑、木雕刻、漆作艺术构件。一进屏门在大漆上用烫金书写了朱子家训，以"修身""齐家"为宗旨，集儒家做人处世方法之大成。二进前轩雕刻内容精美且丰富，极具地方特色。2015年高氏文昌阁被福州市人民政府公布为市级文物保护单位（图3-1-9～图3-1-12）。

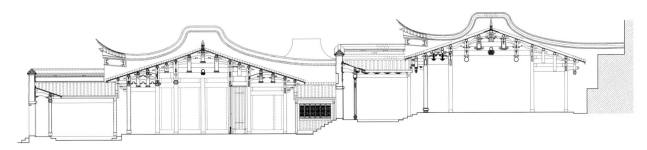

图3-1-10　高氏文昌阁横向剖面图

图3-1-11　高氏文昌阁入口空间

图3-1-12　高氏文昌阁厅堂插梁与穿斗构架

二、其他代表性案例

1. 螺洲孔庙

螺洲孔庙位于福建省福州市仓山区螺洲镇吴厝村，是福建省乃至全国少有的非府非县治理的乡镇一级孔庙，也是福州地区目前仅存的两座孔庙之一。螺洲孔庙始建于南宋，明成化十年（1474年）吴叔和重建，明正德十六年（1521年）、隆庆二年（1568年）两次修，明万历二十二年（1594年）重修并塑孔子及弟子像，清道光辛巳（1821年）由刑部尚书陈若霖再次倡修。螺洲孔庙占地面积1048平方米，孔庙的主建筑有大殿、天井、厢房、门楼、水池、棂星门等，占地面积1048平方米。大殿为土木结构，面阔五间，进深七间，穿斗式加抬梁木结构，单檐歇山顶。殿内塑有孔子像。庙前的棂星门，由6根圆形石柱、11条石梁、12块石坊组成3个石门；高7米，面宽13.45米，厚0.74米。门上有双龙戏珠、丹凤朝阳、青龙盘绕、鲤鱼跳龙门等精美浮雕。1992年，螺洲孔庙被福州市人民政府公布为市级文物保护单位（图3-1-13～图3-1-16）。

2. 正谊书院

正谊书院位于福建省福州市鼓楼区东街28号，始建于清同治五年（1866年），原为闽浙总督左宗棠在于黄巷创立的"正谊书局"，清同治九年（1870年），镇闽将军兼署总督英桂改书局为书院，并移置于现址。现存作为大讲堂的前厅，坐北朝南，面阔三间，进深七柱，硬山顶，占地面积411平方米。门额青石横匾镌刻楷书"正谊书院"。

正谊书院取汉大儒董仲舒"正其谊不谋其利，明其道不计其功"之意，又因由正谊书局演化而来，故命名为"正谊书院"。书院培养出叶大焯、陈宝琛、林纾、陈衍、吴曾祺等一批英杰才俊，成为享誉八闽的清代福州府城的四大书院之一。

正谊书院建筑朴素大方，与鳌峰、凤池两院构造风格不同。院大门上有一块字径盈尺青石刻的横匾，上镌"正谊书院"四个大字，是当时闽籍书法家郑世恭（郑孝胥之父）所书，该匾额现还嵌于正门上，另一复制原大青石匾嵌于福州一中校史碑墙上。书院有大讲堂，而无学舍，后进五间排全座为山长住宅、右边有大客厅一座，首任山长为状元

图3-1-13　螺洲孔庙现状

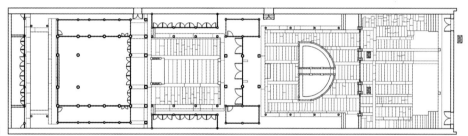

图3-1-14　螺洲孔庙一层
平面图

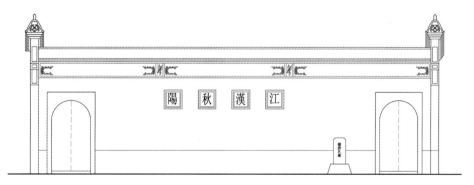

图3-1-15　螺洲孔庙立面图

图3-1-16　螺洲孔庙剖面图

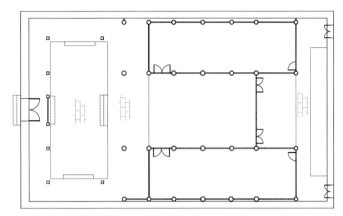

图3-1-17　正谊书院一层平面图

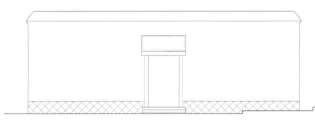

图3-1-18　正谊书院立面图

图3-1-19　正谊书院剖面图

林鸿年。陈宝琛、林纾等名士早年曾就读于该书院。

光绪二十八年（1902年），与凤池书院合并，改办全闽大学堂（即今福州一中）。民国二年（1913年），省图书馆移至正谊书院。民国四年（1915年），第四进被福建省立第一中学（福州一中）改建为膳厅。民国五年（1916年），二、三进被福建省立第一中学（今福州一中）拆除改为校舍（后三进尚有部分石件散落在福州一中三牧坊教工宿舍）。民国三十五年（1946年），省立图书馆建成临街的馆舍，正谊书院就被隔在后面。1991年省图书馆位于湖东路的新馆建成，该处改为少儿分馆。

2009年，旧馆临街楼房拆除，正谊书院落架拆除，2013年正谊书院被福建省人民政府公布为省文物保护单位（图3-1-17～图3-1-19）。

3. 濂江书院

濂江书院位于仓山区城门镇林浦濂江村泰山宫东，又称文昌宫，始建年间不详，相传朱熹曾在此讲学，并题有"文明气象"四字。书院为一座二层小楼，占地764平方米，坐南向北，木结构，穿斗式构架，单檐歇山顶。角檐翘脊，上饰灰塑卷草，下施角鱼。双层楼面阔三间，进深五柱。上层楼前及两侧设楼廊，右侧辟为朱子祠，楼前有小庭院，石砌地面，前有石栏杆，栏板上刻"文光射斗"四字。四周墙垣护卫，现为小学诗堂。前院前短围屏题刻，前为"文光射斗"，后为"濂水龙腾"。数百年前朱熹及弟子黄榦等均在此讲学，其内"文昌阁"即是讲学处。2001年6月濂江书院被福州市人民政府公布为市级文物保护单位（图3-1-20～图3-1-23）。

图3-1-20　濂江书院
现状

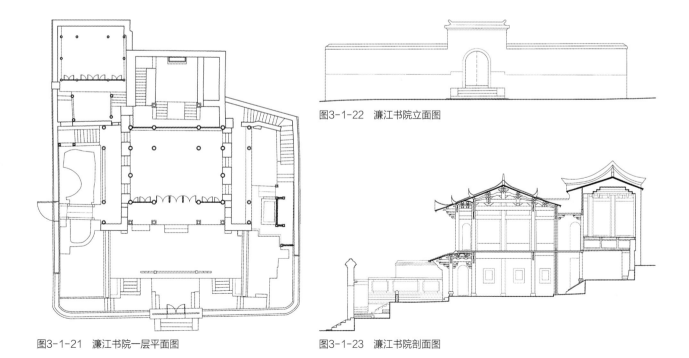

图3-1-22　濂江书院立面图

图3-1-21　濂江书院一层平面图

图3-1-23　濂江书院剖面图

三、书院历史沿革

　　书院建筑一般多以民居建筑形制为主，以讲堂为中心，运用亭、廊、桥、花窗以及庭院的绿化，进行分隔和联系，增添空间变化的幽深情趣。书院不追求华丽装饰，力求朴实简洁，并通过嵌碑立石、命名题额、匾联书法等，制造其斯文典雅的境界，给人以深刻的感染力，发挥其潜移默化的教育作用。淡然出于自然，清新来自简洁，不好富丽堂皇、烦琐装饰，正是文人所要追求的建筑艺术格调。

　　从唐代开始兴起，宋代形成高峰，清末逐渐式微，到1906年消亡——中国书院历时千年之久。它是民间教育组织，最初是官方修书校书和藏书之所，直至宋代才由朱熹创立正式的教育制度。书院原由富室、学者自行筹款，于山林僻静之处营建学舍，或置学田收租，以充办学经费。中国历史上的书院至少有7500所，最为著名的有四大书院：应天书院、岳麓书院、嵩阳书院、白鹿洞书院。众多书院为中国教育、学术、文化、出版、藏书等事业的发展，对民俗风情的培植，国民思维习惯、伦常观念的养成，贡献良多。

　　宋末战乱，豪强肆意侵占书院事件时有发生。元政府发布诏令保护书院，并严肃处理这类违法事件。对建设书院态度上，鼓励私人创建书院。至元二十八年（1291年），忽必烈诏"令江南路学及各县学内，设立小学，选老成之士教之，或自愿招师，或自受家学于父兄者，亦从其便。其他先儒过化之地，名贤经行之所……家出钱粟赡学者，并立为书院。"任士林《元松乡先生文集·重建文公书院记》卷一中记载："愿以力创书院者，有司弗夺其志，部使者加察详焉，行省设官以主之。"且随着元政权的建立和进一步稳固，元朝政府特别是各级地方政府也把越来越多的财力和精力投在了书院的建设上。《日下旧闻》称："书院之设，莫盛于元，设山长以主之，给廪饩以养之，几遍天下。"

　　该时期的书院也受到政府的严格管控。徐梓《元代书院研究》一书总结元代书院"官学化"的现象，主要有：严格报批手续，加强对书院的控制，官办书院增多；政府向书院直接委派山长，强化对书院的直接管理，山长纳入学官系统管理；由官府拨置学田，掌握书院经济命脉；各级官府直接创办书院。

　　但无论如何，元代书院的建设对福州文教事业发展起到积极的推动作用，且官府中也绝不乏如朱熹一样，带有"书院情怀"的学者，他们赋予书院精神和思想，以其个人学术与好尚，使这种官办书院具有较强的个性特点，从而延续书院的良好传统。书院建筑力求文化与风景的有机结合，融成一体，"景借文传"突出其文化特色。自古书院特别重视其学术渊源，通过专祠，如三公词、报公词、设供纪念学派的宗师，建院功臣，重视命名题额，凡嵌碑立石、匾联语录等，最好要求出自经典，以显示其学箴言，教化内容，修身之道为学之方，并以其优美的书法艺术，增强其文化氛围和感染力。其他如亭、池配置，庭绿化，装饰图案等地，力求有所寓意。书院的刻意经营，就在于创造一种"如入芸之室"，潜移默化的境界，给人以深刻的文化熏陶。据史料记载福州古代书院有数十个，是封建社会特有的一种教育组织和学术研究机构，一座城市的诞生、兴旺和衰落，这诸多的节点莫不受到人才去留的左右。

在福州书院中除元代前保留下来的几所外，新增有勉斋等书院，在元代闽都书院文化传播中，这所书院的历史文化不可不大书一笔。据不完全统计，元代福建地区创建的书院共有29所。勉斋书院的创设，对福州乃至福建地区皆起到重要影响。元贡师泰在《勉斋书院记》中云："书院遍天下而闽中为盛，大约祠徽国朱文公师弟子居多。"朱熹与其门弟子的学说，对文化界影响甚大。明刑部尚书彭韶作《考亭书院新置祭田记》，其中云："圣贤之功，开益万世，其深恩莫报，犹昊天罔极……紫阳朱文公，后世之圣贤也，绍先圣于既往，集诸儒之大成，昭揭斯道，如日丽天。"勉斋书院建立，事在元代至正十九年（1359年），这是时人对他的一种纪念，也是历史对他的一份肯定。

福州的儒学传承，这一条学脉从阮弥之开始到林慎思，再从海滨四先生、杨时到朱熹，构成了一条学术传播脉络。他们的学术与精神，也成为后世学者创建书院、讲学书院等一系列推动书院发展的动因、目标与宗旨。朱熹及其弟子开创书院传统，延续了孔子的教义与精神。他反对以科举考试为目的的学习，提倡"为己之学"，在书院实践活动中，为后世书院树立楷模。研究书院，绕不开朱熹，没有朱熹的书院学，那么书院研究就将失去它的灵魂。朱熹于"避伪学禁"期间，到福州竹林书院、闽县吟翠书院、连江丹阳书院、闽清梅溪书院等，足见其对教育的重视。不管是早前的中原两河流域，还是后来衣冠南渡的福建，又或是近代的通商口岸，它们的兴衰起落都是在移民潮的催化下完成的。不同地域的智慧结晶，因为不同地域人民的迁徙交融，实现了碰撞与新生，才有了崭新的文明。因此，今天的福州只有以更开放的姿态、更崇文的追求，才能重塑昔日的神话。

第二节　迹留山川

福州地区留下了灿若星辰的石碑、石刻，它们是福州文脉的重要组成部门。鼓楼的乌石山、于山、泉山，晋安的鼓山、升山，仓山的狮头山，福清的瑞岩山，长乐的晦翁岩，连江的青芝山等山体岩石上留下了大量的题刻，蕴含着丰富的历史、文化、艺术价值。

1. 鼓山摩崖石刻

位于晋安区鼓山上。主要分布于鼓山绝顶峰、灵源洞、白云洞、达摩十八景、登山道两侧和舍利窟等处。始刻于宋庆历六年（1046年），经元、明、清、民国至今，历时一千多

图3-2-1　鼓山摩崖石刻

年。现存摩崖石刻562段，其中宋刻89段、元刻11段、明刻31段、清刻172段、民国刻102段、中华人民共和国成立后4段、时代不明153段。留有蔡襄、李纲、赵汝愚、朱熹、沈葆桢、陈宝琛、郭沫若等2400多人的题名或笔迹。书体篆、隶、行、草、楷兼备，诗词、对联、题偈、题名、榜书等文采纷呈。鼓山摩崖石刻是珍贵的书法艺术宝库，并为研究福建省、福州市历史和人物提供实物资料。2001年鼓山摩崖石刻被国家文物局公布为全国重点文物保护单位（图3-2-1）。

2. 乌石山摩崖题刻

位于福州市乌山，崖石嵯峨，挺拔竞秀，有题刻200余处，遍布全山，书法精美，富诗情画意。以石林园、道山亭、霹雳岩、邻霄台、清泠台、天秀峰，天香台等处比较密集。有唐李阳冰的篆书，宋程师孟、陈襄、李纲、朱熹、梁克家等人的题刻80多处，篆、隶、草、行、楷俱全，还有蒙文书刻。尤以李阳冰的《般若台记》为最著，全刻高5米，宽2米，字径0.5米，全文24个篆字："般若台，大唐大历七年著作郎兼监察御史李贡造、李阳冰书"。在"般若台"三字之下，又刻有"住持僧惠摄"5个楷书小字，径5寸，据《榕城考古略》载：这段题刻与处州的《新驿记》，缙云县的《城隍记》，浙江丽水的《忘归台铭》，世称"四绝"。原刻在华严岩西侧，"文革"期间，省气象台基建时被毁坏，幸好拓本尚存，1982年在石林区复制。宋刻多榜书、题名，明清多诗刻。其中明代太监的题刻对研究明代太监，特别是督舶太监的活动，具有很高史料价值。此外，南宋绍兴二年（1132年）正月二十二日，孟庚宜、李纲等会集长乐台议事的题名刻，同年，潘正夫刻在霹雳岩的记述，元至正十三年（1353年）李北安所记，正月农民起义兵逼福州郡城的叙事刻等，都是史书所未记载的重要史料。在乌山东南侧的石壁上有佛祖造像，依岩凿就，三佛并列，各自端坐莲座。中座者高1.25米，螺髻，敞胸，双手叠置在前身，脸庞丰腴，神态端庄，衣褶流畅。左右两尊高各0.9米，敞胸，双掌合十当胸，状甚恭谨。佛像背面刻有光芒四射的轮光。乌石山南的唐代摩崖造像，大小共三尊，端坐于莲座之上，眉目和蔼，衣褶流畅，雕艺精湛。2013年乌石山摩崖题刻被国家文物局公布为全国重点文物保护单位（图3-2-2）。

3. 于山摩崖题刻

位于福州市于山，由宋至近代摩崖石刻100多段。于山摩崖题刻大都分布在鳌峰顶、戚

图3-2-2　乌石山摩崖题刻

图3-2-3　于山摩崖题刻

公祠等处，内容具有鲜明的时代特征，特别是号召民众抵御外侮的题刻，如纪念戚继光的"平远台"、抗日战争时凿刻的"誓雪国耻"等。鳌峰顶上北宋淳化元年（990年）吕文仲题名刻石，是福州最早的宋代崖刻。山南的《南较场演武厅铭》是福州面积最大的崖刻。此外，还有宋代"廓然台"榜书、明正德督舶太监尚春题刻、张炜"平远台"榜书和清代官府镇压农民起义领袖蔡牵、朱渍的纪事刻石等。2013年于山摩崖题刻被国家文物局公布为全国重点文物保护单位（图3-2-3）。

4. 栖云洞造像

位于罗源县城南郊莲花山圣水寺侧栖云洞内。栖云洞为天然石洞，形如巨钟罩地，中有澄心井，高1.3～2.85米，围宽37米。内置青石雕罗汉坐像18尊，围壁列坐，为南宋淳祐八年（1248年）石匠陈曾缘雕造。造像高0.75～0.84米不等，坐姿、法器各不同，形态各异，造型美观。像背面刻有纪年与工匠姓名。洞壁尚存摩崖题刻9段，书法道劲，具有较高的历史、艺术价值。2006年栖云洞造像被国家文物局公布为全国重点文物保护单位（图3-2-4）。

5. 瑞岩弥勒造像

位于福清市海口镇牛宅村瑞岩山麓，是全国最大的立体坐式弥勒造像，也是福建省目前发现的最大的元代佛教造像，与泉州清源山上的宋代老君岩造像并称"福建石雕二绝"。元至正元年（1341年）开凿，明洪武元年（1368年）竣工。由福清县吕伯恭等人鸠工，依花岗岩的自然形态雕凿而成，前后历时28年。造像高6.4米（头部高2.3米），宽8.9米。弥勒身披袈裟，足着草履，盘腿打坐，袒胸露腹，左手捻珠，右臂垂腹，两眼平视，双耳垂肩，

图3-2-4 栖云洞造像

图3-2-5 瑞岩弥勒造像

笑容可掬。怀中和腿上还有三尊小和尚。整座造像形态生动，线条流畅，镌工精巧，为元代石雕艺术的佳作。洪武二十三年（1390年），僧悟普建堂覆盖；万历十一年（1583年）重建；泰昌元年（1620年）叶向高募缘再修，并增建魁星楼，取名石佛洞。清同治元年（1862年）阁毁，现仅存石柱10根，上刻楷书："愿天常生好人，愿人常行好事"等柱联。像旁保存石碑三通，一为明万历十一年（1583年）重建弥勒阁碑，其余风化模糊。1996年瑞岩弥勒造像被国家文物局公布为全国重点文物保护单位（图3-2-5）。

还有一些石碑，虽然遗世独立，但以其精湛的书法技艺，占据着福州文化的一席之地。福州保存至今最古老的碑刻是唐贞元十五年（799年）的"贞元无垢净光塔碑"，俗称"乌塔碑"，碑文记述为德宗皇帝李适祝寿而建塔的因由。

闽王庙碑刻在今福州市区中心的庆城路。闽王庙门墙为牌楼式，墙檐有宽幅彩画博古花边，红墙青瓦。辟三门。中门前有一对抱鼓石，是以前的门面装饰，象征房子的主人有较高的身份和地位。旁有石狮，门上嵌竖碑"奉旨祀典"，黄碑"忠懿闽王祠"。左右边门石额分别为"崇德""报国"。大殿木构，面阔三间，进深二间，穿斗式构架，歇山顶尾脊，祠厅额挂一块木匾"功垂闽峤"，"峤"指的是山大而高，以此赞誉王审知治闽的功劳。中供闽王塑像。陈列王审知墓志一合及其妻任内明墓志1通。殿前石铺庭院，左右设廊。祠西侧庭院，有拜剑台一座和董太后享堂。享堂面阔三间，进深二间（五柱）。拜剑台毁于"文革"期间。闽王庙东路为主庙，共四进，大门为福州传统祠庙常用的屏风式门楼墙，共三个拱门，中门上方嵌两块立式石碑，上面一块为"奉旨祀典"，说明这是一座列入官方祭祀的庙宇，下面一块为"唐闽忠懿王庙"；左侧门（东）上嵌横石碑书"崇德"，右侧门（西）上嵌横石碑书"报功"。位于前庭左侧的"恩赐琅琊郡王德政碑"是唐天佑三年立，黑色页

图3-2-6　闽王庙碑刻

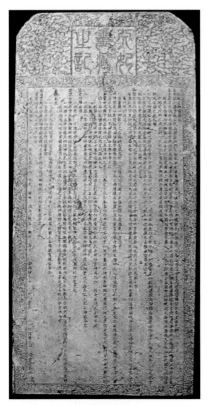

图3-2-7　天妃灵应之记碑

岩，高4.9米，宽1.87米，厚0.29米，被誉为天下四大碑之一，记录了王审知执掌福建军政期间的治闽业绩。前庭右墙嵌有"乞土胜地"碑，它是后人缅怀王审知重农教谕而设立的；后继官员继承王审知的遗志，大力发展农业，每年立春，群守都会带人来这里取土，捏制春牛抬着四处游行，发动春耕；形成"迎春牛"的信俗。（图3-2-6）。

明宣德六年（1431年）郑和第七次下西洋前，在长乐立"天妃灵应之记碑"，俗称"郑和碑"，碑文详载了郑和前六次下西洋的时间、任务、经过，是研究郑和下西洋和我国古代海外交通史的重要实物。大明宣德六年（1431年），正使太监郑和、王景弘和副使太监李兴、朱良等人在第七次出使西洋前夕，寄泊福建长乐以等候季风开洋，在重修长乐南山的天妃行宫、三峰塔寺并新建三清宝殿之后，镌嵌《天妃灵应之记》碑于南山宫殿中。碑以黑色页岩为料，高1.62米，宽0.78米，厚0.16米。碑额书有小篆"天妃灵应之记"六字，其中二字残损。字框的上端及两侧阴镌线刻如意云气纹。顶端正中涌出一轮圆月。石碑正文四周镌刻着缠枝蕃莲花纹。正文楷书直下计31行，首行68字，全文共1177字，除9字磨损外，尚可完整辨识。碑文记述明永乐三年至宣德六年（1405～1431年）间，三保太监郑和奉使统率远洋船队百余艘，以先进的航海技术七次下西洋的经历。这是研究郑和下西洋珍贵的实物史料。抗日战争爆发，为免遭战争破坏，特将此碑运至南平市保存，战后运回，移到现长乐师范附小院内。1961年，被福建省人民委员会公布为第一批省级文物保护单位，新建碑亭加以保护。现移置长乐市南山郑和史迹陈列馆内。2006年，天妃灵应之记碑与圣寿宝塔一同被国家文物局公布为全国重点文物保护单位（图3-2-7）。

灵济宫碑亭位于闽侯县青口镇青圃村灵济宫前埕南侧。明永乐十五年（1417年）明成祖朱棣派宫廷工匠建造。历经清康熙和民国两次重修，仍保持明代建筑风格。木构亭，方形，高9.8米，边长8.89米，座高0.3米，重檐四坡顶。覆莲石柱础，16根亭柱，梁架间施斗拱，亭顶面铺望板、板瓦、灰筒瓦、滴水，角脊置吻兽，为福建仅见的一座完全按官式作法修建的木构建筑。亭内立"御制洪恩灵灵济宫之碑"。碑为石灰岩质，圆首，两旁浮雕双螭。碑通高6.2米，宽2.1米；龟趺高1.9米，长4米，宽2.6米。篆额阳刻"御制洪恩灵济宫之碑"，字径0.12米，碑文详细记述建造灵济宫及敕封二徐真君的缘由，碑四周框以浮雕

图3-2-8 灵济宫碑亭

图3-2-9 显应宫泥塑

螭龙图案。2006年，灵济宫碑亭被国家文物局公布为全国重点文物保护单位（图3-2-8）。

显应宫泥塑位于长乐市漳港镇仙岐村。显应宫，又称天妃宫、大王宫。始建于宋绍兴八年（1138年），明弘治三年（1490年）知县潘府将后座改为"凤岐书院"，清道光二十一年（1841年）重修。原址坐北朝南，前后两座，均面阔三间；前后天井，西侧开门。宫内有明、清时期泥塑像若干组。光绪年间，因遭风灾，被淹埋。1992年夏，当地农民建房时发现显应宫遗址，随之，出土泥彩塑妈祖娘娘、巡海大神、大王等神像5组，共50多尊。泥塑像还保留在原处，神态逼真，色彩艳丽，已修复。同时，还出土各种陶瓷器皿、古钱币等20多件，以及清嘉庆年间皇帝颁赐"愿愈应"匾额。现原址保存，在其周围地面重建显应宫。宫为砖木混凝土仿古结构，坐北朝南，前后三进，占地面积3538.8平方米。2006年被公布为全国重点文物保护单位（图3-2-9）。

铸于后梁贞明四年（918年）[一说北宋元丰六年（1083年）]的鼓楼开元寺铁佛，身高5.92米，宽4米，重约50吨，是国内现存最大的用石蜡法铸造超大型铸件的铁佛，制作工艺精湛。罗源凤山镇栖云洞十八罗汉造像由青石雕刻而成，宋淳祐八年（1248年）石匠陈曾雕造16尊，明代补刻2尊。罗汉呈坐姿，手执不同法器，造型毕肖，神态各异。

除此之外，古代福州富蕴瓷矿，染料充足，是我国陶瓷生产的重要产地。仓山淮安窑址是南朝至唐时期重要的瓷器生产基地。连江、福清、闽侯、闽清等地均发现宋代大型窑址，特别是闽清东桥乡一带方圆几十里范围内，古瓷一窑址密布。福州冶炼业发达，闽侯廷坪乡良地银矿遗址为宋代全国23个重点银矿之一。它们也都代表着福州文化、工艺的辉煌成就。

第四章

源脉滋教化

福州是一片神性的土地，因其开放和包容，成为诸多本、外宗教发展的沃土。这些宗教的劝善教化与福州人民的善良本质相互融合，不断延宕着这座城市的文明之风。

第一节　信仰溯源

纵观中国的民间崇拜，大致可分为三大高峰期。一是三皇五帝时期，鸿蒙初辟，教化未开，神话人物多为《山海经》中描述的人兽同身，是为图腾崇拜，这个阶段的神祇奠定了民间崇拜中最初的派序；二是武王伐纣时期，能人异士，层出不穷，于是有了后来的姜子牙封神，是为英雄崇拜，这个阶段的神祇填充了民间崇拜中职位的空缺；三是中国的民间信仰，开始逐步走向平民崇拜阶段，在各地，肉身成圣的模式渐成主流，拉近了民间崇拜与日常生活的距离。从图腾崇拜到英雄崇拜，再到平民崇拜，除折射出社会进步外，"以人为本"的思想也在不断萌芽，根深蒂固。在福州，衣冠南渡之后的民系融合以及唐宋以降的科甲文明，使得上述三大时期的分水岭在此得到了完整的保留和薪传。

福建，旧称"闽"。早在东汉，文字学家许慎就已在《说文》一书中写道："闽，东南越，蛇种。"蛇这种生物，自然就是斯地最早的图腾。和福建其他地方一样，早年的福州曾建有许多供奉有蛇王的庙宇，本地人称之为"青公庙"，只是后来多有演变或佚失，早已无从寻踪。现今福州地区的图腾崇拜，主要以玄武庙和齐天大圣庙居多：玄武，又名真武，道家四灵之一，其形象为龟蛇合一，然而宫内的玄武塑像，早已摆脱了原始形态，取而代之的是一位手持宝剑的"玄天帝君"；齐天大圣，即《西游记》中的猴神孙悟空，现今福州地区多有其庙宇，与前者相似，齐天大圣形象也多为人形。这标志着，在玄武崇拜和齐天大圣崇拜成为主流的年代，英雄崇拜已经开始了与前者之间的碰撞与融合（图4-1-1）。

明代小说家许仲琳在其代表作《封神演义》中塑造了数以百计的道教神祇，除少数耳熟能详的（如杨戬、哪吒、李靖、雷震子等）外，更多的是作为一种对号入座的象征（如五岳正神、二十八宿、天罡地煞等）。凡所有司，上至日月星辰、风雨雷电，下至山川湖海、江河社稷，都有着相应的神职与之对应，正因如此，英雄崇拜也可视之为守护崇拜。在福州，守护崇拜尤其突出，城有城隍，境有境土，社有社公，山有山神，众神各司其职，并配有相应的祭祀日期。由于守护崇拜中祭祀主体的符号化和模糊化，使得平民崇拜也在是时大行其道，二者之间同样有所碰撞亦有所融合，民间崇拜开始呈现出更多元化的格局。

图4-1-1　福州黄山村玄武亭

图4-1-2 福州陈靖姑祖庙神诞文化

图4-1-3 福州陈靖姑祖庙

一个人从平民身份到超凡入圣，它的意义不仅在于打破了人类与神鬼之间的界线，也昭示着这个人身上所具备的某些优秀品质正在被越来越多的人所认同和普及，其中最有名的当属关羽。在《三国演义》的"玉泉山关公显圣"一章中，受到普净禅师点化后的关羽，完成了从提刀四处寻仇的无头游魂到万民钦仰的"关圣帝君"的华丽转身；之后，"佛教伽蓝""武财神""武圣"等一系列的累世褒封，无疑是对其身上大忠大义和大智大勇的最高评价。

与关羽相比，福州民间的平民崇拜，则显得更为丰富，最有代表性的是顺天圣母、临水夫人陈靖姑，被誉为"救产、护胎、佑民"的"妇女儿童保护神"，是福建最有影响力的陆上女神。2008年，陈靖姑信俗文化被列入国家非物质文化遗产名录。据统计，目前分布在世界各地的临水宫分宫分庙有4000余座，信众已逾亿人。其中，台湾主祀陈靖姑的宫庙有500多座，配祀的宫庙3000多座，信众1500多万人。历经千年传承，陈靖姑信俗文化已成为闽都文化和海丝文化的重要内容，成为世界各地华人社区颇具影响的世界文化现象。这种民俗文化蕴含着深刻的思想、道德、伦理、信仰价值，涵盖了民间信仰、宗教、历史、文学、艺术、社会学、人类学等学科领域，成为中华传统文化的重要组成部分，渗透到广大群众生产生活的方方面面。这些民间信仰经久不衰的生命力，充分显现出闽都大地上一脉相传的大爱情怀（图4-1-2、图4-1-3）。

随着时间的推移和社会的进步，种种民间崇拜看似已经完成了它们的历史使命，因为迷信必将被科学所取缔。但事实上，在不断传承与传播的过程中，我们早已不能单纯

图4-1-4 华林寺大殿现状

地仅以"迷信"一词对其一言蔽之，因为它们身上已经被赋予了崭新的意义。无论这个年代信仰有多贫瘠，古老的民间崇拜还在以沧桑的面庞，提醒着人们要时刻保持敬畏与感恩之心，并以其丰富多样的优秀品质持续传递着正能量。

一、华林寺大殿

华林寺大殿位于鼓楼区屏山南麓，是长江以南现存最古老的木构建筑。北宋乾德二年（964年）吴越国郡守鲍修让为祈求国境安宁而建。寺初名"越山吉祥禅院"，为宋时福州名刹，张浚贬谪福州时，寓居寺内，称所居为"绝学寮"。宋高宗御书"越山""环峰"，残碑犹存。明初寺废，明正统九年（1444年）赐额"华林寺"。又建转轮经藏、文昌阁。清康熙十二年（1673年），建天王殿。几度兴废，仅存大殿，寺院占地面积5000平方米。大殿坐北朝南，面阔三间，进深四间，抬梁式木构架，单檐九脊顶，高15.5米，建筑面积572平方米。用材规格超等，构件硕大；梭柱，斗有皿板痕迹，阑额、乳栿均属"月梁造"，造型古朴；斗栱组合严谨、简洁，檐下四周外向用"双杪三下昂重栱偷心七铺作"，内转铺作均按需随意加减，大量运用插栱。经^{14}C测定，确认为千年前原有构架，是长江以南最古老的木构建筑物。日本镰仓时期"大佛样""天竺样"建筑，深受此类建筑风格影响。1986~1990年落架重修，并配建山门、东西配殿、回廊及工作室等附属建筑，周以红墙。1982年华林寺大殿被国家文物局公布为全国重点文物保护单位（图4-1-4~图4-1-6）。

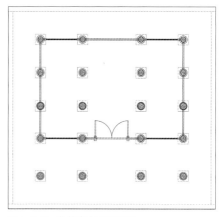

图4-1-5　华林寺大殿平面图

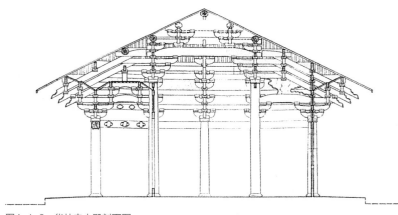

图4-1-6　华林寺大殿剖面图

图4-1-7　陈太尉宫现状

二、陈太尉宫

　　陈太尉宫位于罗源县中房镇乾溪村，同样为宋代遗构。原为陈氏宗祠，五代梁开平三年（909年）陈苏始建。陈苏（831—915年），河南光州固始县华岳村灵潭境贡士，于唐乾符三年（876年）入闽，至罗源新峰里曹风（今曹湾）卜居，享年85岁，乡人感慕，入祠奉祀，改称高行先生祠。宋嘉定二年（1209年）扩建，改称陈太尉宫；又经明、清续建。宫占地面积1155平方米，坐西朝东，由大殿、左右配殿、两庑、戏台、宫门组成。正殿宋代原构，单开间，进深两间，六架椽，前廊后堂，抬梁、穿斗式木构架，檐下斗栱为双抄双

图4-1-8　陈太尉宫斗栱现状

下昂七铺作（偷心造），单檐九脊顶，用礩墩、梭形柱。前后檐三补间，两山均作单补间，高9米。经历代扩建，现为面阔三间，进深五间，周匝均等穿斗式木构架，檐下斗栱均被遮盖，加下檐，重檐歇山顶。左右两庑，南北相对，各面阔三间，进深二间（前廊后殿），穿斗式木构架，重檐歇山顶。北庑为明式建筑，南庑为清式建筑。戏台，隔庭院面向大殿，穿斗式木构架，重檐歇山顶，左右楼廊作看台。台后三开间，与官门连成一体。官门前左右立翼墙，八字分列，石刻对联云："祖殿重修，永镇河川崇祀典；虬松侧插，长缥丰里显威灵。"大门开间为明三暗五格式，阑额上施七层如意斗栱承托撩檐砖，稍间檐下用插栱；次稍间檐下各用插栱三层，承托撩檐砖，三面坡顶伸入正间檐下，构成牌坊式宫门，精致美观。2001年陈太尉宫被国家文物局公布为全国重点文物保护单位（图4-1-7～图4-1-11）。

三、涌泉寺

福州涌泉寺，因寺前有泉水（今罗汉泉）涌出得名，为鼓山核心庙宇。建筑群始建于唐建中四年（783年），初名华严寺，毁于唐武宗灭佛时毁。五代后梁开平二年（908年），闽王王审知填山中潭建寺，延国师神晏主持，名"国师馆"。乾化五年（915年），改名为鼓山白云峰涌泉禅院。宋朝时，宋真宗赐额"涌泉禅院"。明永乐五年（1407年）改称涌泉寺。翌年，失火焚毁。宣德元年（1426年）重建，嘉靖廿一年（1542年）再次焚毁，天启七年（1627年）又重建。清康熙三十八年（1699年），康熙皇帝御赐"涌泉寺"金匾，五十三年（1714年）钦赐藏经，由钦差副都统王应虎护送入寺；乾隆七年（1742年）再次御赐藏经。民国十八年（1929年，日本昭和四年），弘

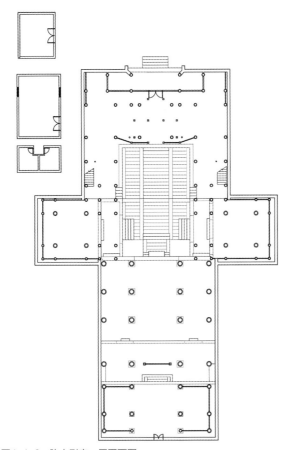

图4-1-9　陈太尉宫一层平面图

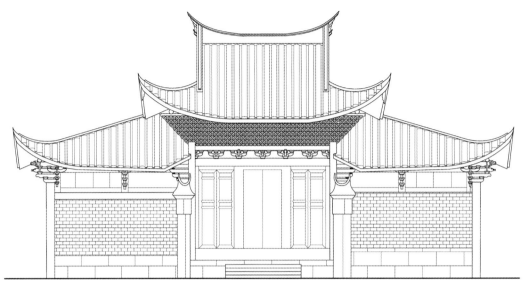

图4-1-10　陈太尉宫立面图

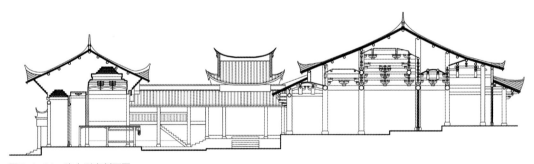

图4-1-11　陈太尉宫剖面图

一法师由厦门赴温州，途经涌泉寺，于藏经楼发现清初道霈禅师所着《华严经疏论纂要》刻本，叹为近代所希见。因倡缘印布二十五部，并以十数部赠子扶桑诸古寺及佛教各大学。

　　涌泉寺现有建筑多为明清两代所建，基本维持了明朝嘉靖年间的格局，现有殿堂25幢，包括了天王殿、大雄宝殿、法堂、方丈室、祖堂等，还有钟鼓楼、放生池、岁寒楼等建筑，全寺占地面积为16650平方米，整个寺庙建筑群依山势逐级升高，错落有致。涌泉寺曾为重要印经所，保留有明清及近代的雕板2万多块，其中包括元《延祐藏》《麻沙藏》《永乐北藏》《永乐南藏》《清朝梵本》《书本藏》《日叙本藏》等。涌泉寺邻近的鼓山摩崖石刻为全国重点文物保护单位。此外，位于寺前、建于北宋元丰五年（1082年）的两座龙瑞寺千佛陶塔，也在2001年作为"鼓山摩崖石刻"的一部分，公布为全国重点文物保护单位。

藏经阁，位于福州市涌泉寺内中轴线东侧。坐北朝南，一进院落。由舍利殿、华藏室和两侧披榭组成，总建筑面积939.2平方米。通面阔约25.6米，总占地面积约939.2平方米。主座为清代木构建筑，双坡单檐硬山顶屋面，主座面阔六柱五开间，加两侧边弄，进深六柱出游廊；前檐为五跳插栱承托挑檐桁，后檐为挑梁立童柱承托挑檐桁，采光良好。室内木装修较为精细，后金柱上做吊顶，并施彩绘，整座建筑做朱红色大漆，并保存完好，后期因功能使用要求在两侧及后面加建砖混建筑，用来藏经书，并做了恒温恒湿及消防布置，室内装修高档，地面均以大块木板铺设。

天工殿，建筑始建年代不详，光绪三十四年（1908年）重修，将木柱替换为石柱。民国，约1920~1922年间重建，但保留了清光绪三十四年的石柱。现存基本为民国建筑，面阔七间，通面阔34.04米，进深七柱，通进深19.1米，砖木结构，穿斗式梁架，双坡硬山顶，两侧做马鞍形封火山墙。前廊五开间用四根石柱，做三步卷棚轩，屋面略降低，形成类似重檐的视觉效果。前廊与殿堂室内用砖墙隔开，殿堂五开间，明间次间用穿斗式梁架，梢间两侧为实墙搁檩。殿堂中间供奉弥勒菩萨、韦驮菩萨，两边供奉四大天王，有房间四间。室内又有后轩廊，前廊和后廊两侧均有门洞通尽间。两侧尽间四面砖墙，如暗室，不做梁架墙体搁檩。后檐不做檐柱用实墙，墙上出垂花挑檐。

法堂，重建于清光绪十四年（1888），民国又修缮更换石柱，现有建筑基本保留清光绪十四年的形制。法堂面阔五间，通面阔31.08米，进深六柱，通进深17.75米，穿斗式木结构，双坡硬山顶，两侧做马鞍形封火山墙。法堂前廊较窄，净宽不足1米，两侧山墙开门洞与回廊相联通。殿内五开间全部开敞，前金柱间设三步卷棚轩廊，前后金柱间全部做平棊天花、彩绘佛教典故，明间后部供奉千手观音，两侧供奉二十四诸天。二十四诸天后有多个房间，明间后部凸出一间房间，做歇山顶，原用途不详，现储藏杂物。

钟楼及鼓楼，分立于福州市涌泉寺内中轴线两侧，大门相向，东侧为钟楼，坐东朝西。钟楼及鼓楼均为三层单体木结构建筑，歇山三重檐屋面。平面呈方形，钟楼及鼓楼中轴线对称，占地面积各为177平方米，建筑面积各为240平方米。一层面阔三间，通面阔10.65米，四周出廊，内围柱间砌筑砖墙。一二层均有木梯可供上下通行，第三层放置铜钟及大鼓。整座建筑木构件面层做朱红色大漆，屋脊灰塑彩绘保存较好。

念佛堂，位于福州市涌泉寺内中轴线东侧。坐北朝南，一进院落。总建筑面积313.5平方米。通面阔约18.9米，总占地面积约365.8平方米。主座为清代木构建筑，双坡顶屋面，主座面阔六柱五开间，进深五柱出游廊；前檐为三跳插栱承托挑檐桁，后檐为挑梁承托挑檐桁，采光良好。整座建筑做朱红色大漆，并保存完好，后期因功能使用要求在后天井处加设了一座佛龛，供僧侣使用，前天井用人工草地铺设，摆放绿植。1992年涌泉寺被福州市人民政府公布为市级文物保护单位（图4-1-12~图4-1-15）。

图4-1-12 涌泉寺现状

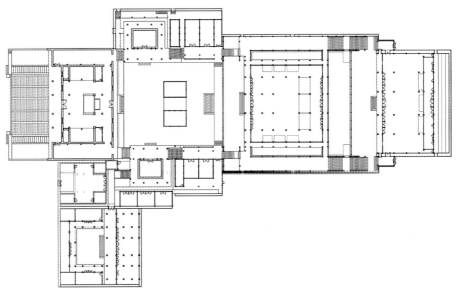

图4-1-13　涌泉寺一层平面图

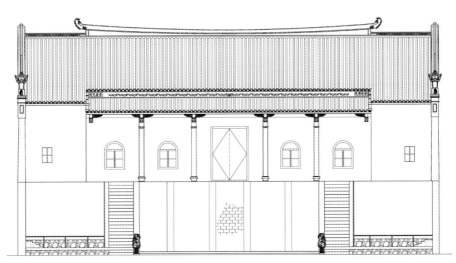

图4-1-14　涌泉寺立面图

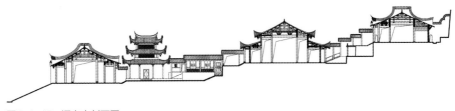

图4-1-15　涌泉寺剖面图

四、三坊七巷天后宫

三坊七巷天后宫原为建宁会馆的附属建筑，系建宁人出资修建。天后宫是奉祀妈祖的所在。妈祖是中国东南沿海和海外华人供奉的海洋保护神，又称天妃、天后、天上圣母等，其主要神迹是救济海上遇难之生民。妈祖原是莆田湄洲屿都巡检林愿之女，名默，生于宋太祖建隆元年（960年），殁于宋太宗雍熙四年（987年），享年二十八岁，升化以后，有祷辄应，此后便出现了有关妈祖的记载。她的封号，南宋光宗绍熙（1190年）由"夫人"进爵为"妃"，元世祖时又进爵为"天妃"，清康熙时再进爵为"天后"，可见妈祖信仰的普遍与受重视的程度。

福州本地的天后宫大多建于水滨，而古城区内的天后宫一般由各地来福州经商的同乡会会馆附设。郎官巷西口与大、小水流湾相邻，通连罗城大濠的浦尾，入城船只可达三处，故在此设天后宫供妈祖，祈求行程平安顺利。由此，郎官巷天后宫也可视作三坊七巷地理位置的历史性标志。该天后宫现存为清代重建的构筑，坐南朝北。大门上有如雉堞的宫阙施灰塑彩画，石刻竖式门匾。进门后依次辟建有前殿戏台、正殿与后殿。戏台毁于20世纪五六十年代，之后又沦为服装加工厂。尚存的后殿为抬梁式木构架，面阔三间，进深七柱，双坡屋面。殿内一些雕工精湛的木构件，如精雕细琢的悬钟与飞天雀替等均保存良好。最使人赞叹的是殿中的藻井。藻角呈八角形，由七层如意斗栱叠涩螺旋结顶，以镏金勾绘点画，造就急旋飞舞的韵律感与空间的层次感，足显繁复的华丽与高贵，较为罕见。在岁月变迁中，天后宫也被分隔搭盖成住宅，有住户将妈祖迎奉为居家神祇。

天后宫占地面积2040平方米，两个门牌：郎官巷15号、郎官巷17号，17号是主大殿（正落），15号是侧落。坐南朝北，土木结构，由门房、戏台、大殿、后殿及侧落附属建筑等组成。大殿内供奉妈祖神像，殿内有鎏金藻井，由七层如意斗栱叠涩螺旋结顶，藻井底座为八边形，内有八尊神龛和宫阙大门组图而成，各种不同形式的人物雕刻及其周围附属构件上的精美花饰雕刻烘托出一幅幅妈祖娘娘救济海上民众、国泰民安的祥和氛围，沟通闽台文化交流。现存正殿保存较好，面阔三间，进深五柱，穿斗式构架，双坡顶，两侧马鞍式山墙，后殿损坏严重，搭建为二层。侧落附属建筑部分两进院落，依次为大门，一进祠厅，二进祠厅，周边有封火墙高立，祠厅面阔三间，进深七柱，穿斗式构架，正中天井部分铺设条石，左右廊屋。2009年建宁会馆被福建省人民政府公布为省级文物保护单位（图4-1-16~图4-1-20）。

图4-1-16　天后宫五岳山墙门墙造型

图4-1-17　天后宫戏台及两侧谯楼

图4-1-18　天后宫戏台及正殿部分

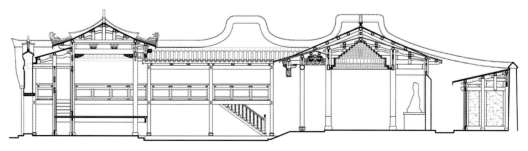

图4-1-19　天后宫横剖面图

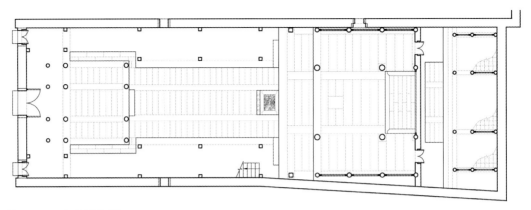

图4-1-20　天后宫平面图

五、梁厝永盛梁氏宗祠

　　据《梁氏族谱》记载，永盛梁氏一门自宋代科第颇隆，成为名门望族，宋代永盛梁氏成进士者21人，有"无梁不开榜"之说。《永泰县志》记载其为"梁氏贵族"。四世至七世裔孙49人中进士21人、举人11人，代表人物是五世梁汝霖，进士出身，宋谏议大夫，官至秘阁，宋建炎间任泉州知府。五世丙公，进士出身，宋开禧间任泉州知府。梁氏至元初衰落，后略有复兴，如十三世梁安，元大德元年（1297年）任中书行省知事；十四世梁恩观，元至治二年（1322年）任翰林学士承旨；梁楠为明弘治年间国子监五经博士。清初时梁氏仍不景气，直至清中叶才发展出两家名门，一是长乐江田梁厝的太常寺卿梁上国及其侄子、任广西、江苏巡抚，兼署两江总督的梁章钜家族；一是留在本乡的清咸丰进士，任吏部考功司主事，以抚台功晋二品衔，任满回福州，在鳌峰书院掌教的梁鸣谦家族。在近代，梁氏家族也不乏名人俊杰，如在中法马江海战中牺牲的就有梁祖勋等19位梁氏英烈；辛亥革命中，黄花岗之役生还义士梁祖榆；"二七"烈士梁甘甘；红军烈士梁仁钦等。许多梁氏后裔在科技战线上也作出了卓越的贡献，著名的有中科院院士、物理化学家梁敬魁；中科院院士、我国战术导弹事业的奠基人、导弹总设计师、航天工程技术专家梁守槃等。此外，台湾"海军上将""海军总司令""国防部副部长"梁序昭；台湾近代史研究所所长、美国纽约圣若望大学教授梁敬錞等，也是永盛梁氏后裔。梁厝村可谓人杰地灵、英才辈出。

　　永盛梁氏宗祠始作为梁厝村现存唯一一栋祠堂，代表梁厝村传统祠堂的建筑风格，保留了浓郁的民族特色和极高的艺术价值、观赏价值。建筑东立面两侧塑有一对陶瓷象，取气象万千、和平呈祥的寓意；正门上横额石匾上，镌刻着"永盛梁氏宗祠"，楷书，鎏金；边上两个小门上，分别镶嵌着刻有"出悌""入孝"的石匾。"追五世迁居隆兴纪岁，历四朝构宇永盛宗祠"的石柱楹联，让人感悟到永盛梁氏宗祠的厚重历史。环顾四周，这里石柱楹联很多，如主厅的"溯族分支固始七，开宗发肇天禧三""史馆词曹光州千古，茶洋石壁永里一祠"，把永盛梁氏的来龙去脉交代得一清二楚。令人称绝的是，楹联雕刻得十分精细，每副楹联都饰以花纹，下面还雕刻有人物浮雕，多是"二十四孝"的内容。人们在咏诵楹联的同时，又欣赏了精美的浮雕艺术，对古代艺人的崇敬之情油然而生。

梁厝村从村落的整体环境上来看，整体格局和风貌保存完整。主要的三条村路与燕山等高线平行，从南贯穿全村，次要村道垂直于等高线，从东西向联系建筑群落间高差。从平面上看，与环境共生的聚落各点因山形地貌呈现出较明显的规律排列，明清时期的建筑朝向人多坐西朝东、靠山面江，自然山水之美成就了聚落景观。

永盛梁氏宗祠坐西朝东（东偏南约4.48°），占地面积约687.8平方米，建筑面积约852.7平方米，通面阔约21米，通进深约33米。主体为木结构，以中轴线对称，从前至后依次为门厅、戏台、天井和大殿，大殿正后方摆放神龛，戏台和大殿以左右两侧的两层谯楼相连。戏台前，出将入相登台口装饰的幔帐挂落和花格门，前檐的垂花柱和雀替把演戏区装饰得美轮美奂。戏台两侧的看楼，独立设有四步穿斗式梁架，脱离于戏台的三角桁架，形成界面鲜明的层次感。后部正殿面阔五开间，进深七柱。明次间的插梁造交错式地减去檐柱、前小金柱、前大金柱和中柱，而稍间采用穿斗式梁架形式，在梁架用材上从厚实逐步到轻薄，在界面装饰上也从烦琐到简洁。这种变化不仅体现在界面横向开间方向上，进深方向的榀架界面，用材及装饰也从前檐向后檐逐步递减，仅在后金柱神龛所处区域的榀架上，界面的装饰有所丰富。2009年永盛梁氏宗祠被福建省人民政府公布为省级文物保护单位（图4-1-21~图4-1-25）。

图4-1-21　永盛梁氏宗祠正立面

图4-1-22 永盛梁氏宗祠戏台及上部藻井

图4-1-23 永盛梁氏宗祠正殿插梁构造

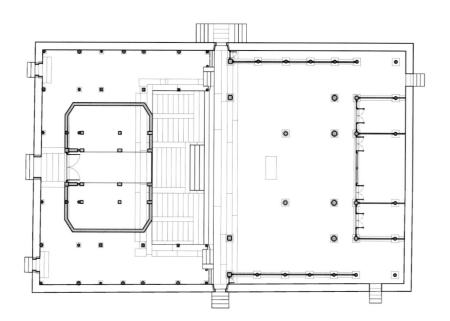

图4-1-24 永盛梁氏宗祠一层平面图

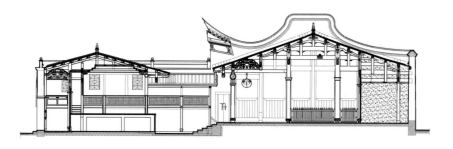

图4-1-25 永盛梁氏宗祠横向剖面图

六、陈文龙尚书庙（万寿尚书庙）

　　万寿尚书庙位于福建省福州市台江区下杭路和三通路交会处，即为福州府城隍庙。该庙建于明朝，为纪念宋末抗元忠烈陈文龙而建，清道光年间奉命重修，1921年复建。古时筑城必建城隍庙。城隍，原意为城墙和护城河，至汉代逐渐演变为一个地区的冥界长官，多由皇帝敕封具有一定威望和影响力的先贤担任；到了明朝，更是加官进爵，分别封京都、省、府、州、县五级城隍为福明灵王、明灵公、威灵公、灵佑侯和显佑伯，并有相关品级，尊崇程度可见一斑。在君权神授的封建时代，科学落后，民智未开，当权者们正是利用城隍信仰来巩固自己的统治地位。可以说，城隍庙的留存，即是古城池的一段尚未平息的脉搏。

　　陈文龙（1232—1276年），福建兴化（今福建莆田）人，成长于长乐后山（今阜山）。初名子龙，度宗为之改名文龙，赐字君贲，字刚中，号如心，陈俊卿五世从孙，抗元名将，民族英雄。早年随父陈粢迁徙至福建长乐县（今阜山村）。幼颖悟，苦学不厌。淳祐十一年（1251年），入乡学。宝祐四年（1256年），入太学。宋咸淳四年（1268年）戊辰科进士，龙飞射策第一，宋度宗赐名文龙。

　　陈文龙尚书庙原地处偏僻的台江区坞尾街，始建于明朝永乐元年（1403年）的万寿尚书庙，供奉着南宋民族英雄陈文龙，2006年福州市政府拨款重修此庙，并迁建至台江区后洲街道下杭社区三通路2号中亭街西侧，该尚书庙为三进院落，第一进为戏台及两侧谯楼，前天井；第二进为主座；第三进为天井及两侧后殿前走廊。采用福州地方建筑传统手法建造而成，山墙为45度斜砌毛石墙基，墙身外罩白色壳灰，上覆墙头帽，内部隔墙为双面灰板壁，梁架均用杉木制作而成。该建筑对福州地方建筑史及建筑工艺研究具有一定价值。整个院落通进深约52米，通面阔约22米，总占地面积约1140平方米，戏台为歇山顶。主座为明代木构建筑，双坡单檐硬山顶屋面，主座面阔六柱五开间，进深七柱；前面为轩廊，采光良好。室内装修较为精细，明间采用扛梁减柱手法，一斗三升弯枋保存完整，门窗隔扇保留较好。建筑群各建筑单体依轴线左右布置，排列有序。2015年被福州市人民政府公布为市级文物保护单位（图4-1-26～图4-1-31）。

七、戚公祠厅

　　于山戚公祠建在石岗之上，西邻万岁寺附属园林补山精舍，东邻白云寺，南界于山宾馆，北临陡壁。有祠厅、平远台、醉石亭、蓬莱阁及古今摩崖石刻等胜迹，隐存在古榕、古荔、龙眼等花木之中，为于山风景区组成部分。戚公祠厅建于民国七年（1918年），砖木

图4-1-26　陈文龙尚书庙正立面现状

图4-1-27　陈文龙尚书庙二进大殿内部现状

图4-1-28　陈文龙尚书庙戏台上部藻井现状

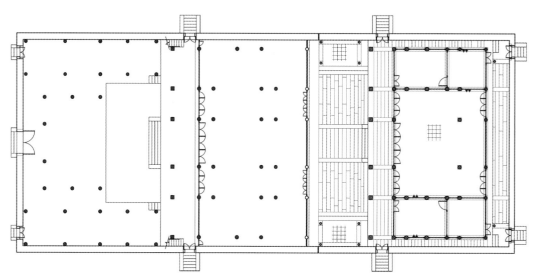

图4-1-29　陈文龙尚书庙总平面图

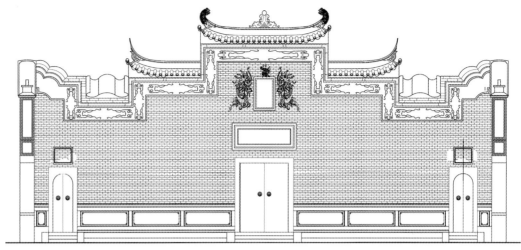

图4-1-30　陈文龙尚书庙正立面图

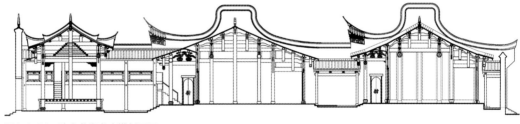

图4-1-31　陈文龙尚书庙横剖面图

结构，单檐歇山顶。祠厅正中有戚继光塑像，两边陈列着戚继光的钢盔铠甲、军事著作以及行军干粮光饼、征东饼（模型）等。

于山戚公祠即为纪念戚继光率兵支援福建肃清倭寇而建，原建筑物已毁于清初，现存为民国七年（1918年）及以后所建。

戚继光（1528—1588年），字元敬，号南塘，蓬莱人。嘉靖七年生，自幼喜读兵书，勤奋习武，立志效国。嘉靖二十四年（1545年）袭父职任登州卫指挥佥事。时蒙古屡寇行在（陪都），继光曾连续五年戍守蓟门；三十二年（1553年），实授都指挥佥事，领登州、文登、即墨三营兵马抗击日本人；三十四年（1555年），调任浙江，至四十年（1561年），升都指挥使；四十一年（1562年），福建倭患日趋严重，戚继光奉命率精兵6000入闽抗倭。与谭纶、俞大猷等名将浴血奋战十余年，基本荡平东南沿海倭患。隆庆元年（1567年）底，戚继光奉调京师，总理蓟州、昌平、保定练兵事务。督蓟州、永平、山海关军务。在镇16年，重修长城，蓟门安然。万历十一年（1583年），受排挤调镇广东，十三年遭诬陷罢归登州，十五年病卒，终年61岁。有《止止堂集》留世。

　　戚公祠厅位于山麓南侧白云寺西，建筑坐北朝南，一层三开间砖木结构，三面复墙，穿斗式构架，单檐歇山顶。占地面积147平方米。通面阔约13.4米，通进深约10.91米，外有前廊深约2.8米，廊沿石压边，地铺青色斗底砖。建筑整体色调为铁红，沉稳庄重。1961年被福州市人民政府公布为市级文物保护单位（图4-1-32～图4-1-36）。

图4-1-32　戚公祠厅外立面

图4-1-33　戚公祠厅内部梁架

图4-1-34　戚公祠厅外部院墙

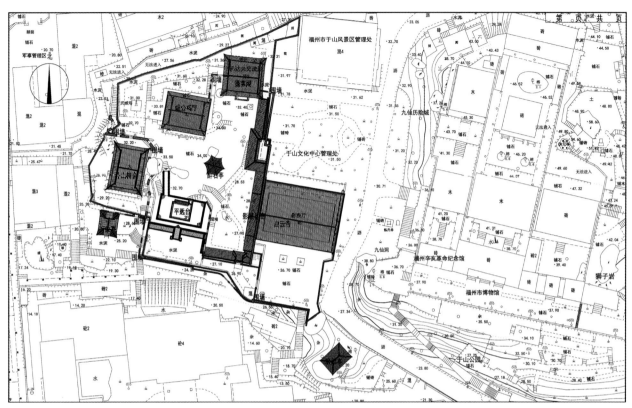

图4-1-35　戚公祠厅总平面图

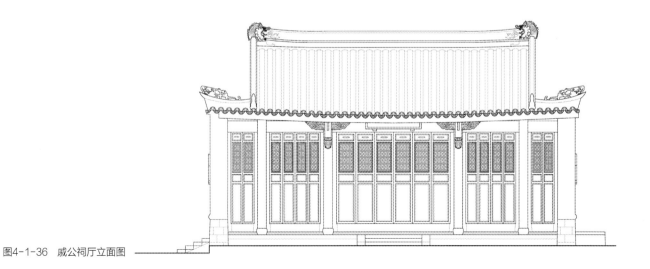

图4-1-36　戚公祠厅立面图

八、曾氏祠堂

曾氏祠堂位于台江区下杭路198号，建于民国十四年（1925年），创建者曾文乾为"曾长兴土纸行"老板，资产曾达百万。曾氏祠堂坐北朝南偏东，沿街建筑早毁无存，现存建筑占地面积约624平方米，由正落和东侧的前后侧落组成。

正落四面封火墙，均用福州近代跌落式山墙，墙帽抹乌烟灰两侧做出"S"形曲线。正落地面一律用石板铺墁，石板宽度统一，约为620～630毫米。建筑均采用石柱、石柱础和石地伏，上承木童柱及木梁架，石柱看面均有阴刻楹联，内容为祖训家训等。朝南正立面为大条石花基，上部清水青砖墙，中为石框大门，两侧开圆拱小门，青石门额分别书"南丰衍派""出悌"和"入孝"。墙体上部门厅檐口位置做排水洞，砖砌叠涩出檐以排水，其上为清水女儿墙。

大门内为门厅，面阔三间，进深三柱用七檩，通面阔11.87米，通进深5.91米，硬山双坡顶，后檐用青石方柱。明间以横、纵向扛梁公三根减立柱，形成开阔的无柱空间，后檐楠木扛梁直径达560毫米，使用悬充硬挑，做短菱角轩，不做雀替，檐口做滴水瓦。东侧开一门洞通前侧落。门厅后为天井，两侧单坡廊庑，两侧墙体向祠厅方向放大。廊庑面阔用两方柱，进深三步架，楣梁插入童柱，檐口用悬充硬挑，雀替用棂条拼接博古图案。内做菱角轩，两侧花板精美。现存截水脊为宝瓶嵌彩玻样式。

天井后为祠厅，面阔三间，两侧有火墙弄，不对称，进深七柱用十七檩，通面阔11.54米，通进深14.92米，次间檐柱、明间前后小充柱用方柱。明间用横、纵向扛梁减檐柱、堂柱、前后大充柱，其中前檐楠木扛梁直径达600毫米。前檐做菱角轩，用悬充硬挑，雀替用棂条拼接博古图案，檐口做滴水瓦。厅内不设屏门，后小充位置设隔架，上施卷书弯枋一斗三升，中柱后设灯梁，灯梁托做鎏金双狮戏球。明间后部为神主位，后檐做固定板门，两侧做裙板隔断，次间后檐各做四扇一马三箭隔扇。后檐明间用悬充硬挑，次间用插栱硬挑。后天井北侧偏东开一门洞通上杭路181号民居。东侧开一门洞通后侧落，上方有小型雨披。

前侧落位于正落东侧，整体凸出正落正立面两米多，屋脊与山墙不对齐，屋面与墙角落水管无法搭接，推断曾经重建。主体为一两层阁楼，面阔一间，进深三柱出二层挑廊，前后双坡，缝架随墙体收放，前宽后窄，通面阔5.1～5.35米，通进深7.18米。正面不设封火墙，西侧随主座山墙延伸出跌落式山墙。一层正面设八扇门，后檐柱西侧开一门洞不做门，方便直通与正路门厅相连的石框门，上有小型雨披；东侧设六扇门，后为天井，天井东侧设三跑楼梯通二楼。二楼前后挑廊设圆弧轩顶，楼梯及后檐做直棂栏杆，前檐做棂条拼影纹寻杖栏杆。二层前檐柱位设六扇隔扇，后檐柱位保留四扇隔扇，根据枕口判断中间应为屏风，二层厅内不设插栱灯杆等。

图4-1-37　曾氏祠堂明间梁架现状

图4-1-38　曾氏祠堂前部天井及回廊现状

图4-1-39　曾氏祠堂精美的轩架现状

后侧落从主座后天井东侧石框门进后侧落，现已全部坍塌。现存东北角设一门，根据地形图应通往上杭路婆奶弄；东南角有一陶铸落水管。根据后侧落四面墙体上留下的檩条、楼楞的孔洞、墙体灰皮等痕迹判断，后侧落应为两层建筑，两开间，坐西朝东，单坡顶，北侧一间屋面有类似老虎窗的高窗，东侧为天井。一层为石板地面，西南角设一部直角折跑楼梯；二层两间的楼楞互相垂直，中间有隔断，屋架用三脚架，檐口无挑檐檩。东北角门上有雨披。1988年被公布为区级文物保护单位（图4-1-37~图4-1-41）。

九、于山三大殿

于山三大殿建筑群为三落分布，中落为大士殿，西落为真龙庵，又名龙王庙，东落为护国寺。建筑群依山而建，坐北朝南，错落有致。建筑群四面围有福州传统封火山墙。真龙庵与大士殿为三进院落布置，护国寺为二进院落布置，建筑群占地3247平方米。

大士殿又名观音阁，位居福州于山山腰处，原是宋代嘉院遗迹，清康熙五十二年（1713年）改为万寿亭。清乾隆二年（1737年）改祀南海白衣大士，内供"万寿无疆"穹碑，是州城百官遥拜皇帝的地方。后改供奉观世音菩萨，改称大士殿。后殿有乾隆御题的"大士出山碑"。建筑群中落三进有三殿，东西两落为边殿，东为"护国寺"，西为"真龙庵"，整体建筑群依山而建。真龙庵又叫龙王庙，始建于五代时期，于1924年重修。现在"福州辛亥革命纪念馆"的牌匾就挂在真龙庵的大门上方。护国寺又叫护国禅院。《闽侯县志》载："护国禅院，在九仙山，清康熙四年（1665年）建，有檀佛像，后毁于火"。如今在寺东侧的狮子岩壁上还有一段"护国禅院"的

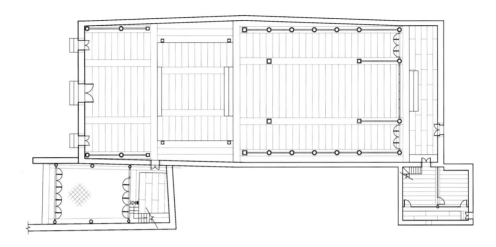

图4-1-40 曾氏祠堂平
面图

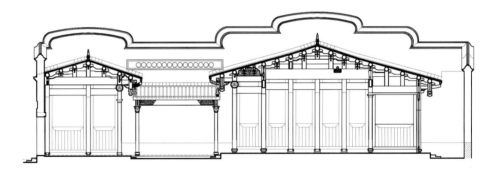

图4-1-41 曾氏祠堂正
落横剖面图

石刻。万寿亭建成之后，护国寺就成了管理万寿亭日常事务的场所，万寿亭改为大士殿后，护国寺便成为大士殿的一处偏殿了。民国时期，护国寺成为西禅寺的一处廨院，由西禅寺派僧众常住管理。

大士殿及其边殿护国寺、真龙庵建筑群为清代建筑，整体建筑依山而建，逐层叠高。整体建筑坐北朝南，可俯瞰原南教场，一览无遗。现存建筑为清式风格，大部分殿宇为硬山建筑，部分歇山飞檐翘角穿插于其中，朴实但不缺典雅。建筑群内叠廊环抱，建筑虚实空间开合有致，木结构体系以插梁式和穿斗式为主，殿内空间开敞。建筑与山石地形结合较好，山内有园，园内有山。

大士殿：大士殿一进为通面阔19.9米，五开间六柱，进深四柱布局。一进的基座高80厘米，分三道石阶进入。门面为"凹"字形格局，明次间共设六扇门。主座梁架为前后带轩廊减柱造，屋脊高度6.88米。一进与二进高差2.33米，由两侧叠廊和两道石阶进入。二进为通面阔19.9米，五开间六柱，进深四柱布局，殿内除了为了支顶大梁的四根为木柱外，其余的均石柱。由于展馆展示需要，在上一次修缮中前后檐柱上装配了门扇。主座梁架为前后带轩廊减柱造，屋脊高度7.68米。三进与二进高差3.56米，通过东西两侧叠廊步入三进。三进主座为重檐歇山顶，两侧与空廊夹天井衔接。主座檐柱12根均为石柱，四面环以墙体，南北向开设门扇，东西向开设窗扇。主座设有藻井天花及油饰彩绘，上部设如意斗栱。天井内存有于山山体山石及一棵古榕树。天井东西两侧为廊屋。拜殿为局部重檐歇山顶，底层为通面阔19.9米，五开间六柱，进深三柱双坡屋面，明间柱升起置歇山屋顶，内有乾隆御题"大士出山图"碑刻。

护国寺：护国寺一进立面为五岳山墙，中轴开设拱门洞。一进设有过路覆龟亭及东西两侧双坡披屋。护国寺一、二进之间为一道隔墙，中轴设有拱门洞。一二进高差为2.27米，二进前天井中轴设有石步道，西侧为二层廊屋，东侧为景观带。二进主座为通面阔18.2米，五开间六柱，进深五柱布局。主座梁架为前后带轩廊穿斗式木构架，屋脊高度8.1米。通过主座东侧夹弄可进入后天井，后天井为大型于山山体山石及一棵古榕树，后天井与主座高差1.6米。

真龙庵：真龙庵一进为通面阔11.5米，三开间四柱，进深三柱布局。一进的基座高85厘米，中轴线石阶进入。门面为"凹"字形格局，明间共设四扇门，次间设槛墙。主座梁架为后檐带轩廊减柱造，重檐歇山顶带藻井凤凰池，上部设如意斗栱。一进与二进高差2.25米，由两侧叠廊和中部石阶进入。二进主座为通面阔11.5米，三开间四柱，进深四柱布局。主座梁架为前后带轩廊减柱造，屋脊高度8.04米。由于展馆展示需要，在上一次修缮中前后檐柱上装配了门扇。二进与三进高差3.3米，由中部石阶进入。三进主座为通面阔11.28米三开间四柱，进深四柱布局，16根立柱均为石柱。主座梁架为前后带轩廊减柱造，金柱间置藻井凤凰池，屋脊高度8米。1983年8月大士殿公布为市级文保单位，1991年被福建省人民政府公布为省级文保单位（图4-1-42~图4-1-49）。

图4-1-42　大士殿正面

图4-1-43　真龙庵正面

图4-1-44　大士殿叠廊

图4-1-45　大士殿插梁造

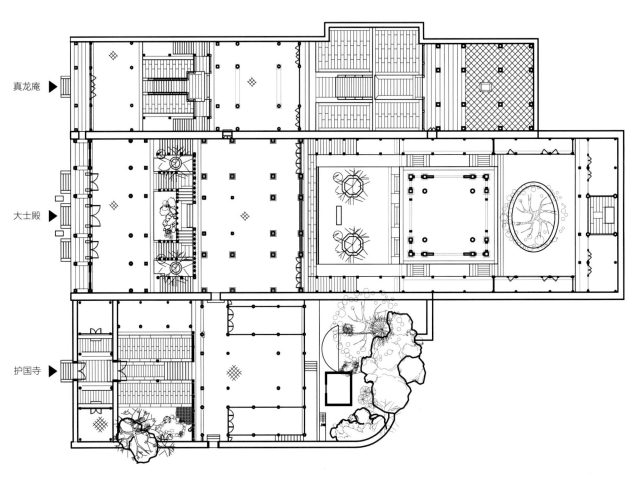

真龙庵▶

大士殿▶

护国寺▶

图4-1-46　三大殿总平图

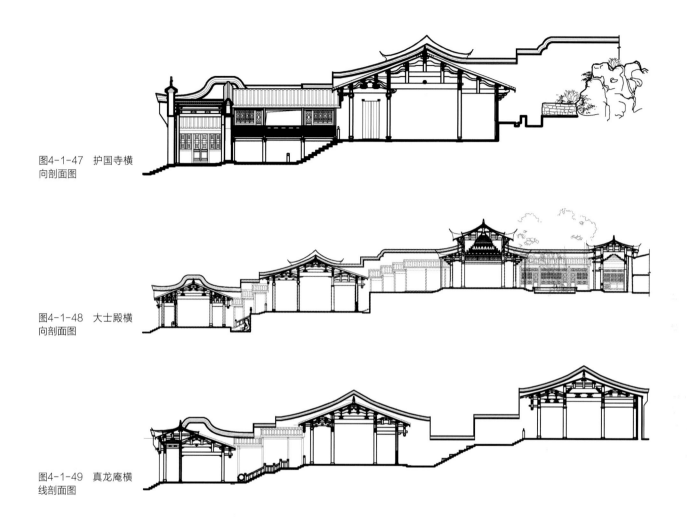

图4-1-47 护国寺横
向剖面图

图4-1-48 大士殿横
向剖面图

图4-1-49 真龙庵横
线剖面图

第二节　古塔长屹

　　东汉年间，远涉西域归来的白马，在洛阳城内投下了汉传佛教最初的种子；而后，种子迅速萌芽，终成参天大树，枝叶覆盖整个中国。作为佛教的主要建筑之一，塔也随之如雨后春笋般闪现在这片充满神性的土地上。中国的塔，又称"浮屠"，前身是印度佛教的"窣堵坡"，原为供奉佛骨舍利的坟冢建筑。随着佛教在世界的传播，最初的窣堵坡相继与各地的传统建筑有机融合，呈现出不同的地域特色，功能也有了相应的延伸。中国的佛塔即在窣堵坡的基础上，吸收了攒尖顶、楼阁、斗栱、叠涩、雕塑等本土元素，开创出一套集大成的建筑美学。

观诸中国古塔，结构上多由须弥座、塔身及塔刹等部分组成，种类上有覆钵式塔、亭阁式塔、楼阁式塔、密檐式塔、经幢塔、宝箧印塔、水尾塔、花式塔、五轮塔、金刚宝座塔等之分，用材上又有着土塔、木塔、石塔、砖塔、金属塔、陶塔、琉璃塔、水泥塔等之别。这些塔又因审美旨趣的异同，被主观修建成圆形、四角形、六角形、八角形等不同形状，并随朝代的更迭发生显著的演替与变化，其功能也由最初较为单一的墓葬、朝拜与宣教逐步扩容，扮演起高瞻、堪舆、告示、航标、焚化、防空等更多角色。

福州虽偏安东南，但南北朝时期，便已有佛教徒从事宗教活动的痕迹；福州人对塔的偏爱，即有赖于佛教在斯地的广泛传播和深远影响。"三山两塔一条江"，常被作为福州的标指，尊崇地位可见一斑。它们又与其他的同类一道，以年代久远、种类丰富、材料各异、形状多样、功能繁复及工艺精湛等特质，雄屹于三湾之滨，共同承载着时光之手镌刻在其身上的漫卷经文。

一、乌塔

乌塔位于鼓楼区乌石山东麓，建于五代后晋天福六年（941年），原名"崇妙保圣坚牢塔"；塔身风化后呈黑色，俗称"乌塔"。与于山白塔并称"双塔"，是福州的标志。明天启元年（1621年）大修，在底层八个转角处增嵌八大金刚立像。清康熙三十五年（1696年）重修，并重铸塔刹。清道光十八年（1838年），塔石因风飞坠。1958年，因乌石山地质情况造成塔身倾斜，福建省人民委员会拨款加固维修，逐层箍以钢条，石缝以水泥浆灌注加固。乌塔为七层八角楼阁式石塔，通高34.74米。塔平面呈八角形，塔内层层有石阶通道，接连层廊串连至顶。

台阶式塔座，五级，高1.88米。塔身转角设倚柱，每层叠涩出檐，层层收分，上施平座栏版，栏版双面浮刻句片纹，回护周廊。檐面刻瓦垄，檐口刻勾头滴水。八角各有翘脊，脊端各坐一尊镇塔佛，七层计56尊。塔顶八面坡，覆石本结顶，上置圆球、宝塔、露盘，铁葫芦顶刹。露盘八方各垂铁链，连接塔顶八角脊端，稳重挺拔。

第一层塔身东面设门，中砌石级（塔道）；八角各立一尊金刚，着盔披甲，各执剑、铜、牙铲以及宝珠、铃铎、琵琶、凉伞等法器，系明代天启元年（1621年）镶嵌上去；七面塔壁各设一供佛石龛。其他各层均两面对称设门，余面设龛，龛中镶嵌黑色页岩浮雕佛像，共46尊，并嵌有楷书塔名碑和建塔记。龛下为须弥座，龛呈长方形，高0.9米，宽0.5米，深0.2米，内镶黑色页岩高浮雕佛像一尊。佛肩左右上方分别刻佛名、捐资祈福者题名。每层统一供奉一佛，自下而上分别为"南无金轮王佛""南无当来下生弥勒佛""南无无量寿佛""南无多宝佛""南无药师琉璃光佛""南无龙自在王佛""南无释迦牟尼佛"。

各佛的坐相、手势与法器也各异。

　　塔名碑："崇妙保圣坚牢之塔"，楷体、分双行、直下。上款功德主王延曦名号等42字，下款监造官员名号等80字，均各一行。碑质为黑色页岩，全高1.73米，宽0.92米，嵌于第四层东面塔壁。1961年被公布为省级文物保护单位，2001年被公布为全国重点文保单位（图4-2-1～图4-2-6）。

图4-2-1　乌塔现状

图4-2-2　乌塔塔身正立面

图4-2-3　乌塔塔檐石造像

图4-2-4　乌塔塔内石踏跺

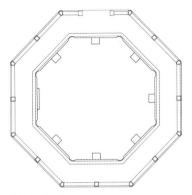

图4-2-5　乌塔一层平面图

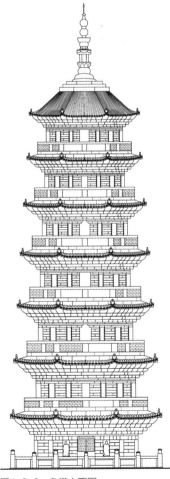

图4-2-6　乌塔立面图

二、白塔

白塔位于于山，原名报恩定光多宝塔，是闽王王审知为其父母荐福，于唐天佑元年（1354年）建造的。传说在于山西麓坡地上挖基，却掘出一颗五彩宝珠，故将塔命名为"报恩多宝定光塔"。附属的寺庙亦称"定光塔寺"。其实，这是王审知事先策划的。他派人暗埋珠宝，再公开挖掘出来，这样可为塔取个好名，可聚人心，可让闽王是孝子的消息不胫而走。初建时塔内砌砖轴，外环木构楼阁，是一座高66.7米的七层砖心木塔。每层的斗栱、云楣、栋梁、栏杆都经过精雕细刻，塔壁和门扉还绘有佛像。明嘉靖十三年（1534年），塔被雷火焚毁。嘉靖二十七年（1548年）重建时，改为七层八角砖塔，高41米。因为外面涂上白灰层，故称白塔。由塔内旋梯攀援登顶，可鸟瞰榕城景色。形状类似如今苏州的北寺塔，内砌砖轴，外环木构楼阁，八角七层，高240尺（约合今66.7米），构架、斗栱、飞檐翘角装饰精美，塔顶为相轮塔刹，塔壁及门面用金描绘佛像。第二年建白塔寺，即现白塔南定光寺。明嘉靖十三年（1534年），定光塔被雷火焚毁，只剩砖造塔心。嘉靖二十七年（1548年）由乡绅张经、龚用卿等集资维修、重建，将原有塔芯削低，改为七层八角砖塔，葫芦状塔刹，高45.35米，仅有原塔之半。塔内在原有砖轴内立柱设梯作木旋梯，塔壁砌佛龛，层檐上周廊施有护栏，有门洞通连木梯上下，盘旋登顶，榕城景色尽收眼底。塔身为遮掩雷火焚烧的黄黑色痕迹，涂以白灰，故称白塔。1991年被公布为福建省级文物保护单位（图4-2-7~图4-2-12）。

三、千佛陶塔

千佛陶塔位于晋安区鼓山涌泉寺前，宋元丰五年（1082年）烧造，共两座，东塔名"庄严劫千佛宝塔"，西塔曰"贤劫千佛宝塔"，陶质，捏塑烧制。原属仓山区城门梁厝龙瑞寺，1972年移至现址。

千佛陶塔为仿木楼阁式陶质实心建筑，八角九层，高6.83米，座径1.2米，双层须弥座，塔身自下而上逐层收分，塔刹为三重宝葫芦，配装"双龙戏珠"，整体造型轻巧玲珑，现已被列为全国文物保护单位。千佛陶塔用陶土分层雕塑烧制，榫卯拼接，塔身施绀青色釉，各种构件

图4-2-7　1950～1960年代的白塔
（图片来源：厦门人类博物馆 拍摄，池志海 收藏）

图4-2-8　白塔现状

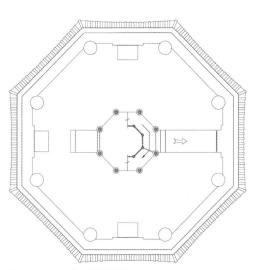

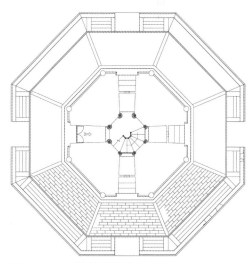

图4-2-9　白塔一层平面图

图4-2-10　白塔二层平面图

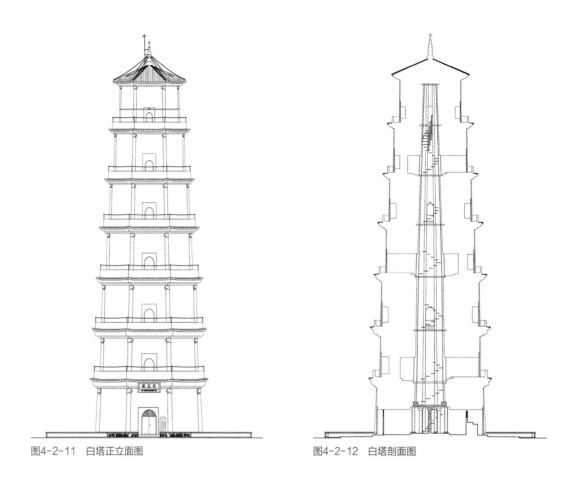

图4-2-11　白塔正立面图　　　　　　　　　图4-2-12　白塔剖面图

如门窗、柱子、塔檐、斗栱等均是模仿木结构的形式，其中东塔壁贴有坐佛1038尊，西塔有1122尊，两塔的塔檐八角另有72尊佛像，翘角下悬挂72枚陶铃，须弥座刻有侏儒力士、莲瓣、狮子等造像。

　　陶塔长期处于海拔较高的户外，受山林中各种自然环境因素的影响，其中对陶塔影响较大的因素有风蚀、雨水、紫外线、温湿度变化以及各种生物、微生物活动等。目前塔身内外有各种生物附着，如蚁穴、蜂巢，并存在不同程度的地衣、苔藓，以及地衣苔藓死亡后形成的黑色结壳。1972年曾对陶塔进行过维修，两座陶塔遍刷红色油漆，现在红色油漆大面积剥蚀，原釉面油漆基本脱落或小面积甲片状不均匀附着。空气及雨水中各种有害物质也对陶釉造成一定程度的损坏，如脱釉、开裂、酥碱等，造成面层破损、塔身陶质强度降低，壳灰修补构件破损、掉落。2001年千佛陶塔作为"鼓山摩崖石刻"的一部分被公布为全国重点文物保护单位（图4-2-13、图4-2-14）。

图4-2-13　千佛陶塔塔身现状　　　　　　　　　　　图4-2-14　千佛陶塔正立面图

四、鳌江宝塔

　　鳌江宝塔位于福建省福清市上迳镇，迳江北畔塔山村鳌峰顶上。塔建于明万历二十八年（1600年），石结构，用灰白色花岗石砌筑成，平面八角形、共七层，高26米。塔底为仰莲须弥座、束腰刻有狮子戏球，水云纹等浮雕图案。第一层单向开门，进口左右站立两尊石雕镇塔将军。一持刀含笑，一按剑奋目。门额刻有"鳌江宝塔"四字。第二层至第七层均为双向开门、回廊绕塔，外置护栏。塔顶为葫芦刹。各层除门以外其他各面都镌刻捐银建塔的妇女姓氏。当地民间传说，有十八家男子出洋经商遇难，十八寡妇思夫捐资建塔。塔内有石阶盘旋至葫芦顶，远眺东海，水天茫茫，帆影点点，令人心旷神怡。此塔处于鳌江入海处，故是一座航标塔。

　　鳌江宝塔的石结构，用青灰色花岗石砌成，平面八角形、七层，楼阁式，各层收分不大，底层与第七层只缩小40厘米左右；各层层高较一致，每层塔身均以12层高约300米的条石精细加工后，按横纵方式层层叠砌而成（估计层与层接触部位有作落槽或销的定位处理，且基本采用干砌密缝方式砌筑）。从现状观测，塔身除楼梯通道外，几乎为全实心砌筑，且每层搭接砌缝还未发现有位移和滑脱的现象。

塔出挑的层层迭涩的原石作圆弧面，包括塔檐挑角、石阶等均由高约300米的条石从塔身砌体内悬挑出来的；台阶通道宽约540米，阶石也是采用高约300米的条石，其两端伸入塔身跨通道架设。凡按此法出跳或架设的石构件除少部出现缺损外，均未出现滑落位移情况。整座塔身至今保全完好，这完全体现古代工匠的聪明才智。1981年鳌江宝塔被公布为福清市文物保护单位（图4-2-15～图4-2-20）。

图4-2-15　鳌江宝塔现状

图4-2-16　鳌江宝塔塔檐叠涩

图4-2-17　鳌江宝塔塔内踏步

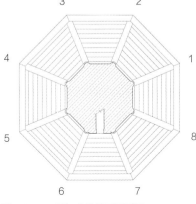

图4-2-18　鳌江宝塔首层平面图

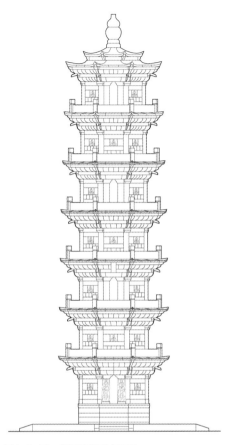

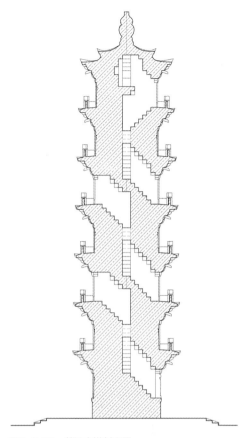

图4-2-19　鳌江宝塔正立面图　　　　　　　　图4-2-20　鳌江宝塔剖面图

五、其他代表性案例

1. 罗星塔

　　罗星塔位于闽江下游三水合汇处的福州马尾港罗星山顶。因位于马尾镇东南、马江北岸的一个小岛罗星山上，塔即以此山得名。由于塔下山突立水中，回澜砥柱，水势旋涡，若"磨心"，所以也称"磨心塔"。原为古代港口航海灯塔的标志，早在明初就标绘在郑和航海图和以后的航海针经图册里。罗星塔是国际公认的航标，是闽江门户标志，有"中国塔"之誉。据《闽都记》称，塔为宋代柳七娘所建，七娘岭南人，李氏女，有姿色，里豪谋强夺之，设计陷害其夫于罪，谪死闽南，七娘愤无可诉，尽卖家产，来到福建，捐资造塔，纪念其夫，日久塔毁。明万历年间，罗星塔被海风推倒。天启年间徐渤倡议重建，重建的石塔

图4-2-21　罗星塔历史照片

图4-2-22　罗星塔现状

七层八角，高31.5米，塔座直径8.6米，每层均建拱门，可拾级而上。清光绪十年（1884年）中法马江海战就在塔下开火，石塔损伤多处。战后，在塔顶安装一颗铁球，以代替被炮火所毁之塔刹。1964年重修，因栏板和塔檐剥落，只好改用铁管栏杆，但建筑的艺术风貌，仍存旧观。塔下是罗星公园，罗星塔公园是船政文化主题公园的一个组成部分。位于马尾罗星山，面积2.33公顷。西侧有溯江楼，南麓有望江亭。园中还有忠魂台、鸣潮阁、友谊轩等。2013年罗星塔被国家文物局公布为全国重点文物保护单位（图4-2-21~图4-2-24）。

2. 圣寿宝塔

圣寿宝塔位于长乐市吴航镇塔山公园内。本名圣寿宝塔，又名三峰寺塔，俗称南山塔。宋崇宁年间（1102~1106年），僧人在山顶筑台讲经，后富室林安尚就台址建佛庵；宋政和七年（1117年）寺僧又在此建浮屠七级，遂成三峰寺塔。塔为石构，七层八角，仿木楼阁式，高27.4米，须弥座，葫芦刹，内有石阶从底层通至顶层。第一层开一门，第二至六层均开二门，第七层开四门。第一层塔壁上浮雕佛像、飞天、动物、花卉图案，转角立石雕护法天王，飞天手持管弦乐器；二至七层塔檐下施仿木构斗栱铺作，各层塔壁设佛龛，浮雕莲花座佛200尊。第一层南向门额上阴刻"雁塔"二字；六、七层塔壁刻有造塔记六条，其中第七层南面门右刻题记："圣

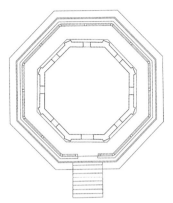

图4-2-23　罗星塔一层平面图

图4-2-25　圣寿宝塔现状

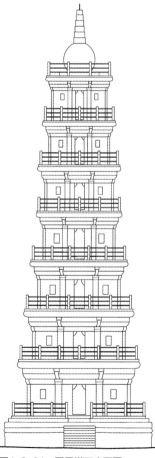

图4-2-24　罗星塔正立面图

寿宝塔，时政和丁酉十月二十三日圆满，同掌会陈致乾、戴顺、郑康、周寿、林伯材。"七层穹顶用顶梁一根，梁底铭文："当今天子口延圣寿。"明初，郑和下西洋时，船队驻泊长乐，曾两次修葺三峰寺。今寺废塔存。1981年大修，加固，重修石护栏。塔身向东南微倾。2006年圣寿宝塔被国家文物局公布为全国重点文物保护单位（图4-2-25～图4-2-27）。

3. 瑞云塔

瑞云塔位于福清市融城东南龙首桥头，由叶向高之子、符丞叶成学与知县凌汉聊募捐鸠工，名匠李邦达负责设计施工，明万历三十四年（1606年）兴建，万历四十三年（1615年）竣工。传说卜基之日，五色云自太保山来覆其上，烂漫辉映，故塔成后名为瑞云塔。塔高34.6米，花岗岩材质，仿木结构阁式，七层八角。塔座周长24米，塔基由八块青石围成，状似八条案几脚，承托着角形的莲花座。座上依次以长短不一的八块一组青石叠加而上。飞檐八角浮雕弥勒，飞檐下是步廊，八面围上石栏杆，石匾上镌"凌霄玉柱"四字。第二层至七层两面开门，每个门各有两尊守门神，全身披挂，威武雄壮，全塔共有26尊。每层塔还设有佛龛，雕有佛座像，后佛像被人盗走。各层都浮雕着武士、比丘、罗汉、花卉、飞禽走兽和佛教故事等图案，丰富多彩。全塔大小浮

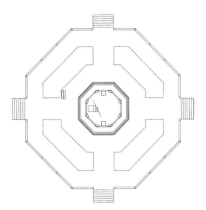

图4-2-26 圣寿宝塔一层平面图

图4-2-28 瑞云塔现状

雕菩萨、力士、佛像等共400多尊，最大的高1.5米，小的只有0.2米，千姿百态，形神兼备。塔檐八角均镇一尊石雕镇塔将军，全塔计56尊。瑞云塔乃石工李邦达之杰作，极臻完善，有江南第一塔之称。1961年瑞云塔被福建省人民政府公布为省级文物保护单位（图4-2-28～图4-2-30）。

六、塔的现状与特征

塔自传入中国以来，最早出现的变种为亭阁式，即在凉亭建筑顶端直接安上塔刹。这类塔耗材较少，建造方便，也更平民化，与藏传佛教的覆钵式塔作用相同，多用于安放高僧灵骨。因此，这两类塔又常被称作"舍利塔"或"海会塔"。如位于福建省福州市闽侯县大湖乡雪峰寺内的义存祖师墓塔，始建于唐天佑四年（1357年），石构，高4.1米，底径2.9米，塔座为八角形，底层石阶两级，上置素面须弥座。塔身呈钟形，石面上浮雕圆珠纹，外观如七层念珠环绕塔身。顶如圆笠，上有圆珠结顶，称"难提塔"。塔身嵌铭刻1方，楷书，"义存祖师塔"。据《雪峰山志》载，塔下地宫存有义存生前自撰、闽王王审知署名的铭与序刻石，计

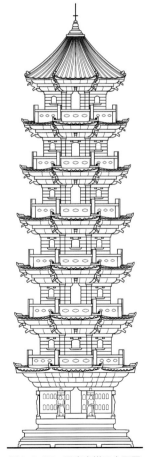

图4-2-27 圣寿宝塔正立面图

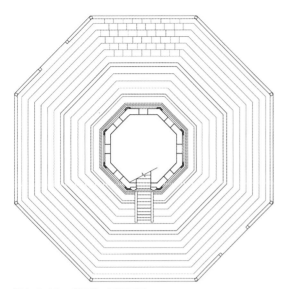

图4-2-29 瑞云塔一层平面图

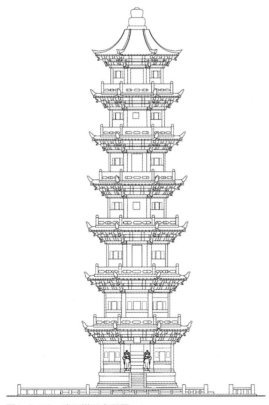

图4-2-30 瑞云塔正立面图

225字。随着古代建筑工艺的不断进步，楼层的拔高获得了有力的技术支持，亭阁式塔开始逐渐升级为塔形更大、耗材更多的楼阁式塔，并进一步进化为底层比例更大、视觉冲击更强的密檐式塔。遗憾的是，在现今遗存的福州古塔中，都很难找到密檐式塔的身影。另一方面，一些其他形制的中小型塔也在漫长的历史沿革中，经受住了岁月的考验。如经幢式塔，是佛教法器宝幢在塔形建筑上的嫁接，并在其上镌刻经文，起到了弘法宣教的作用，多放置于各寺庙的主殿前。又如宝箧印塔，皆为四面形，其顶部的四根塔檐高高上翘，与塔刹平行，直指天际。

　　福州是八闽首府，位于我国东南沿海，地处闽江下游河口盆地的中心，周围山岭环抱，自然条件优越，山水资源极其丰富，且福州风水极好，在漫长的历史发展中，福州文化昌盛，人才辈出，一代又一代的闽人创建了辉煌的文化，使之成为具有悠久内涵和丰富文物遗存的名城，留下了厚重的历史文化积淀。福州自古以来古塔众多，与闽地佛教的发展是分不开的。作为福建省的首府，福州的佛教发展更是繁荣，佛教为福州留下了许多宝贵的历史遗产，其中塔便是重要的建筑遗迹之一。据考证，福州现存形态各异的古塔共有130座，目前保存最早的塔是建于南朝天嘉二年（561年）的林阳寺隐山禅师塔。到了唐代，由于福建经济重心开始转向沿海，福州经济得到发展，社会比较稳定，同时也是佛教发展期，此时建造的塔有闽侯义存祖师塔、鼓楼七星井塔等。五代是福州各方面发展的高峰期，由于闽王王审之大力维护佛教，于是建了许多佛寺，同时也造了不少佛塔。王审之父子修复并创建了闽都七塔，即乌塔、白塔、定慧塔、报恩塔、崇庆塔、开元塔、阿育王塔，但是现仅存乌塔与白塔。宋元时期，福州佛教继续发展，官方与民间都建了不少塔，著名的有龙瑞寺千佛塔陶塔（现存鼓山）、福清龙山祝圣塔、长乐圣寿宝塔、连江普光塔。明清时期，福州佛教发展相对较慢，但却建了许多塔，重修了于山报恩多宝定光塔、马尾罗星塔、福清瑞云塔、福清上迳鳌江宝塔、福清东张紫云宝塔、东瀚万安祝圣塔、连江含光塔、永泰联奎塔等。

福州古塔按平面结构可分为四角形、六角形、八角形、圆形等，按层数分为三层塔、五层塔、七层塔、九层塔，而就其建筑造型来说，大多数是楼阁式塔，其余还有窣堵婆式塔、经幢塔、密檐式塔、喇嘛塔、宝箧印塔、五轮式塔、亭阁式塔、灯塔等。建筑材料多为石材，部分为砖材、陶材、金属材料等，由于地理位置面海多山，产量丰富且抗腐性强的石条，成了古时候福州人建塔的首选。

福州传统古塔浓缩了宗教思想、建筑技术、雕刻艺术、历史人文、社会经济等诸多元素，是福州地区文化遗产的重要组成部分，见证了闽都兴衰沉浮的沧桑历史。在古代人们耗费巨资修建塔，除了作为重要的宗教文化标志外，还是具有浓厚文化内涵，真实地反映了福州的历史状况，传递着历史信息。古塔建筑犹如史书，每座古塔都记述了那个时代政治、经济、文化的发展水平，福州古塔优美造型、古朴风姿，精美的装饰屹立于闽都大地，作为历史文化遗产和风景旅游资源，融汇了建筑、艺术、生活之美，蕴含了极高的文物考古价值与人文观赏价值，体现了古代福州人民的创造力和智慧。

1. 呈现了福州传统的建筑技术水平

福州古塔体现了福州先人精湛的建筑技术。唐宋时期，福州的建筑发展迅速，由于盛产石材，仿木结构楼阁式石塔的建造水平在全国处于领先地位，并建有大量石塔，如著名的石塔乌山的坚牢塔、连江天王寺塔、福清龙山祝圣宝塔、闽侯陶江石塔，除了石塔以外，还有陶塔、砖塔和金属塔。陶塔的代表作是位于鼓山涌泉寺天王殿前的千佛双塔（原城门龙瑞寺），砖塔的代表作是位于于山的定光塔和连江的含光塔，其中建于明代的含光塔为八角七层楼格式红砖塔，高26.67米，叠砌出檐，每层均设一门七佛龛，沿塔内石阶可到顶层。含光塔除基座与翘角用花岗石外，塔身塔檐出栱，佛龛均以红砖砌造，经考证，这种红砖建造的塔全国仅两座，反映了明代福州地区制砖业的发展状况。

2. 表现了福州古人的雕刻艺术成就

福州古塔的雕刻具有浓厚的宗教色彩和鲜明的地域特色，如福清城关的瑞云塔堪称石雕中的精品，有"江南第一塔"之称，塔内有石阶直通塔顶，为穿心绕平座式结构，瑞云塔以精美细致的浮雕闻名，塔每层均有雕刻，内容极其丰富。特别是每层石门两旁的守门神，怒目睁眼、雄壮威武，这些浮雕千姿百态、形象逼真、栩栩如生，匠师们运用粗中有细的技法，借鉴传统绘画中柔中有刚的线条，勾勒出各种有趣的形态。把粗朴与精巧两种风格协调地融合在一起。反映了福州石雕工艺的水平，同样连江仙塔的雕刻也十分精彩，体现了北宋福州地区雕刻工艺特色，此外，闽侯县尚干陶江石塔的雕刻也颇具特色，体现了南宋福州地区的雕刻工艺水平，可以看出福州雕刻题材广泛、工艺精美、内容丰富，具有很强的地方文化特色，并能熟练地运用传统比喻、象征、寓意、表现以及祈福等艺术手法，将社会的传统道德思想融入雕刻作品中。

3. 反映了闽都佛教发展的状况

许多塔的地宫供奉高僧舍利，而舍利是佛教最崇高的圣物，所以佛教在传播教义时除了利用佛经，佛像外最重要的方法就是建造佛塔，因此作为佛教的象征性标志之一的塔，反映了当地的佛教文化状况。

4. 宣扬了民间的风水观念与思想

塔原是人们顶礼膜拜的神圣建筑，只可放高僧的舍利，但传入中国后在与传统文化融合的过程中出现了以塔改变风水的习俗，风水是中国文化历史中独特的环境艺术思想，旨在促进人与自然的和谐相处，追求"天人合一"的理想生活。古人认为一个地方的人才兴盛与风水环境有关，所谓"地美则人昌""人杰地灵"。另外，除了祈求国家昌盛、人民富裕，当地人文环境的改善外，还有"镇邪"之用。故人们常常在海边、河岸边或山顶上，兴建水口塔或文峰塔，以寄托对美好生活的向往。如闽侯甘蔗镇临闽江而立的镇国宝塔就是一座风水塔，福清上迳镇迳江北岸的鳌江宝塔也是座风水塔，此外，众多俊秀的风水塔为原本平淡无奇的山水与园林增添了许多美景。

5. 体现了福州的民俗与传统习俗文化

古塔往往历经沧桑，久经风雨，它那高大的雄姿不仅象征民族自强、自尊的品格，而且流传着许多感人的民间传说，从一个特殊角度展现了古代福州社会的民俗与习俗。如马尾罗星塔俗称磨星塔，相传原为宋代广东岭南的柳七娘所建，柳七娘随丈夫入闽做苦役，后来丈夫劳累而亡，柳七娘便变卖家产为亡夫在闽江之中的山丘上建一座石塔，以祈求冥福，明万历年间，塔毁于台风。到了天启年间，福州著名学者徐㶿等人募捐重修。类似的传说还有连江云居山的普光塔，在民间，普光塔又称望夫塔，是云居山当地一名妇女在山上期盼出海的丈夫能平安归来时，用石头垒成的。塔与福州的民俗关系密切，在古代，每逢重大节日，民众都会在塔上点灯，以祈求平安。

福州古塔还是人文骚客登游诵诗的地方，留下了许多与塔有关的诗文、名联、题刻、碑记，为塔平添了浓厚的文化内涵。

6. 记载了闽港的航行历史

五代王审之主闽之后，福州港口的海上交通进一步得到发展。南海诸国纷纷来朝，促进了福州港的航海贸易。元代已有许多商船沿印度洋到达这里，明成化十年（1474年），市舶司从泉州移置福州，从此，福州港作为朝廷与东南亚国家互市的重要港口，对外交通与海运贸易更加繁盛。明代福州港还为郑和下西洋做了重大贡献，记载郑和船队进出长乐太子港均以圣寿塔为船标，还有罗星塔，既是航海港口的标志塔，也是闽江门户的标志，有"中国塔"之誉。此外，福州的航标塔还有面向东海的福清万安祝圣塔与之三山镇的迎潮塔等，这些航标塔对于导航引渡具有重要作用，为福州古代航海事业作出了重要贡献。

福州保存至今的古塔有130余座，其中楼阁式塔52座、窣堵婆式塔46座、宝箧印经式塔7座、五轮式塔4座、经幢式塔8座、亭阁式塔10座、灯塔2座、喇嘛式塔1座。其中福州鼓楼区12座、仓山6座、马尾区1座、静安区29座、长乐区5座、福清市23座、连江县15座、闽侯县22座、永泰县2座、闽清县3座，元代2座、明代28座、清代39座、民国9座，还有10座待定，这些古塔主要集中在福州佛教最发达的两宋和风水思想较为流行的明清时期，从分布情况来看，大部分塔位于历史文化较为悠久的沿海县市，内陆地区则较少，反映了福州古代的社会经济与文化状况。

塔作为佛教的象征，一座塔，即一尊佛：塔在，是渡劫；塔毁，是历劫。一渡一历之间，转瞬已千年。说不清在未来的日子里，又将有多少宝塔会在闽都大地上拔地而起，又将有多少宝塔会因各种原因轰然倒塌。但倒与不倒，它们都将永恒地屹立在这一方人民的精神信仰中。

第五章

商脉通远近

　　福州自古以来就是海上丝绸之路的重要节点，历来以海为生、因港兴市，"百货随潮船入市，万家沽酒户垂帘"即此地商业发达的生动写照。到了清末，西方列强的入侵，又间接促进了福州走向近现代商业的巨大转型。要不是因为从中走出了中国近代史上西学东渐的先驱严复，大概不会有太多人去注意闽江边上的小村庄——阳岐。事实上，这片土地的奇秀人文早已为周边所熟识，现今榕城、台湾本岛及马祖等地的大小数百座尚书庙。

　　就像更早以前那些从阳岐启程的商人们。在封建时代，知识贫瘠、科技落后，船家出航只能等天靠海。与闽江南港乌龙江峡兜的恶浪滔天相比，阳岐风平浪静的环境更适合成为出发的起点，于是大批客商北渡至此，一时间阳岐熙来攘往，帆樯云集。而过往商旅，又以莆田人最多，故阳岐的码头又被称为"兴化道"或"化船道"。那时，从这里开出的商船，也许从未曾想过，有朝一日它们会和从其他河道中开出的同乡一起，并肩驶入更为宽阔的海洋……

　　柔远驿，位于福州市台江区琯后街，始建于清康熙六年（1667年），为接待琉球国等朝贡宾客和与琉球贸易的场所。当年设有进贡厂，馆舍规模宽敞，民间称之为"琉球馆"。明成化十年（1474年）福建市舶司从泉州迁至福州后，福州与琉球的经济贸易、文化往来更加频繁。福州河口设柔远驿、进贡厂（即琉球馆），凡中国派往琉球的使者及琉球来中国的使者、留学生都经福州转道。福州还出现了主要与琉球贸易的"十家帮"。在福州仓山区福建师范大学旁的白泉庵还建有福州琉球墓园，里面埋葬着安葬琉球来华亡故人员。福州琉球馆和福州琉球墓园都是全国不可多得的研究琉球历史和古代中琉交往的历史古迹。

　　如果说柔远驿是福州古代从事对外商贸活动的见证，那么各类会馆就是福州作为闽省经贸中心的参与者。明朝中后叶，随着商品经济的发展和市场阶层的兴起，中国的资本主义开始萌芽，会馆这一有着鲜明地域特征的商业机构便开始在民间如雨后春笋般钻了出来，分布在神州大地。闽浙两省作为一衣带水的近邻，其大小会馆几乎都是供奉有妈祖娘娘的天后宫：如浙商在宁波修建的庆安会馆（甬东天后宫）及在福州修建的安澜会馆（仓前天后宫），闽商在怀化修建的福建客民会馆（芷江天后宫）及在烟台修建的福建会馆（烟台天后行宫）等；又如远在都城北京的莆阳会馆、汀州会馆以及上海的三山会馆，及福州的古田会馆（同德路天后宫）、建宁会馆（郎官巷天后宫）、浦城会馆（上杭路天后宫）等。

　　商会类建筑中，闽浙两地的会馆又以其精湛的工艺见著。不管是砖木石础上的浮雕、圆雕、透雕，还是斗栱雀替间的细密榫卯，都给人以一见为之敬畏的惊艳。会馆的性质类似于今天的同乡会，它的门面代表着一方的综合实力，古人出于攀比的从众心理，自然不可免俗，亦不敢怠慢；而一个人客商远方，举目无亲，抬头间突然看到自己家乡的会馆，那种亲切必不可言喻，难怪早有人将"他乡遇故知"列为人生四大乐事之一。

第一节　会馆云集

一、建郡会馆

　　建郡会馆位于上杭路128号，是闽北商帮举行节庆和庙会的地方。光绪三十二年（1906年），旅沪福建学生会以林斯琛、郑祖荫为中坚在此成立福州说报社，每周开办演讲会12期，宣传革命甚为得力。次年二月十三日，福州教育总会、商务总会、说报社、去毒社等团体在此集会，成立"同胞求援会"，抗议汰商魏池拐骗华工案件，并于二十七日解救被关押的820名华工。大殿建制规格较高，装饰精美，是福州地区最有风格的一座会馆，建筑占地面积约780平方米。

　　建郡会馆坐北朝南，面阔20.11米，进深37.135米。有前后两部分，一进院落。由门墙、前天井、东西瞧楼、戏台、钟鼓楼、拜亭、大殿和后天井组成。其中大殿由殿身和东西付阶组成，大殿面阔三间进深6柱重檐歇山顶，明间正中间施藻井，次是施凤凰池，付阶部分南面及东西面为轩廊，北面为檐廊，且西轩廊配小天井，为清代抬梁式和穿斗式相结合木构建筑。修复后的建郡会馆，其院落轴线上自南向北由门墙、戏台、拜亭、正殿各建筑单体组成，前部天井两侧围以瞧楼及钟鼓楼形成合院式布局。除五开间正殿东侧设有登山便道外，其余建筑单体依中轴线呈对称布置。大殿重檐歇山顶上部层层如意斗栱烘托出屋面的深远，屋脊的曲线让屋面更显得轻盈。2016年建郡会馆被福州市人民政府公布为市级文物保护单位（图5-1-1~图5-1-5）。

图5-1-1　建郡会馆大殿

图5-1-2　建郡会馆戏台

图5-1-3　建郡会馆谯楼及
钟鼓楼

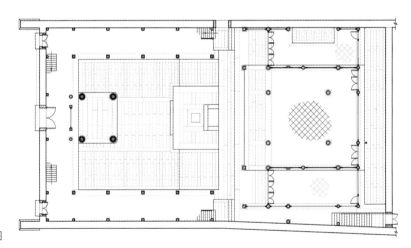

图5-1-4　建郡会馆平面图

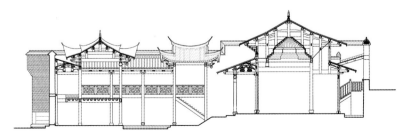

图5-1-5　建郡会馆横向剖
面图

二、浦城会馆

浦城会馆位于福州市台江区上杭路176号，是清代时期由浦城县商人在福州集资建造，该建筑坐西朝东，东偏北31.52°，总占地面积1086平方米，沿街面为五岳式门墙设三个门洞、四个牌匾（中间两个、南北两侧各一个）。会馆分为两落，正落由戏台、谯楼、天井、大殿、后砖楼组成，南侧落由一进前回廊、一进主座、一进后过廊，二进由前披舍、主座、后花厅组成。正落内飞檐翘角，雕梁画栋，非常精美。

正落：为五岳式门墙，面为红砖砌筑，通面阔17.89米（西墙西边沿至墙东墙东边沿），高7.895米（沿街地面至中间翘脚尖部顶端），设三个门洞，门洞上置四块牌匾，中间牌匾为"天后宫"，之上为灰塑框匾，东侧牌匾为"海宴"，西侧牌匾为"清河"。

戏台：戏台面阔5.33米，进深3.8米。戏台木地面距地面0.96米，屋面为歇山顶屋面。

南北谯楼：地面为三合土地面，面阔三间、通面阔9.46米、按明次稍顺序排列、明间宽度较大、次间稍间宽度比明间逐渐变小，进两柱2.9米，共两层由大殿靠墙一侧楼梯上谯楼，楼梯外部有精美轩架，檐柱柱头有9.6米长大扛梁，扛梁上部为一斗三升。屋架为穿斗式带假转水的硬轩屋顶，层面为单坡屋面。

天井：地面为条石地面，总宽10.45米，总长11.52米，天井地面采用中间两条垂带横向铺石的方法铺墁天井。

大殿：前天井上大殿共5步台阶，台阶总宽5.22米。大殿前轩廊为条石地面。大殿面阔六柱五间、通面阔16.06米，通进四柱、通进深10.79米，后檐柱为石柱。其余木础雕有如意云，样式非常精美。大殿前檐柱为方柱，柱头部为一斗三升檐柱外挑"福如东海，寿比南山"的垂花柱6个。前檐柱与前充柱柱头上为雕刻精美的丁斗栱轩架，轩架从明间布置到稍间，轩架之上的椽望板有如意云彩绘。前后充柱柱头部分为精美的一斗三升及拼合梁。后充柱与后檐柱上为丁斗栱轩架、轩架仅布置在明次间。二重檐外檐东、南、北面为如意斗栱，内部明间为精美漩涡式藻井、东西两侧为凤凰池。一重檐屋面为双坡硬山顶，二重檐四坡9脊、两侧歇山带红色斗底砖贴面的歇山顶。

西侧落一进：一进回廊为斗底砖地面，共有木柱4根，一步式梁架，檐柱落在廊沿石上，靠墙插在墙上的一步式梁架，屋面为单坡屋面。主座因地形关系呈梯形，面阔两柱一间，通面阔前部6.45米、后部6.63米，进深五柱、通进深8.12米，后充柱设有插屏门，构架为穿斗式构架，屋面为双坡硬山顶，靠墙两有挂瓦。一进后过廊为斗底砖地面，共有木柱2根，一步式梁架，檐柱落在廊沿石上，靠墙插在墙上的一步式梁架，屋面为单坡屋面。

二进：前披榭斗底砖地面，两个披舍共有木柱4根，檐柱落在廊沿石上，另一侧靠墙插在墙上的穿斗式构架，屋面为单坡屋面，屋面靠墙一侧有挂瓦。主座地面为红色斗底砖地面，因地形呈梯形，面阔四柱两间、通面阔10.69米，进深三柱、通进深4.72米，后檐柱设有插屏门，构架为穿斗式构架，屋面为双坡硬山顶，靠墙两有挂瓦。

二进后花厅：地面为红色斗底砖地面，面阔三间，通面阔11.14米，进深三柱，通进深5.6米，明间为东西缝架为台梁式构架、东西次间缝架为穿斗式构架，因为轩廊位置较高，正脊设置在前上付矮柱上，做假转水屋面交接，屋面为双坡硬山顶。2013年浦城会馆被评为未定级文物保护单位（图5-1-6~图5-1-13）。

图5-1-6 浦城会馆戏台现状

图5-1-7 浦城会馆谯楼现状

图5-1-8 浦城会馆大殿前檐廊现状

图5-1-9 浦城会馆歇山顶屋顶现状

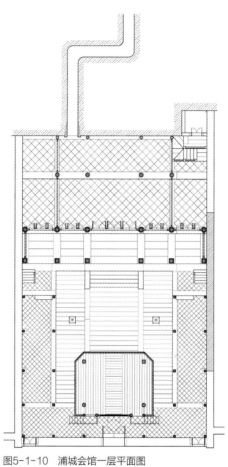

图5-1-10　浦城会馆一层平面图

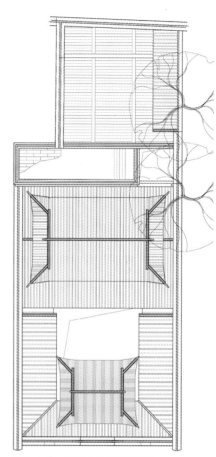

图5-1-11　浦城会馆屋顶平面图

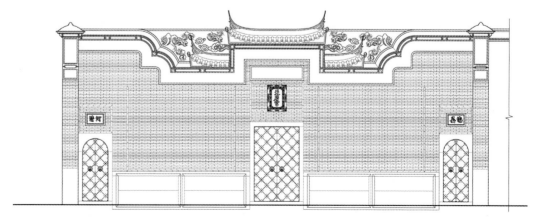

图5-1-12　浦城会馆正立面图

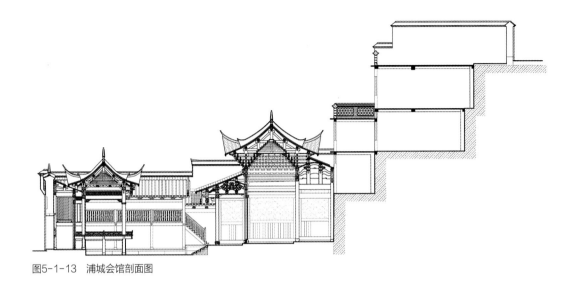

图5-1-13　浦城会馆剖面图

三、三山会馆

三山会馆仅存的春晖堂大殿，位于福州市台江区洋中街道横街巷56号，洋中幼儿园内。坐东北朝西南，占地面积约291平方米。三山会馆建于清道光年间，为江浙两省在福州绸布业帮会筹资建造。原建筑格局包括大殿、戏台、酒楼、厢房、仓库等，面积1000多平方米。现状仅存大殿。新中国成立后三山会馆辟为金斗小学，"文革"期间更名向上小学，后又复名。1982年进行一次大修，当时花费4万元，对墙体及两侧石柱采用混凝土柱进行支撑。1985年撤小学，改为台江区少年宫，为福州第一所少年宫，命名为"春晖堂"，由书法家沈觐寿题写匾额。

春晖堂正殿面阔五开间，通面阔14.61米，进深六柱，通进深11.8米，重檐歇山顶，抬梁穿斗式木构架。由大殿殿身、四面回廊、后天井、后天井披榭、三面山墙组成。前门柱与前小充柱之间构成下檐前屋面，后门柱与后小充柱之间构成下檐后屋面，两侧回廊各有三个软卷棚形成三个轩廊屋面两两交会排水格局，即前后双坡屋面辅与回廊两侧单坡屋面交会形成整个下檐的硬山屋面。前小充及后小充柱上部檐口处出挑的四层如意斗栱，相互拉结，四面围合，围脊四面相交，形成整个歇山梁架闭合的整体。

大殿采用32根方圆大小不一的石柱承托起上部的木柱梁架，每根石柱上都有楹联题刻，柱础形态各异，雕工精美。前檐明间依托直径0.43米的大额枋减去两根前门柱，让轩廊中部形成9米的开阔空间。明次间前小充与后门柱之间形成殿身，殿身较回廊高约150米，殿内明间采用减柱造，减去前大充与栋柱，穿插以厚重的梁枋让屋架下部结构形成9个稳定的"井"字结构，"井"字间均装配有大小各异、贴金勾绘的藻井、凤凰池或卷棚顶，均以如意斗栱叠涩，上部空间被装饰得富丽堂皇。殿身后檐处为神龛所在地，上部梁枋较朴素，仅以雀替分饰左右。次间两侧门楣上方做镂空横批，草龙回纹图案精美。后檐做三跳插栱挑檐。后天井披榭梁架通过次间后门柱与后山墙之间梁枋支撑，无落地柱。

重檐歇山顶，前檐屋面与上檐屋面采用飞椽，飞椽刻有精美图案。下檐前后屋面、上檐全部屋面均为采用板瓦做底瓦，筒瓦做盖瓦，并抹灰，檐口滴水、瓦当均采用宝相花纹图案。两侧回廊、后天井屋面盖瓦、底瓦均采用板瓦。上檐滴水对应下檐部分采用三块斗底砖铺置，形成滴水滴落缓冲带。上檐屋面采用硬山屋面做法，山花面采用红色斗底砖贴面，并在其上进行灰塑蝙蝠、草龙等图案。正脊双龙戏珠造型优美，垂脊灰塑丹顶鹤、松树、花草、三多等图案，翼角戗脊出端部灰塑回纹等图案，图案内容丰富且精美。1991年被公布为区级文物保护单位，1992年被公布为市级文物保护单位（图5-1-14～图5-1-20）。

图5-1-14　春晖堂修缮前

图5-1-15　春晖堂修缮后

图5-1-16　春晖堂大殿室内藻井

图5-1-17　春晖堂前檐轩廊狮座

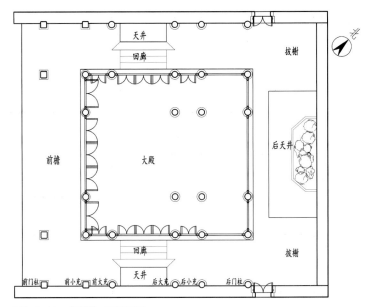

图5-1-18 春晖堂一层平面图

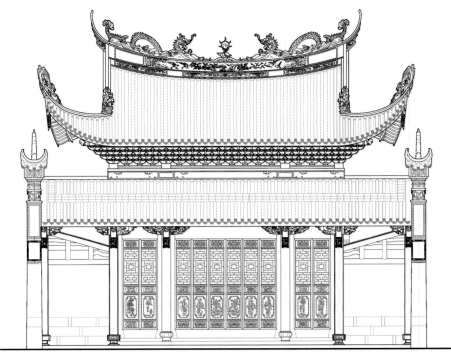

图5-1-19 春晖堂正立面图

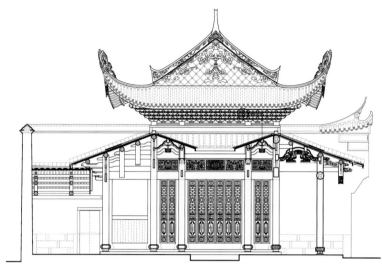

图5-1-20　春晖堂回廊剖面图

第二节　商铺汇聚

提及福州商脉，上下杭自然是绕不开的组成部分。那是位于中亭街附近的上杭路和下杭路，人们常将它们并称为"双杭"。"杭"，原为"航"，顾名思义，这里自古即是福州的航运码头。地理上"三山两塔一条江"的独特形制，让处在盆地内部交通受限的榕城只能以港兴市，而物流上的便利使这里迅速成长为商业中心，纸帮、木帮、药行等各行各业相互交汇，福州、兴化、汀州等各地商帮彼此依存。早在唐宋时期，福州的各大内河流域便已有了"百货随潮船入市，万家沽酒户垂帘"的繁盛。进入19世纪中叶，当时的清王朝积贫羸弱，正处风雨飘摇之秋。福州在当时的《南京条约》中被辟为五口通商口岸，随即，东西方的经济与文化在这里开始了剧烈的激荡。然而，在列强入侵的年代，重演昔日的荣耀，则更多了一份忍辱负重的味道。

上下杭商号建筑群位于福州市台江区上下杭街道，由成康参号、黄恒盛布店、罗氏绸布庄、生顺茶栈旧址等组成。其中咸康参号旧址，位于下杭路，民国建筑，坐南朝北，共三层，占地面积275平方米；前设营业大厅，后有药材仓库和住所；圆卷顶石门框，一层为敞厅，左右各有楼梯通往二、三层，二、三层中间留空，顶部为"玻璃天"，三面通廊，房门开向通廊。咸康参号是民国时期螺洲张桂荣、张桂丹兄弟开办的一家大药铺。

如今的福州，凭借着城市规模的不断扩张以及基础设施的日益完善，其逛街购物的选择也渐趋多样，有南后街商圈、宝龙万象城商圈、中亭街商圈、仓山万达、台江万达、五四路商圈、火车站商圈、学生街，福州早已彻底摆脱了交通上的局限，风行水上的商品经济也已从最早的"以港兴市"转化为"以市兴城"，从原来的"以人成市"蜕变为"以市促居"。

一、罗氏绸布庄

罗氏绸布庄位于下杭路181号，始建于清代，由四进院落构成，主入口位于院落西北面，面朝下杭路，从下杭路向南直通星河巷，总占地面积为1460平方米，总建筑面积为1575平方米。保留了较为完整的福州地区传统的古民居平面格局。采用福州地方建筑传统手法及工艺建造而成，墙体为整石或毛石墙基，夯土及砖墙身，马鞍式山墙，上覆墙头帽；条石及三合土地面，花岗石柱础，梁架均用杉木制作而成，穿斗式木构架，双坡或单坡瓦屋面排水，富有福州传统古民居特色，对于研究清末及民国时期福州古民居的建筑形制与风格，具有重要的科学及建筑价值。

上下杭曾经商行、货栈云集，兴盛时上杭路就有20多家经营绸缎、布匹和纱罗的商家，下杭路有荣华、奇生、建新隆和联友等商家，隆平路、大庙路等也有分布。荣华棉布商行原为罗坤记进出口商行的一部分，由罗梓侯主持。经营业务范围很广，初期是向江苏、浙江采办纱、布、棉及绍兴酒，后来另设一部向东北、华北如营口、大连、天津、青岛、烟台等地，采购豆、油、高粱酒、干果、水产、干货等大宗产品。从福州运往东北的则有各种土纸、竹筷、笋干等商品。罗坤记的生意是"向北不向南"，与华南各埠没有往来。

罗坤记进出口商行在发展过程中，曾自备有大木帆船二艘运送货物，初期获利甚丰。1931年"九一八"事变后，日本帝国主义炮火打断了罗坤记进出口商行营口和大连的业务，之后，木帆船在三都澳附近被日机炸沉，后期业务虽然鼎盛，但多半亏本。1938年罗梓侯辞世时，进出口业务基本结束。随着时光的流逝，罗家后代缩小进出口商行经营规模，以经营棉布、绸缎为主，更名为"荣华棉布商行"。老福州仍慕罗家在商界的名声，叫惯了也称"罗氏"绸布庄或"罗坤记"绸缎庄。20世纪50年代，福州市五金批发公司租用本建筑作为仓库使用。罗氏绸缎庄见证了上下杭商贸业的兴衰变迁，具有重要的历史价值。

罗氏绸布庄一、二两进院落坐东南朝西北，三、四两进院落坐西北朝东南，各进之间由院墙分割，东西两侧为封火山墙，整个院落保留了较为完整的福州地区传统的古民居平面格局。

第一进院落现由前天井两侧楼房、主座、后天井两侧披榭、后天井风雨廊、前天井及后天井组成。 前天井现存二层砖混楼房为现代新建，其体量及风格均与整体建筑形制不相协调，并对主座前檐构架造成破坏；一进主座建筑面阔五开间，通面阔16.38米，进深五柱，通进深9.8米；梁架为穿斗式，民国时加建吊顶。

第二进院落由前天井、回廊、两侧披榭、主座、后天井及两侧披榭、前天井、回廊与两

图5-2-1　罗氏绸布庄二进穿斗梁架

图5-2-2　罗氏绸布庄三进正立面

图5-2-3　罗氏绸布庄三进精美的轩架

侧披榭。前天井回廊及两侧披榭平面布局呈"U"形，二者共用两侧转角檐柱；转角檐柱之间设扛梁，回廊中间两榀单步梁架搁置于扛梁及院墙之间，屋面单坡排水。二进主座建筑面阔五开间，通面阔15.78米，进深五柱，通进深9.9米；梁架为穿斗式，民国时次间前金柱及后金柱、梢间后金柱均改为矮柱，立于扛梁之上；后金柱间原有"一"字厅屏。

第三进院落现由前天井回廊及两侧披榭、前天井风雨廊、主座、后天井、回廊及两侧披榭组成。前天井回廊及两侧披榭平面布局呈"U"形，二者共用两侧转角檐柱；转角檐柱之间设扛梁，回廊中间两榀双步带软轩梁架搁置于扛梁及院墙之间，屋面单坡排水；两侧披榭面阔两间，进深一柱，中间减柱，梁架搁置于前檐扛梁上，三榀梁架均以方梁形式插入山墙，承接上部三步带硬轩梁架，前檐方梁挑垂花柱，为单步带软轩梁架，屋面单坡排水；三进主座建筑面阔三开间，通面阔13.58米，进深七柱，通进深12.81米，两侧带边弄，宽约1~1.5米；梁架为穿斗式；明间及次间前廊均为三步带软轩梁架，前檐方梁挑垂花柱，两侧雀替承托挑檐檩；明间前檐减柱，两侧轩架搁置于次间前檐柱之间的大扛梁上。

第四进院落始建建筑已缺失，现由北阁楼、南木屋、西南角卫生间及小天井组成。现存建筑均为木构三角屋架，用材、做工均比较粗糙，可能是20世纪50年代被市五金批发公司租为仓库时新建。三、四两进地面高差较大，为方便货物进出，北阁楼入口处后改水泥砂坡道与其北侧院墙中间门洞相连；坡道西侧为木构楼梯，由此上阁楼二层。北阁楼为二层木构，面阔五间，进深三柱；屋面为三角屋架，双坡排水。南木屋为单层木构，面阔四间，进深三柱，与北阁楼共用中间一排木柱，之间无隔断分隔；屋面为三角屋架，双坡排水。2013年1月，罗氏绸布庄旧址被福建省人民政府公布为第八批省级文物保护单位（图5-2-1~图5-2-5）。

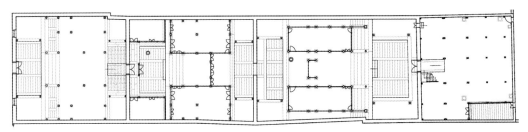

图5-2-4 罗氏绸布庄平面图

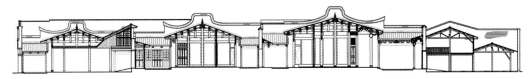

图5-2-5 罗氏绸布庄横向剖面图

二、兰记脱胎漆器店旧址

兰记脱胎漆器店旧址位于仓山区塔亭路51、53号,为福州脱胎漆器大师沈幼兰创建的"沈绍安兰记"脱胎漆器店旧址,建于民国十一年(1922年)。该建筑坐南朝北,由两座建筑组成,三层砖木结构,中间为天井、四面环廊,沿街立面为西式立面建筑风格。

沈绍安(1767—1835年),字仲康,福州人。少为油漆匠,在福州杨桥路双抛桥附近开漆器店,以油漆加工为业,并制售漆筷、漆碗、神主木牌等小商品。为了迎合官场应酬及男婚女嫁需要,创制脱胎漆器。其法取黏土捏塑各种器物模型,外用夏布(苎麻布)或绸布,敷漆分层上裱,待漆干后浸入水中,去模、擦干就是"脱胎"。再精细加工,髹以彩漆,就成脱胎漆器。传统漆器只有红、黑两色,绍安增加黄、绿、蓝、褐诸色,还使用贴金银箔等手法,使漆器光彩夺目,轻巧耐用。最初主要制作茶箱、烟箱、提盒、首饰箱、观音佛像等实用器物和佛教人物像,大受上流社会欢迎。沈家手艺世代相传,至第四代传人沈正镐("正记")和沈正恂("恂记"),工艺水平又有提高,搀入泥金、泥银等颜料,色调愈显美观柔和,加上创造"擦金"等新工艺,使沈家脱胎漆器步入"黄金时代"。曾参加日、法、加拿大等国举办的世界博览会,并获重奖。

沈绍安"兰记"是沈绍安第四代沈允华的儿子沈幼兰所开。1915年,24岁的沈幼兰带着一批艺人到洋人密集、洋行众多的塔亭路起家。五口通商后,仓山地理位置优越,开展业务很顺利。每年盛夏,他前往洋人避暑地鼓岭设立临时营业部,并在上海、厦门、香港、西贡开设代理机构。

　　"兰记"初期，只制售一、二等货，但因产品质量要求高、生产过程长、价格昂贵，销售量有限，后来制售三等货，以扩大销售，同时为维护企业信誉，对一、二等货的制作十分精细，制坯刷底必用生漆，绝不用猪血。产品质量符合标准才盖上商号印记，因而得到顾客的信任。"兰记"脱胎漆器产品，从1924年起，先后参加巴拿马、芝加哥、菲律宾、比利时等国家和地区的博览会，每次都获得特等金牌、头牌等大奖。福州脱胎漆器与北京景泰蓝、江西景德镇瓷器并誉为中国工艺品"三宝"，脱胎漆器与角梳、纸伞合誉为"福州三宝"，其生产的漆器代表着中国漆器工业的最高成就。

　　"兰记"1949年以后并入福州市脱胎漆器厂，老宅遂转为居住使用，两侧橱窗都已被开辟为出入的小门，塔亭路也几次抬高，已与当年的面貌有所不同。

　　兰记脱胎漆器店旧址主入口朝北，一层建筑面积为261.7平方米，二层、三层建筑面积252.2平方米，总建筑面积为765.7平方米。

　　东面临万春郑宅，西面坍塌建筑废墟，南面临后（花园），北面临塔亭路。因地形原因整体平面呈不规则"凸"字形，分为前座后座，采用错层楼梯连接的方法建造，整体建筑构造相当精妙。现状含大堂共有21个房间，6部楼梯。该建筑与下池弄2、3号共有两个门洞通往花园。一层含大堂共有7个房间。大堂呈梯形，面阔三间，通面阔9.78米，进深（大头5.99、小头4.79），南侧设大门，两樘窗户；大堂南侧面阔3.85米，进深4.78米，大堂西侧与楼梯相连，后座面阔四间，共有3柱左右两侧与墙体相连，通面阔14.6米，进深三柱8.15米，其中开有一门通往花园。二层共有7个房间，其中前座楼梯连廊前廊为三个门洞，门洞以中轴对称布置。通往阳台长3.3米、宽1.21米、栏杆高1米、阳台线角精美双层窗户前为百叶后为玻璃窗；三层与二层基本相似，前廊南侧在房间前部后面加了一部楼梯通往二楼。2013年1月作为"烟台山近代建筑群"的一部分，兰记脱胎漆器店旧址被福建省人民政府公布为省级文物保护单位（图5-2-6~图5-2-9）。

图5-2-6　沈绍安与兰记脱胎漆器店旧址（图片来源：福州老建筑百科）

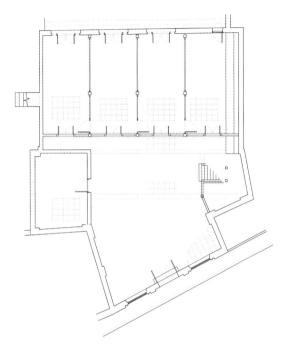

图5-2-7　兰记脱胎漆器店旧址一层平面图

图5-2-8　兰记脱胎漆器店旧址正立面图

图5-2-9　兰记脱胎
漆器店旧址横剖面图

三、黄恒盛布店

　　黄恒盛布店始建于上杭路217号，建于1890年，占地317平方米，建筑面积为731平方米，为两层半的框架结构。建筑西邻上杭路219~233号，东接上杭路205号，南靠其附属楼（店员住宿，已改建）。整体建筑坐南朝北，面向彩气山。建筑基地较为方正，东西面阔三间，总面阔最宽处15.22米，最窄处13.5米，南北进深四间，总进深21.58米。

　　黄恒盛布行在建筑正立面上采用了西方古典建筑三段式，由首层石砌的柱礅部分、二层爱奥尼柱式及顶部女儿墙组成。建筑立面刚硬的西式构图与中式的细节装饰融合得较好，如哥特式的尖拱门门框上的石雕则是中式的宝瓶卷草纹样，阳台上的牛腿线脚也采用了卷草浅浮雕。建筑内部的采光井栏杆采用了简洁几何样式的铁艺栏杆，首层地面采用了进口的花砖，这些都是研究福州地区民国时期中西合璧建筑装饰很好的案例。

　　建筑南、东、西三面均有相邻建筑，这三个立面处理较为简洁，仅为框架柱梁及填充青砖墙。而北侧立面作为主要入店门面，采用了西方古典建筑三段式立面形式，一层为四组石砌的柱礅部分，宽1.13米，体量粗壮，厚重。石柱礅面采用前后凹凸叠砌，柱头由点、线、面几何纹样组成，具有较强的视觉冲击，中部两个柱礅间设置哥特式的尖拱门。一层立面与二层立面通过0.32米高的简洁线脚过渡，二层立面中部由爱奥尼柱式及圆采光窗组成，窗下有2.38米长、1.23米高的石牌面，内阴刻"恒盛"二字（"文革"期间被水泥抹面）。东西两柱礅间开设门洞并设铁艺栏杆阳台1.5米长、0.6米宽。北侧立面顶部由1.2米高的女儿墙围挡，墙身灰塑与一层同样式的点、线、面几何纹样。

　　一层建筑空间：入店门面与建筑立面产生2.81度的夹角，一层为布行为营业大堂，北、东、西为500毫米厚的砖砌填充墙体，一层板底净高5.23米，顶板厚160毫米。南侧墙体中心开设1.46米、高2.75米的拱门洞，为当时布行伙计通向后进附属楼的通道。在一层大堂的西南角为楼梯间，设36级混凝土楼梯至二层。

　　二层建筑空间：二层为布行办公室、账房，其柱位与一层一一对应，但外墙比一层在内部减薄为380毫米厚。二层板底净高4.13米，顶板厚160毫米，在东西两侧顶板中部各设置一个直径0.4米的圆形采光口，盖以玻璃。二层内部空间由双面灰板壁、双面木板壁分割为5个办公区域。5个办公区域东西对称，中间共享一个采光井，采光口周边环以铁艺栏杆。二层地面均为清水混凝土地面。由于东侧相邻建筑的屋面紧靠布行外墙，故东侧外墙的窗洞为了避让邻座屋面，高低开设。

　　三层建筑空间：三层作为仓库使用，其柱位与下层一一对应，三层室内空间由四道双面木板壁分割为4个房间，房间两两相通。在南侧房间内设有竖向货物吊升井，周边环以铁艺栏杆。在三层平台的中部设置双坡采光玻璃天窗，U形钢与V形钢构成屋面骨架，上部嵌

图5-2-10 黄恒盛布店旧址现状

入木框架，其上架设玻璃，天窗混凝土框架四面均设玻璃窗，达到四面采光。三层平台东西两侧均有女儿墙及铁艺栏杆围挡。在仓库上部屋面板还设有一个蓄水池，周边环以铁艺栏杆，唯独东北角空余一段，作为上人的入口。黄恒盛布行在建筑功能布局、营建材料上有着较高的研究价值。2013年黄恒盛布店被福建省人民政府公布为第八批省级文物保护单位（图5-2-10～图5-2-14）。

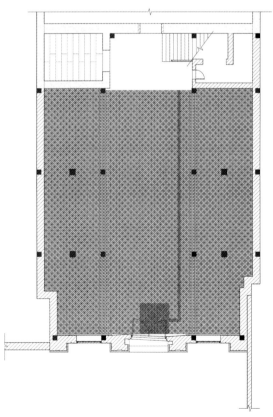

图5-2-11 黄恒盛布店一层平面图

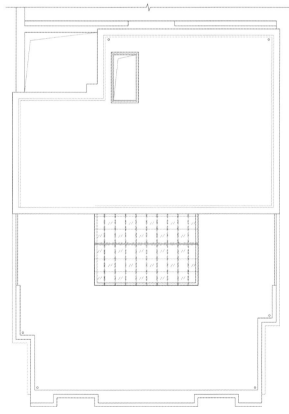

图5-2-12 黄恒盛布店屋顶平面图

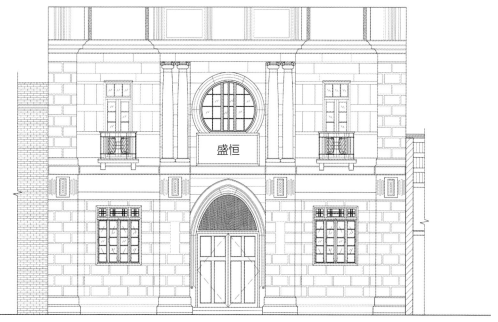

图5-2-13　黄恒盛布店正立面图

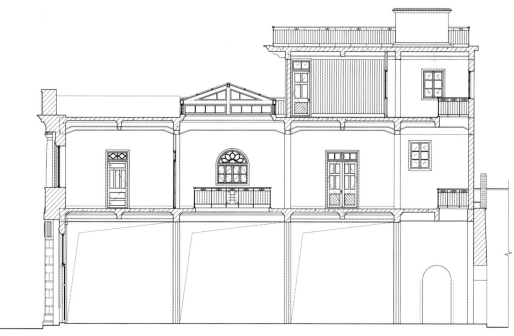

图5-2-14　黄恒盛布店剖面图

第三节　其他代表性案例

1. 古田会馆

　　古田会馆位于福州白马路和同德路交界处，是民国时期古田籍商人在福州的一种特殊社会组织，主要功能是提供停宿、储运、交际的场所。该馆于1915年由古田商帮集资建造，全馆占地690平方米，建筑平面布局及其结构很典型，分东西两落，东侧为主落，内有戏台、谯楼（含钟、鼓楼）、拜亭、正殿；西侧落由两进院落组成，主要作客房使用。正厅面阔三间、进深三间，抬梁穿斗式结构，重檐歇山顶，藻井饰金，精雕细刻。会馆内还建有一个戏台，"水袖一甩，眉头一蹙，古往今来，文人轶事，历史疑案，艺人往几米方台上一站，家长里短尽显"，这就是当年落脚于古田会馆的商贾的主要消遣方式。1996年古田会馆被福建省人民政府公布为省级文物保护单位（图5-3-1~图5-3-5）。

图5-3-1　古田会馆正立面　　　　　　　　图5-3-2　古田会馆内部装饰

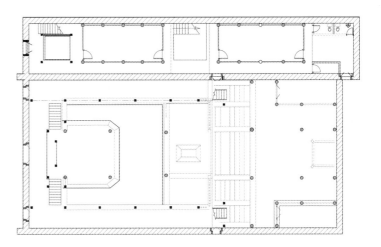

图5-3-3　古田会馆一层平面图

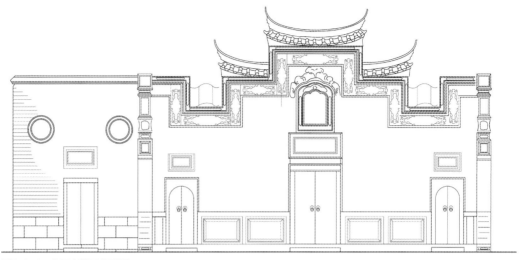

图5-3-4　古田会馆正立面图

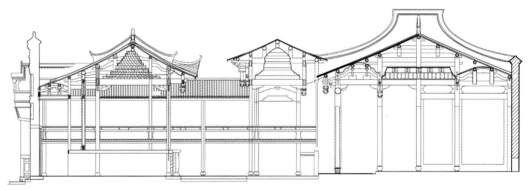

图5-3-5　古田会馆剖面图

2. 安澜会馆

　　安澜会馆位于福州市仓山区仓前路5号，坐南朝北。始建于清朝，乾隆时期，汇集了清王朝当时各地名工巧匠的智慧为一体，故被称为省会各会馆之冠。现存大殿为木结构，重檐九脊歇山顶。面宽18米、五间，进深15米、六间。殿内部几经拆改，现上方用胶木板作吊顶。外檐铺作的斗栱、昂、翘角等，刻制粗犷豪放，保存原建精美造型和地方特色。殿前为中庭式，两旁建酒楼，前沿为戏台。酒楼宽4米，长15米，带外走廊。楼沿7根朱红立柱、花格木栏杆。楼房分隔6间，骨格榫接各式漏花排窗。现尚保存一扇窗花，圆形，直径1米，外沿3匝，雕刻各种花卉，中央窗孔0.4米，制2层叠井，造型优美，镂刻玲珑，富立体感。楼上部横列14个昂，设3层斗栱，使外檐逐层出挑，铺作成卷书式天花板。昂与斗栱之间，驼峰、卧兽、托斗等错杂交叠，构成精美图案。所有构、配件经匠师精心制作，雕刻成各种艺术形象，涂朱抹金，把酒楼装饰成一条多彩多姿的艺术长廊。2009年安澜会馆被福建省人民政府公布为省文物保护单位（图5-3-6～图5-3-12）。

3. 八旗会馆

八旗会馆位于福州市鼓楼区道山路。据记载明中使园"高台曲池，花竹清幽"，有夕佳阁（即夕佳楼）、蒹葭草堂、水云亭、宾莲塘、山镜堂、阆风楼、鱼我桥诸胜。奉直会馆为八旗旅闽京官要员住宿之所。主座建筑前后五进，主要建筑有厅堂、戏台、厨房、库房、

图5-3-6　从中洲岛看向安澜会馆（图片来源：池志海 提供）

图5-3-7　安澜会馆主殿

图5-3-8　安澜会馆斗栱装饰构件

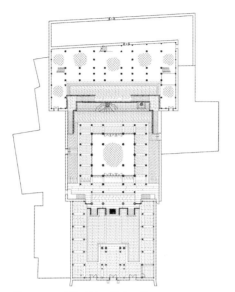

图5-3-9　安澜会馆一层平面图

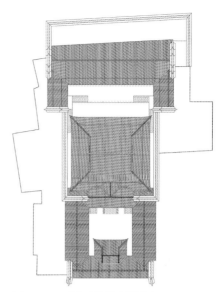

图5-3-10　安澜会馆屋顶平面图

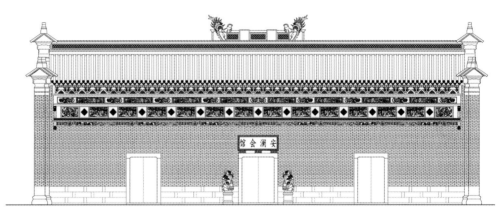

图5-3-11　安澜会馆正立面图

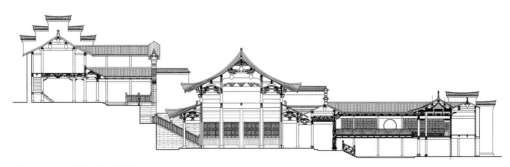

图5-3-12　安澜会馆剖面图

花园、花厅、假山、鱼池、亭台楼阁等，建筑面积约5000平方米。现存重建的厅堂一处，长方形，面积360平方米，四面围墙，双坡屋顶，穿斗式木构架，木桩特大，屋顶藻井保存较好。大堂南面一座戏台，三面通是精雕各种花鸟图案的隔扇、门扇，可容纳500人左右，具有清代满族建筑风格。因在城西南，又称"西园"。清中叶改为会馆，为奉直奉天、直隶两省官员交游、暂居之所，因满人居多，民间俗称"八旗会馆"。明初驸马都尉王恭修建府城，在此处取土，形成六个大水塘。成化八年（1472年），由于贸易情况的变化，市舶提举司迁来福州，督舶太监高寀就水塘创建园林，为游宴场所，园内"高台曲池，花竹清幽"。因是太监住所，俗称"中使园"，又称"官园"。嘉靖初，罢督舶太监，园废，先后被王应时、薛梦雷取得，营为别业。明末清兵入寇，驻军园中，亭榭皆废。顺治间园归孙氏。康熙初年属闽县刑部郎陈铨，又后为侯官诸生陈定国所有，他与郡人林蕙、许琰、曾大升、王子彪、陈日浴往来结社，仍呼为西园。后西园并入荔水庄，辗转多手后，于清中叶建成奉直会馆。清末及民国时期逐渐破损，1954年后作为盲聋哑工厂，90年代初为福州市五金电器厂，建筑被拆改破坏，仅余一厅堂300多平方米。1992年八旗会馆被福州市人民政府公布为市级文物保护单位（图5-3-13～图5-3-18）。

图5-3-13　八旗会馆主座

图5-3-14　八旗会馆覆龟亭

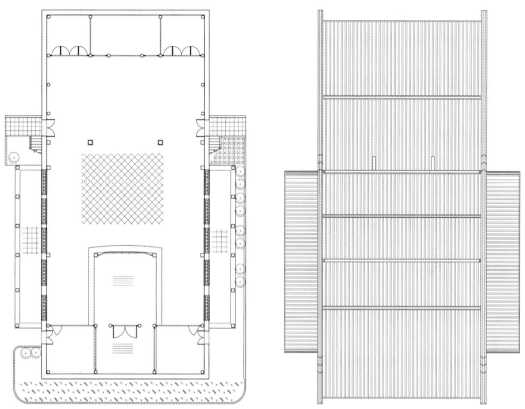

图5-3-15 八旗会馆一层平面图

图5-3-16 八旗会馆屋顶平面图

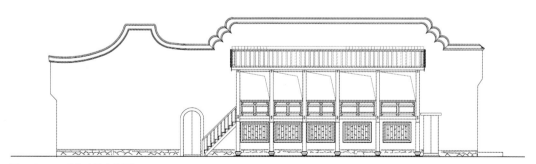

图5-3-17 八旗会馆立面图

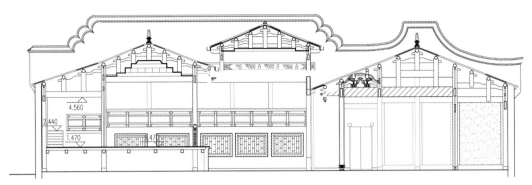

图5-3-18　八旗会馆剖面图

第六章

流脉赋古今

福州古厝是一种看得见的乡愁，即便是在今天，其独具个性的建筑元素依然经久不衰，被广泛运用于许多现代建筑的造型装饰，成为福州人的象征符号。

第一节　烽火记忆

两千多年前，因当时据守东南的闽越王余善在对汉廷的政策上采取反复无常的态度，汉武帝由此忍无可忍，决定派大将朱买臣兴兵征讨。为抵御南下的天子之师，余善本意欲借福建山水"狭多阻"的天险之利负隅顽抗，最终被证明不过是以卵击石，不仅自己招致了被手下枭首的杀身之祸，其子民也都被一纸诏令尽数迁移至江淮流域。此时，距离他当初谋弑兄长骝郢并代而为王只有短短二十余年。后来，当史官司马迁回顾这段往事，在痛悼无诸的开闽宏图竟一朝遭受"灭国迁众"噩运的同时，特地将余善的大逆与其先祖大禹的大德、勾践的大业进行比较，并声严色厉予以怒斥。

岁月荏苒，刀枪褪掉锋影，鸣镝消去铮音。两千多年后，在福州的一些山区，仍留存有当时闽越王国的屯兵旧迹。如今，这些地方早已荒草丛生，人去城空。但倘若将其置于整部封建史的视域下，便会发现，这些最初由余善亲手修建并寄予厚望的铜墙铁壁，虽不能让人从中窥探到更多闽越先祖铩羽而去的细节，却早在筑成伊始便已于闽都大地上埋下了一枚血色残阳。多年后，生活在这里的人们，将反复目睹这颗残阳东升西落，伴随着七杀星、破军星和贪狼星的夹击围剿，他们的时代也将在数不清的兵燹硝烟中隐现沉浮。

那时是西晋，当五胡乱华的铁蹄一再践踏丰饶辽阔的中土，从黄河流域启程远徙的氏族汇成了入闽的第一波移民潮。回首，是萦绕在噩梦中的刀光和弥漫在空气里的血腥，他们甚至还来不及细想等到了陌生疆域将何以安身立命，就要义无反顾，马不停蹄，直到穷山恶水横亘前路，这才稍稍心安。殊不知，他们携带而来的是国破家毁的宿命，将会与闽越国的悲怆形成共振，一同凯觎着这里稍纵即逝的安宁。

一、昙石山遗址

昙石山遗址位于闽侯县甘蔗街道县石村西北，紧靠闽江，是一座高出地面约20米的条形山岗。1954年修筑防洪堤时发现。遗址面积约3万平方米，属贝丘遗址。至今已进行10次发掘，发掘面积3000多平方米，发现厚达3米的文化层堆积。文化层分四层：第一层厚约0.3米，出土有石锛、骨锥、陶纺轮、陶网坠和以灰硬陶为主的陶片。陶片纹饰有雷纹、刻划纹等，可辨器形有豆、罐等。年代距今约3000年左右，属青铜时代"黄土苍文化"。

第二层厚约0.2米，出土有泥质橙黄陶片、泥质灰陶片和灰硬陶片。陶片纹饰有几何形黑彩、赭红彩和条纹、叶脉纹、方格纹、绳纹、篮纹等，可辨器形有豆、簋、尊、罐、釜等。推测年代距今约3500年至4000年，属新石器时代末至青铜时代初期的"黄瓜山文化"。第三层厚1米多，有墓葬、陶窑、灰炕、红烧土层等遗存，出土有石锛、石镞、石镰、骨锥、蚌耜、陶器等。陶器以粗砂灰陶和泥质磨光灰陶为主，纹饰有绳纹、条纹等，可辨器形有豆、壶、罐、釜、杯等。年代距今约4000年至5000年。第四层厚0.2~0.4米，有墓葬、灰坑等遗存，出土有石锛、石镞、陶网坠、陶纺轮以及大量夹砂红衣灰陶片、泥质灰陶片、红陶片。陶片纹饰有绳纹、条纹、堆纹等，可辨器形有釜、壶、缸、豆、杯、碗、盆等。此外，还有猪、狗、牛、虎、熊、象、斑鹿、水鹿等兽骨和大量贝壳。年代距今约4000年至5000年。第三、四层属于新石器时代的晚期，文化内涵具有地方特色，被命名为"昙石山文化"。1998年，该遗址被辟为"福建省昙石山遗址博物馆"。展出历次考古发掘的珍贵文物和图片资料。2001年昙石山遗址被公布为全国重点文物保护单位。

二、新店古城遗址

新店古城遗址位于福建省福州市晋安区新店镇古城村。遗址占地约15万平方米，经多次考古发掘，东城墙残长287米、北城墙长约310米，西城墙长约280米，南城墙只发现拐角部分。西城墙外发现有宽约8.8米的护城河。城墙为黄褐色夯土，夯窝直径4~5厘米、夯层厚约12厘米，为圆束状丛夯。城内和护城河底出土1235片陶片，其中15片为粗绳纹陶罐片，相当中原战国晚期器物，其余1000余片方格纹、弦纹、绳纹陶片和砖均为汉初遗物。城内还发现有柱洞的黑色硬土路面和夯土基址，基址下发现一座墓葬，未见遗骨和随葬品。有认为该城的建筑年代是战国晚期至汉初，是《史记》所称的"东冶"和《汉书》所称的"冶"，对此学术界仍存争议（图6-1-1）。

如果说这些年代久远的古遗址早已掩去了最初的刀光剑影，那么近现代列强的坚船利炮，仍通过那个时期的遗物为我们诉说着一个民族争取独立、走向复兴的艰难旅程。福州是有着优良革命传统的城市，特别是近现代史上，在外攘强侮、内抗压迫的斗争中，前仆后继，牺牲取义。林则徐、沈葆桢、林旭、林觉民、林白水、林祥谦、邓拓等革命志士的故居、墓（陵）园、遗迹等多已公布为文物保护单位。纪念1884年甲申中法马江海战死难将士的马尾昭忠祠和马江海战烈士墓、辛亥革命福州前敌总指挥部旧址于山大士殿、花巷辛亥革命福建革命军总指挥部、仓山梅坞顶独立厅、连江光复会旧址、连江透堡暴动遗址（林氏宗祠）、鼓楼安民巷新四军驻福州办事处旧址、闽侯大湖战役遗址、文林山革命陵园等文物保护单位，既见证了历史，也是重要的爱国主义教育基地。

图6-1-1　新店古城遗址

三、琴江水师旗营

琴江水师旗营，即三江口水师旗营，位于福州市长乐区航城街道下属的琴江满族村，地处三江口岸。据《琴江志》记载，旗营奏请立于清雍正六年（1728年）。在立营之前，康熙曾派遣康亲王入闽平乱，并命部队驻扎在福州旗汛口、蒙古营一带。因旗人不善水战，需选取一个恰当的位置建立水师操练场所，驻福州将军蔡良、副都统阿尔塞及总督高其倬奏请设置闽县洋屿水师营。次年，福州驻军部分迁移至洋屿，开始兴建水师营围墙、兵房衙署、庙宇等建筑。水师旗营组建后，有两次影响较大的调整。第一次是从乾隆年间到鸦片战争前夕，清廷对船只进行裁减，淘汰了大量的大船，仅留下轻便的小船。第二次是鸦片战争后，清廷改水师为陆师，专防内地，将水师旗营的驻军裁减至300余人。通过这两次的裁减，水师旗营的人口大量流失，逐渐走向衰落。清光绪十年（1884年）七月初三，马江海战爆发，水师旗营以木船敌法军军舰，几乎全军覆没，旗营也逐渐废弃。民国之后，水师旗营逐渐失去了军事作用，成为以居住功能为主的传统村落。但居民大多为八旗子弟后人，仍保留了一部分旗人习俗。琴江水师旗营的城墙于1950年拆除，用墙砖铺设公路，现仅存南门及部分城墙。营内的其他军事建筑保存较为完整，基本可以分为三类。第一类是兵房，多为一进院落式民居，沿街巷一字排开，按照等级分为单开间到四开间不等；第二类是军事指挥系统，如将军行辕、协领衙门等，将军行辕始建于雍正七年（1729年），原为三进单层天井式建筑，宣统二年（1910年）改为楼房，现仅存中进部分建筑；第三类是布防及演习场，如炮山、圆山水寨、火药库、班房等。2010年，琴江村被公布为中国历史文化名村（图6-1-2）。

四、福建船政建筑群

福建船政建筑群位于马尾区马尾镇东南侧中岐、罗星山下闽江边。福建船政是"洋务运动"的产物。清同治五年（1866年）闽浙总督左宗棠奏准创办，在船政大臣沈葆桢的主持下建成。建筑群占地面积40万平方米。至同治七年（1868年），有衙署（船政衙门）、学校（前后学堂、艺圃、绘事洋员办公室和住所）、储藏所、厂房（车间）、船坞、洋房（宿舍）等建筑物80余座，拥有1700~2000名工人。至光绪三十三年（1907年）制造舰船、商船共40艘，并造就了一批科技人才和海军骨干力量。民国十五年（1926年）后改为"海军马尾造船所"。1884年中法马江海战和20世纪40年代抗日战争中遭受严重破坏，现尚存绘事院、轮机厂、一号船坞、钟楼等建筑（图6-1-3、图6-1-4）。

图6-1-2　长乐琴江村

图6-1-3　清末马尾船政建筑群总体鸟瞰

图6-1-4　清末船政天后宫后及船政十三厂

　　绘事院原称绘事院画馆，建于同治六年（1867年）。法国式双层砖木结构建筑，占地面积1689平方米。上层为绘事楼，下层为合拢厂。绘制船身构造图样、机器图样以及测算、设计，同时招收少年，培养绘画、测量、设计专业人员。现存为双层楼房，砖木结构，占地面积800平方米，辟为马尾造船厂厂史陈列馆。

　　轮机厂建于同治五年（1866年），是我国最早的造船厂轮机车间。单层建筑，占地面积2744平方米。砖木结构，外围红砖，内用木材采自泰国红桑木，以铸铁支架承载屋面，安装有移动式吊车，至今尚在使用。当年设备30匹马力的动力，是生产船用蒸汽机的车间，具有年产蒸汽机500四马力的能力，最盛时有工人360名。同治九年（1870年）造出的中国第一台船用蒸汽机（150匹马力），是船政所属十三厂中，至今唯一保留完整的厂房（图6-1-5）。

　　一号船坞也称青洲船坞，位于罗星山东侧青洲。船厂原只有浮动船坞，光绪十三年（1887年）福建按察使裴荫森暑理船政，提出"依据洋式"建造船坞，光绪十九年竣工。船坞用花岗石垒砌，长130.92米，宽33.53米，深7.6米。坞口设有水闸，潮时深3丈余。船坞配套设施有抽水机、机器厂、官厅、丁役房、水手房、木料房等，占地面积3260平方

图6-1-5 轮机厂内部铸铁结构

米，耗资49万两银。曾接修过北洋舰队船只、美国"西能达"夹板船、法国兵舰、商船等。民国后因泥沙淤积废弃，曾一度改为铸币厂和讲武堂等。民国三十年（1941年）9月，船闸被日机炸毁，仅存石砌坞体。1949年后荒废。20世纪90年代重修，并安放退役炮舰1艘，供游人参观。

钟楼，民国十五年（1926年）由当时的福州船政局局长陈兆锵设计，继任造船所所长马德骥组织施工。楼为法国式，平面呈方形，底边长3.94米。楼高18.7米，共5层，层层收分，呈宝塔式。一、二层均有四根方形支柱，三、四层四方设门洞。门洞前出廊，廊沿饰以铸铁花栏杆。顶层四方各镶嵌时钟面1块，径1米。时钟为造船所仪表车间精制。最上为八角楼顶，上安置南北指向标杆和风向标，高2米。钟楼是船政史的一座里程碑。民国二十八年（1939年）钟楼部分被日机炸损。1984年修复。2001年福建船政建筑群被国家文物局公布为全国重点文物保护单位。

五、昭忠祠

昭忠祠位于马限山南麓，坐西北朝东南，穿斗式木构架，分为两进，占地24300平方米。祠前后殿均为双坡顶，围以封火墙，祠中设神龛、灵位。1984年昭忠祠辟为马江海战纪念馆，正厅置796位陶难官兵神主牌，梁上高悬"碧血千秋"金字匾额，两侧壁上各镶嵌3块铭刻烈士姓名、职务的碑石，两边回廊分列《敕建马江昭忠祠碑》和记叙烈士战绩的碑刻。西厢及廊虎陈列大炮、炮弹及烈士遗物、遗嘱等。

清光绪十年（1884年），法国海军中将孤拔以"游历"为名，率领远东舰风陆续强行驶入马尾军港，清政府幻想以和平方式解决争端，法国舰队在谈判要求不遂的情况下于7月23日向中国水师发动进攻，由于何如璋等幻想和谈，从未积极备战，致使水师官兵仓促应战，多艘舰只遭炮火轰击，在舰队受损、官兵受伤的情况下，中国水师官兵仍奋起反击，英勇作战，终因势不力敌，福建水师几乎全军覆灭，将士伤亡700余人。马江海战后，两岸乡亲协同官兵打捞烈士遗体500多具，分九家安葬，清光绪十一年（1885年），署理船政大臣张佩纶奏疏兴建昭忠祠。烈士墓位于祠的南侧，坐西北朝东南，1920年海军总长刘冠雄募捐2万余元重修墓地，合为一大坟，集烈士遗骨796具，墓体砌石，混凝土面，长49米，宽10.9米，高1.03米。墓前一拱顶方形亭，亭中立碑："光绪十年七月初三马江诸战士埋骨处"。

六、马限山中坡炮台

马限山中坡炮台始建于同治七年（1868年），光绪十年（1884年）马江海战后重修，位于马限山中坡山顶，露天明炮台，炮口朝东南方向。炮台面34.3米，进深21.6米，三合土夯筑。中炮位安放1尊21生克虏伯后膛炮，大炮前半部分固定在半圆形月台上，月台中间埋设3根锁炮座的枕木。左、右炮位分立12生法华司后膛炮，炮位形制基本相同，均长方形，左炮位面阔6.6米，进深8.6米，基座高1.6米；右炮位面阔6.7米，进深8.9米，基座高1.6米。大炮放置在圆形铁导轨上，导轨锁在枕木上。1996年马江海战炮台与昭忠祠、中法马江海战烈士墓一起公布为全国重点文物保护单位。

七、亭江炮台

亭江炮台又称"南般北岸炮台"，位于福州市马尾区亭江镇南般村，与长乐的象屿炮台相互呼应、扼守闽江，形成闽江口第二道防线。亭江炮台始建于清顺治十四年（1657年），光绪六年（1880年）前两度重修。光绪十年（1884年）爆发的中法马江海战中，法国远东舰队在马尾港突袭福建水师，法军在上游登陆后，包抄攻占并摧毁了包括亭江炮台在内的闽江沿岸诸炮台。光绪十二年（1886年）在署理船政大臣裴荫森奏请之下再次重修，并于光绪二十年（1894年）增建山顶主炮台。经多次重修增建后，构建了由江岸平射炮台、山腰前沿炮台、山顶主炮台、山后弹药库和运兵通道等组成的亭江立体防御体系，总面积超过3000平方米。山顶主炮台建于高约20米的小山顶部，炮台为半圆形，通宽25.4米，内径18.2米，进深10.2米，炮位紧靠高1.8米、厚3.3米的胸墙，直径3.4米下陷式圆形架炮坑后安置同心圆环形导轨槽，上架一门210毫米口径克虏伯后膛炮。炮台与山后弹药库之间有暗道相通。山腰悬崖边建有左右两座前沿炮台，之间依托暗道连通，上覆三合土顶板；设置有

图6-1-6　亭江炮台全景　　　　　　　　　　　　　　　　　　　　　图6-1-7　亭江炮台门炮

4个炮位的江岸平射炮台位于山脚下闽江边，建有棱堡式护墙和掩体通道。1996年，亭江镇人民政府组织技术队伍对炮台进行重修，从遗址中挖出三门土炮，后暂寄存于马尾中法马江海战纪念馆。亭江炮台于1991年被列入第三批省级文物保护单位，2013年被国家文物局公布为第七批全国重点文物保护单位（图6-1-6、图6-1-7）。

八、长门炮台

长门炮台位于连江县馆头镇长门村电光山顶，始建于明崇祯年间。重建于清顺治十四年（1657年），在长门设提督统领衔门，建有练兵校场、兵营、弹药仓库等设施。光绪八年（1882年），将土炮台政建重修，始具规模，架设德国造克虏伯炮5门（口径210毫米1门，170毫米4门），土炮数门。在光绪十年（1884年）的中法马江海战中，长门炮台发挥了重大作用，先是击伤法军重型装甲战斗舰"拉加利桑尼亚"号，而后抵挡住了登陆法军的进攻，使法舰出闽江口后未敢再次入侵。马江海战后，清政府吸取惨败教训，在重修长门电光山主炮台时，增大了炮眼角度以扩大射界，加强了要塞的陆地防御。重修后的炮台为圆形堡垒式要塞，直径约95米，占地面积约7500平方米。炮台的围墙基座采用花岗岩大条石砌就，三合土夯筑的围墙厚0.8米，最高处6.5米。炮台分为高低两层平台，进西侧正门为低台，低台内建有营房、掩体和练兵校场，三合土顶盖砌成的望楼和掩体居于高台中间，两侧为圆弧形旋转炮位，相距16.3米，各安放一门280毫米口径克虏伯后膛炮。炮位铺设直径7.1米圆形铁导轨，炮位防护墙前方辟有9米宽的壕沟，用以滑落敌弹。炮位后侧有高约2.3米、宽约1米的运兵坑道与低台的掩体相通。长门炮台配备官兵145人，统辖电光山、划鳅、烟金（烟台山、金牌山）、岩石、闽安6座炮台。光绪三十年（1904年）撤废。民国时期，长门炮台重新布防，成为闽江口要塞的重要组成部分。抗日战争期间，炮台多次遭到日本军机轰炸和军舰炮击，但仍顽强阻击日军，击中日本侵略军驱逐舰11艘，击沉敌军汽艇2艘，以强大火力压制登陆川石之敌，支援福斗、琅岐岛我军阻击敌人。后被敌机轰炸，损失惨重，不得不自毁炮台及弹药库后撤退。1949年中华人民共和国成立后，长门炮台被划为军事驻防要地，直到改革开放后才撤防转隶地方管辖。1991年被福建省人民政府公布为第三批省级文物保护单位。

九、红军北上抗日先遣队指挥部旧址

红军北上抗日先遣队指挥部旧址位于罗源县白塔乡百丈村，为清末建造，建筑占地约600平方米，砖木结构，单层瓦房，内北角楼畲族风格，灰土地面，白灰粉墙。中共苏区第五次反"围剿"后，中央决定将寻淮洲、乐少华、粟裕等领导的红军第7军团改组为北上抗日先遣队。1934年8月10日，红军北上抗日先遣队挺进罗源，12日在百丈村设总指挥部。总指挥寻淮洲在这里会见闽东红军第2独立团团长任铁锋、闽东红军第13独立团团长魏耿、政委叶如针、参谋长杨采衡及连罗中心县委委员张瑞财等人，对攻打罗源县城方案等作了部署。8月13日下午，先遣队获得情报后，在白塔村召开作战会议，决定当晚攻打罗源县城。

是夜，先遣队在参谋长粟裕的指挥下，在当地游击队的配合下，一举攻下了罗源城。共歼敌1000多人，缴获轻重机几百支和许多武器装备，活捉了县长徐振芳等40多人。14日凌晨，解放了罗源城。15日下午，先遣队用银元兑换回红军战士购买商品的苏区纸币，安置好伤病员后，便在全城人民的欢送下，撤离罗源继续北上。罗源县城的解放，打通了宁德、连江等几块小游击区之间的联系，大大地鼓舞了整个闽东党和人民的斗志。2001年罗源县人民政府公布为第三批县文物保护单位（图6-1-8）。

图6-1-8 罗源红军北上抗日先遣队指挥部旧址

十、其他烽火遗存

　　闽侯大湖抗日阵亡将士墓为塔式，占地300平方米，边长6米，高7米，拱形为白色花岗岩构筑。墓上置两层青石纪念塔，高约10米，为青石构筑，方体，塔上碑文记载这次战役经过和阵亡将士名单。塔身镶嵌第二十五集团军总司令陈仪书写的"大湖抗日阵亡将士墓"及纪念碑记、蒋介石的题名"气作山河"、第三战区司令长官顾祝同的题名"功昭闽海"、七十军军长陈孔达的题名"精忠贯日"。民国三十年（1941年）四月，日军近卫师团、第18师团、第48师团各一部在日本海军第二遣华舰队的配合下进攻福州，21日，福州沦陷。5月21日，驻福州的日军48师团（征兵位置为日本"天皇"的家乡）的一个加强联队"晋町部队"向西进攻古田、南平，国军第十三补训处处长李良荣率由新兵组成的七十五师装备团（"等待装备"之意，即仅干部有少量武器，士兵武器尚未配齐）前往抗击，在大湖地区以劣势兵力和装备战胜日军，消灭敌人300余名（其中佐级以上军官7人），缴获战利品1300余件。此战后日军开始全线收缩，未再试图深入福建腹地，扭转了抗日战争中的福建战局，乃至整个东南战局。民国三十二年（1943年）大湖寨上关正式更名志雄关，以纪念大湖战役为国捐躯的装备团副团长郭志雄。民国三十四年（1945年），福建省政府拨款于闽侯县大湖乡大湖村西南浮岛山上修建了大湖抗日阵亡将士纪念塔，安葬民国三十年五月在大湖战斗牺牲的200多名阵亡将士的遗骨。1971年，纪念塔被拆除，石块、石碑四处散落。1989年，被闽侯县人民政府公布为县级文物保护单位。1999年年初，闽侯县委宣传部联合县直机关党委、县教育局等单位发出倡议，捐款修复大湖抗日阵亡将士纪念塔，在短短的几天内就收到捐款十多万元。大家自发组织起来找回大部分的石碑、石块，在原址上，按照原貌修复主塔。2001年1月，被福建省人民政府公布为第五批省级文物保护单位（图6-1-9）。

　　八一七革命烈士公园位于福州市晋安区寿山乡岭头村。1949年的8月16日，中国人民解放军第三野战军第10兵团在北峰岭头猪蹄亭山向国民党军队在福州的防守阵地发起攻击，打响了解放福州的第一枪。猪蹄亭山又称猪蹄峰，强攻猪蹄峰是解放福州最激烈的一场战斗。该峰位于福州北门要塞，海拔524.4米，三面悬

图6-1-9　晋安区降虎村红军合葬墓

崖。1949年，国民党军第106军第50师派重兵把守，并在山前设置用木桩和铁丝网构成的鹿砦，扼住解放军主攻部队通往福州的咽喉要道。我军第28军第82师第245团3营于8月16日晚向该高地发起进攻，经过激烈战斗，先后夺取了猪蹄亭山北侧的两个山头，当天傍晚，在攻取主峰时受阻。8月17日凌晨，8连1排长刘新堂在部队屡攻不克的紧要关头，带领4名战士前去炸鹿砦，均壮烈牺牲；经过9班长李云才、副班长孙立文和杨家寿、孙德俊等数十名战士前仆后继的进攻，用生命打开福州的北大门，终于用鲜血换取了猪蹄峰战斗的最后胜利，为解放福州扫清了障碍。8月17日凌晨，中国人民解放军第10兵团浩浩荡荡从小北岭向福州城挺进，解放了全福州。八一七革命烈士公园于1999年2月正式动工兴建，1999年8月17日在福州解放50周年纪念日落成。烈士公园沿山修建，主要由牌坊、纪念碑、烈士墓三部分组成，大门牌坊高10.75米，四柱三门，横额"八一七公园"由原福州军区副政委、省人大常委会副主任王直将军撰写，牌坊四副楹联由省、市六位诗词作家、书法家撰书。纪念碑主体建筑采用混凝土结构，碑身阴刻着"八一七革命烈士纪念碑"镏金大字，碑座三面饰猪蹄亭山战斗浮雕，再现了猪蹄亭山激战场面和军民欢庆胜利的情景；一面镌刻战斗简介，永铭烈士的丰功伟绩。烈士墓位于纪念碑后的山坡上，呈覆钵形，占地14平方米，目前归葬有猪蹄亭山战斗中牺牲的9位烈士遗骸，其他烈士遗骸还在寻找之中。2001年被福州市人民政府公布为市级文物保护单位（图6-1-10）。

图6-1-10　八一七公园入口牌坊及革命烈士纪念碑（图片来源：省委老干部局网站）

第二节　古道绵远

　　闽侯地势从北部、西南部向东南倾斜。南部隶属福州盆地，盆地边缘的山地夹闽江由丘陵低山到中山、平原，呈明显层状分布，在高山深谷之间，普遍形成"V"形河谷，沟壑纵横交错，大小盆谷点缀其间。

　　闽侯境内航运年代久远。三国吴永安三年（260年），孙吴曾在闽江下游建立造船基地，闽江中出现"宏舸连舳，巨舰接舻"的景象。陆路交通由唐而兴，省际驿道（西驿道）穿境而过，宋代形成的以福州为中心的3条主干道均途经闽侯。

　　福州至莆田驿道途经境内的峡南、枕峰、兰圃、青圃、梅溪、坊口等，越相思岭入福清县境；明万历四十年（1612年），为避峡兜过渡之险，改由侯官白鹭铺西行，由阳岐渡江到闽县的蒙山（今南通文山），然后过肖家道、门口、风港、扈屿达大田驿与原路相接；清顺治元年（1644年），又改为从乌龙江过渡复行旧路。

　　福州至延平驿道，途经境内桐口、关口、铁岭、甘蔗、叶洋、白沙、大濑、大目埕等，进入闽清县境。

　　福州至温州驿道，境内路线是经古佛、井下、砾土、盘石，跨大北岭至宦溪、硕窑、板桥，越汤岭穿降虎寨，入连江县境。

　　明清两代，境内又修筑了多条县际古道，分向通连江、古田、永泰、闻清、长乐、福清等地。

一、福清古驿道

　　福清古驿道由人工开拓，盘山越岭，狭隘崎岖，宽的1米多，窄的0.4米。驿道路面部分铺砌石台阶，部分为泥土路，每5里或10里设凉亭1座，供行旅暂避风雨、乘凉休息。

　　南宋景定五年（1264年），在福清境内设渔溪驿、太平驿。元朝改驿为铺，全县设5铺，为石瞳铺、太平铺、假面铺（即金印铺）、渔溪铺和蒜岭铺。明、清增设至15铺，分两条路线：一条是从福州通向闽南的南驿道，北自闽县的大田驿入县境，经常思铺、磨石铺、太平铺、高车铺、宏路铺、金印铺、玻璃铺、渔溪铺、苏溪铺、蒜岭铺，南出莆田县的莆阳驿，为南北之通衢；另一条连接福清东南沿海与县治，从县前铺向西接宏路铺，向南经南门铺、锦屏铺，折向东到海口铺，向南至三山铺、万安卫。

　　此外，福清另有6条通往四邻的县际古道。一是往北，经圣帝桥、楼镜、新人店、作坊、老虎店、石湖岭进入长乐草楼，为通往福州的主要道路；二是由北门，经县笼、埔尾进入闽侯台岭；三是由西门，经霞盛、上郑、宏路、太城、琯口，越常思岭进入闽侯时洋；四是从海口、城头、梁厝，进入长乐松下；五是从东张经一都进入永泰；六是从东张、岭下进入莆田的大洋，转抵永泰。

二、闽清古驿道

闽清地处闽中大山带之戴云山脉与闽北山带之鹫峰山脉的交接地段，境内山岭绵亘，地势从四周山地向中央的闽江、梅溪河谷逐渐降低。

境内古道首推福延路。这条开凿于中唐的驿道始于福州西门，至闽清水口长185里，是福州连接闽北、闽西各县的交通要道。路宽约6尺，路面为块石或卵石铺砌。

县际古道主要通往南面的永泰和西面的尤溪。其一，从县城经潭口，越鹫峰岭、林洞，入永泰县境。或由潭口经二都、甲高岭、四都至林洞，与前路汇合，然后经淡洋、清凉，至永泰县城。其二，从县城起，经潭口、马鞍、下林、上演、云际，通尤溪县城。

甲高岭驿道，始于山墩村白岩山，止于云龙乡际上村凤凰山。古代闽南举子进京赶考，多是沿着古驿道从永泰姬岩进入闽清，翻越凤凰山进入闽侯，再经古田、南平等地的驿道北上。

万松岭驿道，位于闽清县梅溪镇樟洋村，为闽清南部通往县城的主要驿道。

三、永泰古驿道

永泰建县于唐永泰二年（765年），北宋崇宁元年（1102年）因避哲宗陵讳，改称永福县。民国三年（1914年），因与广西永福县重名，复称永泰。

永泰地处大樟溪中上游，戴云山脉东北麓，峰峦重叠，交通闭塞。陆路交通崎岖险峻，有十八重溪、三十六弯、竹篙岭、老鼠旋、通天隔、转头山等险隘；货运主要由大樟溪航道，沿溪有大箭、雷濑、三门、斗瓮、八港、石塍等35个险滩恶濑，常使商旅裹足不前。

陆驿有三：一是从县城沿大樟溪北岸，经太原、九老抵葛岭，往东南越野猫岭过大樟渡，经大招、一都、埔底、太保崎，出东张接宏路驿；二是达葛岭后转东北行，经方广岩攀三十六弯岭到闽侯巡上，进南屿至十四门桥达福州；三是至塘前北岸后，不过江而继续陆行抵合山，由闽侯浦口、尧沙到江口，渡南港接阳岐驿，经横山进福州。

水驿从县城沙湾乘船，经太原潭、八港、葛岭、赤壁、莒口、官烈，抵闽侯浦口，到新岐分三条路进福州：一是由阳岐登岸陆行入城；二是顺水行舟，过峡兜，绕南台岛达台江码头；三是逆流上洪塘，绕怀安，经洪山至三保码头。

此外，还有多条县际古道，通往莆田、仙游、德化、尤溪、闽清、闽侯各县，山路辗转，行旅多歇，形成梧桐、葛岭、塘前、辅弼、大洋、嵩口、白云、丹云等多处集镇转运中心。

四、长乐古驿道

长乐是一个准半岛，低山丘陵略呈"工"形，分布于中部和南部，东部为开阔的滨海平原，西部为营前—玉田平原。

唐武德六年（623年）长乐置县之始，就有驿道过境。驿道路面多铺有石板，翻山越岭有石阶，半山或岭顶多建有"雨亭"。清代设有6处驿铺：县前铺、周桥铺、沙径铺、巴头铺、沙岭铺、梅江铺。

长乐的进省驿道，由盐课馆道头过江，经泮野、长限、营前、洞头、下洋、黄石而迄闽侯峡兜。出县驿道，一起于县城南山，经上湖、闸兜、后山、岱边、珠湖、佑林、坑田、东渡、玉田、观音亭、蕉岭、三山、东林等村，翻越石湖岭山隘，北连进省驿道，南通福清和闽南诸县。二起于县城东门，通过石品岭，经北山、青桥、青山下、湖南、古槐、感恩、三溪、樟板、江田、首祉、大祉、松下，折向西南入福清境。

境内要道，出城区往金峰，经岭口、岭西、鹤上、庵前、洞湖、兰田、阳里、六林等村，先后越鹤上岭和杜母岭，是长乐"北乡"进省城的唯一道路。

自兰田过横岭至广石（今文石）道头，是长乐水上进出省会或航海外运的主要通道。文石登文道修建于明万历二十年（1592年），双条石铺面，长约200米，每条巨石长约3米，部分刻有文字，见证当年盛举。

五、其他古驿道

福州东濒东海，从汉代起就开始发展海运交通，在形成全国造船中心的同时，也成为重要港口。唐宋时期，海上交通十分发达，河海相通，自马尾至福州万寿桥间为闽江内河航道，马尾至闽江口入海处为通海航道。内河航道自南台岛北端淮安起，水分南北两汊，至马尾会合。南汊循洪塘江而下，称南港，又称乌龙江；北汊为闽江主航道，从南台江经万寿桥为濂江，至鼓山为鳌头江，东南为马头江。通海航道，从马尾罗星塔而下，经亭江由琅岐水分两道，南为梅花水道，河床宽浅；北为长门水道，以其中的川石水道为主航道，经芭蕉尾或五虎礁出海。

由福州往南的邮驿路线，主要是福莆路，至莆田莆阳驿全长210里，在福州境内长175

里。驿路出福州南门，往南横渡大江。宋元祐八年（1093年），在仓前山与中亭街之间的闽江上搭成浮桥；元至治二年（1322年），浮桥改建为石梁桥。过闽江后，经仓山观井、梅坞、塔亭、藤山、三叉街，到白湖亭；再经峡北过鸟龙江，至青圃、坊口，翻常思岭，入福清县境，路面宽6尺，皆用石板或卵石铺砌。除福莆路外，仓山还有一条比较重要的古道即福湾道，经仓前、龙潭角、上渡至洋洽。

一条条古老的道路，为后人讲述着闽越与中原之间，长达几千年的文明交流史。这些古道藏在不加修饰的绿水山川间，充满着诗意和未曾被人发掘的美景。漫步于古驿道之间，从身边略过的都是曾经的沧桑。

参考文献

[1] 龚张念. 福州文物的发展历程 [J]. 艺苑, 2014（2）: 93-102.

[2] 何丽. 柳州城市发展及其形态演进（唐~民国）[D]. 广州: 华南理工大学, 2011.

[3] 刘岩. 历史城区控制性详细规划研究 [D]. 北京: 清华大学, 2014.

[4] 毛华松. 城市文明演变下的宋代公共园林研究 [D]. 重庆: 重庆大学, 2015.

[5] 林航. 基于社区营造之城市旧社区改造策略探讨 [D]. 福州: 福州大学, 2015.

[6] 陈德武. 福州市冶山历史文化风貌区保护规划探讨 [J]. 福建建筑, 2019（9）: 6-10.

[7] 陆烨. 福州传统街巷保护整治策略探讨 [D]. 福州: 福州大学, 2017.

[8] 卢美松. 福州坊巷名居与文化传统 [J]. 政协天地, 2013（7）: 12-17.

[9] 郭巍, 侯晓蕾. 双城、三山和河网——福州山水形势与传统城市结构分析 [J]. 风景园林, 2017（5）: 94-100.

[10] 黄晴. 文物保护中的环境价值认知——以福州文庙为例 [J]. 建筑与文化, 2018（1）: 201-202.

[11] 卢晶. 福州涉海文物史迹综述 [J]. 福建文博, 2019（2）: 33-38.

[12] 高健斌. 福州市闽安村迴龙桥碑刻考释 [J]. 福建文博, 2012（2）: 39-42.

[13] 翁伟志, 薛菁. 涉台遗存与闽台关系——以马尾闽安村为个案 [J]. 闽江学院学报, 2008（3）: 4-9.

[14] 洪珍, 晓晨. 海口古镇纪行 [J]. 福建乡土, 2005（1）: 8-9.

[15] 赵君尧. 福州古桥文化探微 [J]. 闽江学院学报, 2005（3）: 22-27.

[16] 李芊. 基于区域文化软实力提升的社会心态考察——以福州古桥的个性解读为例 [J]. 怀化学院学报, 2019, 38（8）: 52-54.

[17] 周丕铧. 闽侯县古代木拱廊桥初探 [J]. 福建文博, 2019（3）: 64-70.

[18] 叶冰贞. 白沙——历久弥新的明珠 [J]. 政协天地, 2013（4）: 58-60.

[19] 靳泽霖. 建构文化语境下的福州晚近时期清水砖墙建筑研究 [D]. 泉州: 华侨大学, 2015.

[20] 魏菲.《南征录》、《广右战功录》、《西南纪事》校注 [D]. 南宁: 广西大学, 2008.

[21] 陈沛. 福州清代穿斗式木构架古民居的迁建工艺及建筑价值分析 [J]. 城市建筑, 2020, 17（12）: 80-82.

[22] 贺治民. 黄冈城市空间营造研究 [D].武汉: 武汉大学, 2014.

[23] 秦莉. 川西地区文庙建筑的装饰特点研究 [D]. 成都: 西南交通大学, 2010.

[24] 徐炎. 道统与济世 [D]. 福州: 福建师范大学, 2011.

[25] 郭震. 湖广总督郭柏荫 [J]. 福建史志, 2017（3）: 52-55.

[26] 刘繁. 杨浚及其著述与交游考论 [D]. 福州: 福建师范大学, 2010.

[27] 张焱焱. 福州"三坊七巷"传统民居建筑的装饰风格——以南后街叶氏古民居为例 [J]. 福建建筑, 2009（1）: 34-35.

[28] 张春兰. 试论在古建筑中陈列展览改造如何因地制宜、推陈出新——以"福地宝船 海丝帆影"展览为例 [J]. 福建文博, 2018（1）: 82-87.

[29] 杨佳麟. 历史建筑保护修缮的实践与思考——以福建漳州古城东坂后番仔楼为例 [J]. 城市建筑, 2020, 17（7）: 175-178+183.

[30] 黄建聪. 清末武状元黄培松 [J]. 福建史志, 2017（4）: 39-42.

[31] 顾甫涛. 林觉民的《与妻书》赏析 [J]. 新世纪智能, 2021（35）: 8-9.

[32] 黄竞娴, 苏薇薇. 福州人文古迹公示语在英汉文传播中的作用——以三坊七巷及附近相关景点为例 [J]. 科技视界, 2014（7）: 153+248.

[33] 闫晨. 福州三坊七巷外部空间的地域性文化特征研究 [D]. 北京: 北京林业大学, 2013.

[34] 郝帅帅, 袁书琪. 福州市三坊七巷历史街区文化旅游可持续发展探讨 [J]. 福建师大福清分校学报, 2009（6）: 23-27.

[35] 张娜娜. 闽都文化研学旅行线路设计研究 [D]. 福州: 福建师范大学, 2018.

[36] 陈少辉. 福州市三坊七巷历史文化街区的保护与旅游开发研究 [D]. 南宁: 广西师范大学, 2021.

[37] 郑心恬. 福州三坊七巷名人文化旅游资源开发的研究 [D]. 福州: 福建师范大学, 2017.

[38] 赵颖. 三坊七巷更新地块传统民居格局与现代生活方式的融合设计 [J]. 福建建筑, 2013（7）: 39-40+100.

[39] 郑心恬. 福州三坊七巷名人文化旅游资源开发的研究 [D]. 福州: 福建师范大学, 2017.

[40] 朱淑芳. 从韦努蒂异化翻译观看"一带一路"背景下的福建旅游网站翻译 [J]. 黑河学院学报, 2020, 11（2）: 124-126+171.

[41] 郑锴. 拂尘杰构, 窥考佳园 [D]. 福州: 福建农林大学, 2009.

[42] 王庆鹏. 福州三坊七巷"电光刘"研究 [D]. 福州: 福建师范大学, 2012.

[43] 宋晖. 一花一世界 一窗一风景——七百年福州芙蓉园的更迭史 [J]. 就业与保障, 2018（24）: 44-47.

[44] 阙晨曦. 福州古代私家园林研究 [D]. 福州: 福建农林大学, 2007.

[45] 刘晓闽. 走进宏琳厝 [J]. 边疆文学. 2002-01-10.

[46] 张凤霞. 旅游公共服务的投资模式及其风险控制研究 [D]. 青岛: 中国海洋大学, 2014.

[47] 谢吉红. 福州市文化旅游开发初探 [D]. 福州: 福建师范大学, 2004.

[48] 张玲玲. 闽东传统合院式民居建筑环境生态体系探究——以宏琳厝为例 [J]. 中国名城, 2018（10）: 83-87.

[49] 邵晓峰. 闽侯南屿水西林明代古街研究 [D]. 福州: 福建师范大学, 2015.

[50] 龚张念. 福州文物的发展历程 [J]. 艺苑, 2014（2）: 93-102.

[51] 王铁藩. 林则徐出生地、墓址及其它 [J]. 福建论坛（文史哲版）, 1985（4）: 67-69.

[52] 何立波. 亲历甲午海战的全国政协委员萨镇冰 [J]. 档案时空, 2010（1）: 19-22.

[53] 黄晴. 文物保护中的环境价值认知——以福州文庙为例 [J]. 建筑与文化, 2018（1）: 201-202.

[54] 常浩. 福泉漳汀老城建筑遗产比较分析 [J]. 福建文博, 2019（1）: 35-38.

[55] 郑庆国. 传统园林空间重建与营造——福州西湖大梦山景区规划设计 [J]. 福建建筑, 2017（6）: 52-56.

[56] 朱力. 中国传统书院"天一阁"建筑群研究 [D]. 武汉: 湖北工业大学, 2009.

[57] 丁建铭. 岭南公共园林的历史渊流与嬗变研究 [D]. 广州: 华南理工大学, 2014.

[58] 许吟雪. 初探道教思想对我国古代书院文化的影响 [J]. 宗教学研究, 2006（2）: 59-63.

[59] 刘甜. 湘乡东山书院建筑特征的文化表达 [J]. 包装学报, 2014, 6（3）: 84-87.

[60] 邹能松. 基于环境心理学原理的北川中学校园景观设计 [D]. 雅安: 四川农业大学, 2011.

[61] 吕若淮. 台湾文社及其《台湾文艺丛志》研究 [D]. 福州: 福建师范大学, 2010.

[62] 尚丁丁. 中国优秀传统家教文化的现代传承与发展 [D]. 延安: 延安大学, 2019.

[63] 陈沛. 福州清代穿斗式木构架古民居的迁建工艺及建筑价值分析 [J]. 城市建筑, 2020, 17（12）: 80-82.

[64] 叶宪允. 清代福州四大书院研究 [D]. 上海: 华东师范大学, 2005.

［65］林春梅. 关于《寻找林则徐》的汉译韩翻译实践报告［D］. 延吉：延边大学，2016.

［66］何锦山. 再谈福建佛教的特点［J］. 宗教学研究，1999（1）：78-85.

［67］欧耀. 福州鼓山古道景观保护、修复和恢复设计初探［J］. 福建建筑，2019（3）：25-28.

［68］靳凤华. 闽王祠文化与艺术装饰审美探究［J］. 艺术与设计（理论），2019，2（7）：137-138.

［69］叶玉. 文石离离最有情 从一封信札谈伊秉绶与黄易的金石至交［J］. 新美术，2014，35（1）：97-101.

［70］蒋丽娟.《三宝太监西洋记通俗演义》研究［D］. 苏州：苏州大学，2008.

［71］王联文. 走进武夷山红色之旅［J］. 旅游纵览，2007（11）：48-49.

［72］戴晖. 海丝与福州海神信仰文物史迹述略［J］. 福建史志，2015（1）：25-29.

［73］龚张念. 福州文物的发展历程［J］. 艺苑，2014（2）：93-102.

［74］耿国彪. 福鼎 在山海间打捞民间文化的珠贝［J］. 绿色中国，2019（5）：76-77.

［75］葛晓燕. 弘一法师影印《华严经疏论纂要》时间考证——与《平屋主人——夏丏尊传》作者商榷［J］. 浙江档案，2010（5）：57-58.

［76］百样景 千秋情——福州三坊七巷海峡两岸交流基地［J］. 两岸关系，2013（9）：41-44.

［77］孙燕. 从文化角度浅析闽都历史建筑的形成条件［J］. 城市建筑，2019，16（23）：153-155+161.

［78］王翠. 整理与研究［D］. 湘潭：湘潭大学，2018.

［79］丁清华. 长乐大王宫遗址彩塑身份考［J］. 福州大学学报（哲学社会科学版），2019，33（6）：22-28.

［80］彭辉. 宋代临终诗研究［D］. 西宁：青海师范大学，2019.

［81］高晓燕. 清修《四库全书》与山东古代著述［D］. 兰州：兰州大学，2007.

［82］陆琦. 福州于山戚公祠［J］. 广东园林，2013，35（2）：78-80.

［83］阮章魁，陈子华. 长存浩气在榕乡——辛亥革命福州遗迹巡礼［J］. 政协天地，2006（11）：39-40.

［84］林溥. 浅谈崇妙保圣坚牢塔及其防雷保护研究［J］. 黑龙江史志，2015（7）：66-67.

［85］孙群，林阳，陈芝. 福州鼓山涌泉寺建筑空间艺术探析［J］. 福建工程学院学报，2014，12（6）：599-605.

[86] 孙群. 福州鼓山涌泉寺千佛陶塔的传承与演变 [J]. 古建园林技术，2015（2）：30-36.

[87] 陈爱钗，叶曼雯. 论佛教旅游资源文本英译的问题和策略——以福建地区著名寺庙为例 [J]. 外国语言文学，2016，33（3）：192-199.

[88] 白占微. 文化研究 [D]. 福州：福建师范大学，2011.

[89] 吴卉. 浅述长乐三峰寺塔的官式做法和福建地域特色之融合 [J]. 福建建筑，2006（6）：45-46+52.

[90] 姜玲. 旅游战略研究 [D]. 福州：福建师范大学，2007.

[91] 戴晖. 海丝与福州海神信仰文物史迹述略 [J]. 福建史志，2015（1）：25-29.

[92] 刘斌. 浦口明城墙在南京古都格局中的价值研究 [J]. 中国名城，2019（11）：64-68.

[93] 陈沛. 福州清代穿斗式木构架古民居的迁建工艺及建筑价值分析 [J]. 城市建筑，2020，17（12）：80-82.

[94] 张巧燕. 考古与史料掀开漆器深藏之谜 [J]. 艺术市场，2010（Z1）：94-97.

[95] 李晓烽. 浅谈发展福州旅游景区绿色物流的对策 [J]. 新乡学院学报（社会科学版），2011，25（6）：59-61.

[96] 吴可文. 明清福州文学地图 [D]. 福州：福建师范大学，2013.

[97] 陆琦. 福州于山戚公祠 [J]. 广东园林，2013，35（2）：78-80.

[98] 卢晶. 福州涉海文物史迹综述 [J]. 福建文博，2019（2）：33-38.

[99] 谢凯丽. 读者反应论视角下的旅游文本英译 [D]. 福州：福州大学，2017.

[100] 王隽彦. 福州安澜会馆建筑艺术与文化内涵 [J]. 艺术与设计（理论），2019，2（5）：62-64.

[101] 陈家斌，龚庆忠. 红军北上抗日先遣队途经地——罗源 [J]. 福建党史月刊，2006（10）：70-71.

[102] 陈有喜. 昙石山遗址及其自然环境演变的探讨 [D]. 福州：福建师范大学，2010.

[103] 黄超甫. 福建闽清黄楮林自然保护区生物多样性现状与保护对策 [J]. 现代农业科技，2010（19）：191-193.

[104] 马昊昊. 明清时期嵩口镇的交通与商贸 [D]. 福州：福建师范大学，2017.

"海滨邹鲁"福州，作为国家历史文化名城，已有2200多年历史。很多的文化遗迹，已随着岁月流逝，淹没在历史的长河中，如我国最早的宋代公共图书馆——采经楼、四大书院之一——石鼓书院等。"路逢十客九青衿，巷南巷北读书声"，文化的昌盛造就了福州建筑遗存的枝繁叶茂。

近代以来，福州沿海向外的区域位置和源远流长的历史底蕴，把昙石山文化、寿山石文化等发扬传承，孕育出了璀璨的中国船政文化、三坊七巷文化等近现代文化萌芽。

记载福州2200多年建城史的"八一七"中轴线，代表着封建主义"明清建筑博物馆""里坊制度活化石"的三坊七巷街区，代表着资本主义萌芽、商贾文化的上下杭街区，代表着帝国主义殖民文化的烟台山领事馆、洋行、教堂等西式建筑群，代表着中外友好交流的"朝贡文化"特色的南公河口街区及由西方传教士开辟的鼓岭西式避暑胜地，这些共同构建成闽都丰富的建筑文化网络体系。

我们有义务强化历史遗存公共空间脉络——保护福州古城历史城垣、中轴线、传统街巷、历史建筑等格局要素；提升历史街区环境品质；提升古城的文化公共活动功能；创新活化利用机制，有效激发历史文化资源的生命力；全体系、全域、全要素推进闽都历史遗迹和文化遗产的保护整治及利用工作，走出一条具有福州特色的历史文化名城保护之路。

本书写作过程中，得到以下人员的帮助，在此一并表示感谢，分别是高华敏、何明、陈奕淼、林箐、郑远志、吴婷婷、林树南、陈晓娟、康灿辉、吴双豪、钱程、林澍琴、林超、黄秀萍、张嘉泽、黄浩然、唐旻、张学严、陈沐歌、蒋励欣、黄玲、赵魁楠、王慧慧、应家康、林敏、林晶、杜庆绍、王胜男等全体古建所人员。

借着第44届世界遗产大会在福州顺利召开的效应，我们要深入贯彻习近平总书记关于文化遗产保护的重要指示讲话精神，持续加大文化遗产保护力度，在新的起点上推进闽都古建遗徽保护的福州实践。